Deutsches Architektur Jahrbuch 2023

German Architecture Annual 2023

German
Architecture
Annual
2023

Deutsches Architektur Jahrbuch

2023

JUNG DAM PREIS 2023

DAM DEUTSCHES ARCHITEKTURMUSEUM

JUNG

DOM publishers

Preisträger
DAM Preis für Architektur in Deutschland
Prize Winner
DAM Preis for Architecture in Germany

—

2023

»Die clusterartige Anordnung mit intelligenten Grundrissen, die Zeitlosigkeit und helle Freundlichkeit des Gebäudes sind besonders im Bereich des Verwaltungsbaus eine Seltenheit. Dass es die Architekten geschafft haben, dies unter all den aktuellen energetischen und baulich-konstruktiven Anforderungen im gleichen Duktus fortzuschreiben und zu optimieren, ist (wiederholt) preiswürdig.«

'The cluster-like layout with intelligent floor plans and the timelessness and bright friendliness of the building are a rarity, especially in administration buildings. The fact that the architects managed to continue and optimise this in the same style with all the current energy and structural requirements is worthy of an award (or awards).'

–Brita Köhler

»Die eigene Arbeit Korrektur zu lesen ist schwierig. Wie gern verschließt man doch die Augen vor der eigenen Unzulänglichkeit, hakt ab, geht weiter. Auer Weber haben sich der Auseinandersetzung mit dem eigenen Schaffen gestellt, genau hingeschaut und weitergedacht. Genau das brauchen wir heute: Architektur, die das Gestern ernst nimmt, das Heute versteht und deutlich über morgen hinausdenkt.«

'Judging your own work is difficult. How easy it is to be blind to our own shortcomings and just tick a box and move on! Auer Weber took a close look at their own work and improved it. That's exactly what we need today: architecture that takes yesterday seriously, understands today, and clearly thinks ahead to tomorrow.'

–Uta Winterhager

»Das Landratsamt Starnberg ist ein wunderbares Beispiel für das so kluge, aber dennoch so selten praktizierte Prinzip des Weiterbauens. Die Qualitäten des Gebäudes haben sich bis heute bewährt. Die Ergänzung hat trotz der technischen Herausforderungen unserer Tage nichts davon eingebüßt. Die Nutzer lieben das Haus. Besseres kann einem Gebäude nicht widerfahren.«

'The Starnberg District Office is a wonderful example of the very clever yet still rarely practiced further construction principle. The building's qualities have proven themselves to this day. The extension has not lost any of that despite the technical challenges of the present. The users love the building. There's nothing better that can happen to a building than that.'

–Martin Haas

Das neue Foyer ist in Grundform und Ausführung an die Atrien des Bestands angelehnt.
The basic form and design of the new foyer are based on the existing atria.

»Um eine Architektur der Achtzigerjahre in Stil, Form und Materialität des ursprünglichen Entwurfs weiterzubauen, braucht es Verständnis für die Qualitäten des Bestands, Respekt vor dem Werk und nur behutsame Anpassungen an heutige Bedürfnisse. Alle drei Bedingungen widersprechen eigentlich unserem auf Fortschritt und Innovation versessenen Zeitgeist. Dass die Erweiterung des Starnberger Landratsamts gelungen ist, darf daher als ein großer Glücksfall gelten.«

'In order to continue the architecture of the 1980s in terms of the style, form, and materiality of the original design, you need an understanding of the qualities of the existing building. You need to respect the structure and only make careful adjustments to satisfy present-day requirements. All three of these conditions actually contradict our current obsession with progress and innovation. The fact that the extension of the Starnberg District Office was successful can therefore be considered a stroke of luck.'

–Dijane Slavic / Uwe Bresan

Wie im Altbau sind auch in der Erweiterung die Trennwände in Esche-Echtholzfurnier ausgeführt und schaffen einen fließenden Übergang zum Bestand.
As in the old building, the partition walls in the extension are made of real ash wood veneer and create a smooth transition to the existing building.

»Es ist so wohltuend, endlich ein gelungenes Bauwerk zu finden, das von seinen Nutzern geliebt und von seinen Architekten nach über 30 Jahren ›einfach‹ weitergebaut wird.«

'It is so refreshing to finally find a successful building that is loved by its users and "simply" continued to be built by its architects after more than 30 years.'

–Peter Cachola Schmal

»Eine Bauherrschaft, die nach mehr als 30 Jahren ihr Gebäude noch einmal fast identisch erweitern lässt – gibt es eine schönere Auszeichnung für alle am Bau und Unterhalt Beteiligten?«

'A client who has had their building extended in an almost identical manner to the original after more than 30 years – is there a more fitting honour to everyone involved in the construction and maintenance process?'

–Florian Summa

»Das Landratsamt entsorgt souverän die triviale Unterscheidung von Alt- und Neubau, die es so erst seit der Moderne gibt. Das permanente Weiterbauen, das dieses Projekt so elegant beiläufig zelebriert, war in der Baugeschichte Regel und nicht Ausnahme. Das Gebäude seinem ursprünglichen Entwurfsgedanken entsprechend weiterzubauen, ist ein bauliches Plädoyer für die prinzipielle Unabgeschlossenheit von Architektur.«

'The Starnberg District Office confidently disposes of the trivial distinction between old and new buildings, which has only existed since the modern age. The permanent ongoing construction that this project so elegantly and casually celebrates used to be the norm rather than the exception in the history of construction. Continuing to build the structure according to its original design concept is a structural plea for the fundamental openness of architecture.'

–Andreas Ruby

Das Fraktionszimmer mit Oberlichtband im Obergeschoss des Gebäudes.
The meeting room with skylight band on the upper floor of the building.

»Das Projekt beweist, dass flexible Veränderungen und nötige Anpassungen nicht charakterlose, ausdruckslose Strukturen erfordern, sondern dass es nur logisch ist, die Qualitäten des Bestands weiterzuführen. Eine bewundernswerte Bescheidenheit.«

'The project proves that flexible changes and necessary adjustments do not require characterless, expressionless structures, but rather that it is only logical to perpetuate the qualities of the existing building. It is an admirable feat of humility.'

–Lena Unger

»Mit der Erweiterung des Landratsamts haben sich Auer Weber entspannt der Erwartung entzogen, etwas ›Neues‹ schaffen zu müssen, und überzeugen mit einem jahrzehntelang perfekt gepflegten, instand gehaltenen und weitergebauten Gesamtprojekt. Eine ressourcenschonende und zeitgemäße Architekturpraxis.«

'By extending the district office, Auer Weber have eased the expectation of having to create something "new". They have impressed us with an overall project that has been perfectly cared for, maintained, and built over decades. It is a sustainable and contemporary architectural practice.'

–Juliane Greb

»Das schönste und heiterste Landratsamt der Republik erweitern zu sollen, ist eine mentale Herausforderung. Das vorbildliche Gebäude von 1987 unter heutigen Bedingungen (Energie, Brandschutz, Inklusion) einfach zu reproduzieren aber auch eine ingenieurtechnische. Verblüffend das überzeugende Ergebnis, das erneut zum Vorbild wird.«

'Expanding the most beautiful and cheerful district office in the country is a mental challenge. The exemplary 1987 building is easy to reproduce under present-day conditions (energy, fire safety, inclusion) but also in terms of the engineering. The convincing result is astounding and once again serves as a role model.'

–Jörn Walter

Auer Weber

Landratsamt in Starnberg

Kritik **Peter Cachola Schmal**

01

Architekten / Architects
Auer Weber Assoziierte GmbH
Sandstraße 33
80335 München
www.auer-weber.de
muenchen@auer-weber.de

Projektteam / Project team
Stephan Suxdorf, verantw. Geschäftsführer
Dominik Fahr, Projektleitung
Daniela Sacher, Projektleitung
Heinz Wendl, Ausschreibung, Bauleitung
Hannes Ehrminger, Projektarchitekt

Bauherr / Client
Landkreis Starnberg

Tragwerksplanung / Structural engineering
Behringer Beratende Ingenieure GmbH, München

Haustechnik, Heizung, Sanitär / Building services engineering, Plumbing and heating
Mathias Baumann, München

Elektro / Electrical engineering
Ingenieurbüro Knab GmbH, München

Bauphysik / Building physics
BRAUN – HAAS + PARTNER beratende Ingenieure mbB, Neumarkt i. d. OPf.

Brandschutz / Fire prevention
Kersken + Kirchner GmbH, München

Landschaftsarchitektur / Landscape architecture
LUSKA FREIRAUM GMBH, Dachau

Sonstige / Others
Grundbaulabor München GmbH (Bodengutachten), München

Sonstige / Others
Andreas Wittwer (SiGeKo), München

Standort / Location
Strandbadstraße 2
82319 Starnberg

Fertigstellung / Completion
September 2021

Fotografie / Photography
Aldo Amoretti, Sanremo

Die Katsura-Villa in Kyoto diente 1982 als Vorbild für den Entwurf.
The Katsura Villa in Kyoto served as a model for the design in 1982.

Die Konstruktion des Erweiterungsbaus gleicht dem Altbau, erfüllt aber dennoch die heutigen baulichen Anforderungen.
The construction of the extension is similar to the old building, but still satisfies today's structural requirements.

Die Jury des DAM Preis 2023 reiste in diesem Jahr zu fünf und nicht wie sonst fast immer zu vier Finalisten quer durch die Republik und machte zusätzlich Station im Shortlist-Projekt Hotel Wilmina in Berlin von Grüntuch Ernst (eine Oase, die man jedem/jeder Berlinreisenden nur empfehlen kann). Es war zum ersten Mal seit 2019 wieder ein Jahrgang mit beiden Jurysitzungen in Präsenz.

Die Finalisten konnten von der Bauaufgabe, vom zur Verfügung stehenden Budget, von ihrem eigenen Anspruch und von ihrer Botschaft her wieder einmal nicht unterschiedlicher sein: ein alternatives Wohn- und Lebensexperiment vor den Toren von Berlin, das noch einiges an Entwicklung vor sich hat, gefolgt von einem Umbau im Bestand, der sich kontrastreich zum umgebenden Münchener Bürohausviertel Schwabing-Nord zeigt, ein Theaterneubau mitten in Münchens angesagter Ludwigsvorstadt, der meisterhaft demonstriert, dass Zeitplan und Budget bei Großprojekten doch noch eingehalten werden können, ein Verkehrsbauwerk unter der Karlsruher Innenstadt, das man in dieser konsequenten Gestaltung nicht ohne Weiteres erwartet hätte. Und schließlich die

This year, the jury for the DAM Preis 2023 travelled across the country to visit five finalists rather than the usual four, and they also visited the shortlisted Hotel Wilmina project in Berlin by Grüntuch Ernst (an oasis highly recommended to anyone travelling to Berlin). There were once again two in-person jury meetings this year for the first time since 2019.

Once again, the finalists could not have been more different in terms of the building projects, the available budgets, their own aspirations, and indeed their message: an alternative residential and living experiment on the outskirts of Berlin that still has a lot of development ahead of it; the conversion of an existing building that contrasts with the surrounding office blocks of the Schwabing-Nord district in Munich; a new theatre building in the centre of Munich's trendy Ludwigsvorstadt district that masterfully shows that it is still possible to adhere to schedules and budgets in large-scale projects; a transport hub under the centre of Karlsruhe with a consistent design that one simply would not have expected. And finally, the extension of an administration building directly on Lake Starnberg that honours the existing building and impressively perpetuates it.

Die Luftaufnahme zeigt die Fortsetzung der kammartigen Struktur des Bestands.
The aerial view shows the continuation of the comb-like structure of the building.

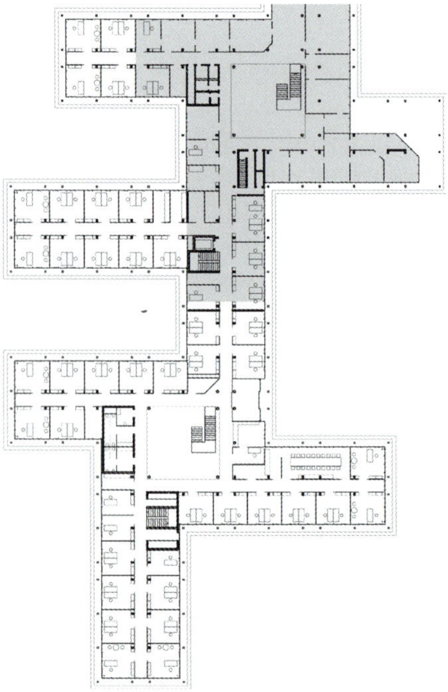

Grundriss Erdgeschoss.
Grau der Bestand.
Ground floor plan.
The existing building is in grey.

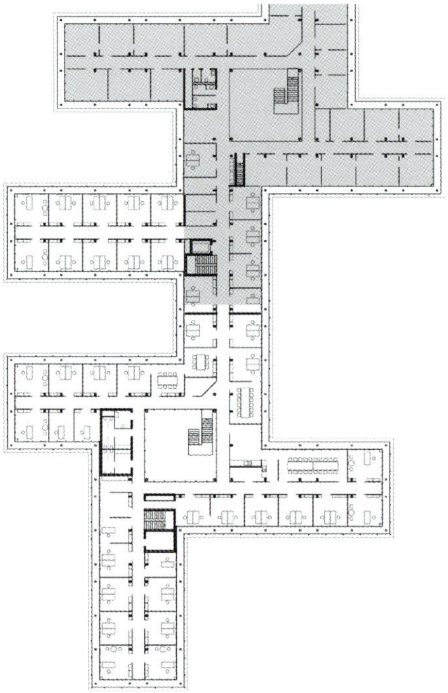

Grundriss Obergeschoss.
Grau der Bestand.
Upper floor plan.
The existing building is in grey.

Erweiterung eines direkt am Starnberger See gelegenen Verwaltungsbaus, die den Bestand ehrt und in beeindruckender Weise fortschreibt.

Am Ende gewann das Starnberger Landratsamt und demonstriert damit die Wichtigkeit dieses Themas für den aktuellen Architekturdiskurs. Denn es ist nicht selbstverständlich, dass unsere Bestandsbauten erhalten und weiterverwendet oder erweitert werden – im Gegenteil werden besonders Bauten der Siebziger- und Achtzigerjahre skeptisch betrachtet, was ihre Zukunftsfähigkeit angeht. Nicht nur ihre mangelhaften Wärmedämmwerte und energetischen Kennziffern stehen in der Kritik, auch ihre Architektursprache wird von nachfolgenden Generationen oft nicht mehr wertgeschätzt.

In Starnberg war dies von Anfang an vollkommen anders. Die Architekten Fritz Auer und Carlo Weber waren als ortsansässige Partner des Stuttgarter Büros von Günter Behnisch für die Ausführung der Münchener Bauten für die Olympischen Spiele 1972 verantwortlich gewesen. 1980 machten sie sich selbstständig und nahmen 1982 am Wettbewerb für das Landratsamt Starnberg teil. Fritz Auer erinnert sich, dass wesentliche Inspirationen für die städtebauliche Organisation von seiner Japanreise 1960 stammten, bei der er sich die Katsura-Villa – den kaiserlichen Nebenpalast – aus dem 17. Jahrhundert und traditionelle Tempelbauten in Kyoto angeschaut hatte. Die Katsura-Villa hatte 1933 schon Bruno Taut imponiert, der in ihr eine historische Bestätigung seiner Thesen zur modernen Architektur sah und sie publizistisch »wiederentdeckte«. 1960 veröffentlichten Walter Gropius und Kenzo Tange in der Yale University Press eine weitere Huldigung dieses vermeintlichen Vorgängers der Moderne und machten den Bau bei westlichen Architekten zum Liebling japanischer Architektur. Dessen horizontale Verteilung der Baumassen und Staffelung der Baukörper, die damit ihr sehr großes Volumen geschickt verbargen, die Zweigeschossigkeit mit umlaufenden Veranden im Obergeschoss, die Dachüberhänge und die sanft geneigten Dächer schienen Fritz Auer auch geeignete Mittel für das Grundstück in Starnberg zu sein und sehr gut zu den ortsüblichen Bootshäusern am See und großen Scheunen zu passen.

The Starnberg District Office won in the end, demonstrating the importance of this topic in current architectural discourse. It is not a matter of course that our existing buildings will be preserved and reused or extended. On the contrary, buildings from the 1970s and 1980s in particular are viewed with a certain degree of scepticism in terms of their future viability. It is not only their poor thermal insulation values and energy indicators that face criticism; their architectural language is often no longer valued by subsequent generations.

This was completely different in Starnberg, right from the start. Architects Fritz Auer and Carlo Weber, local partners of Günter Behnisch's Stuttgart office, were responsible for the execution of the Munich buildings for the 1972 Olympic Games. They became self-employed in 1980 and took part in the competition for the Starnberg District Office in 1982. Fritz Auer recalls that the main inspiration for the urban organisation came from his trip to Japan in 1960 when he looked at the seventeenth-century Katsura Villa – the auxiliary imperial palace – and traditional temple buildings in Kyoto. Bruno Taut had already been impressed by Katsura Villa in 1933 when he saw in it historical confirmation of his theses on modern architecture and 'rediscovered' them in the media. Walter Gropius and Kenzo Tange published another tribute to this supposed predecessor of modernism in the Yale University Press in 1960, making this building a darling of Japanese architecture among Western architects. To Fritz Auer, the horizontal distribution of the building masses and staggering of the buildings, which cleverly concealed their very large volume, the two-storey structure with surrounding verandas on the upper floor, the roof overhangs, and the gently sloping roofs seemed suitable devices for the property in Starnberg and they would match very well with the local lakeside boathouses and large barns.

Fraktionszimmer im Erdgeschoss. Das Ausbauraster von 1,2 Metern ermöglicht bei Bedarf eine flexible Raumeinteilung.
Meeting room on the ground floor. The 1.2-metre expansion grid enables the flexible division of the room if required.

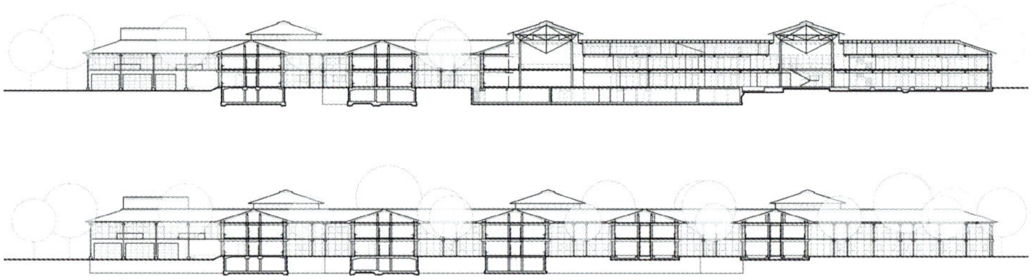

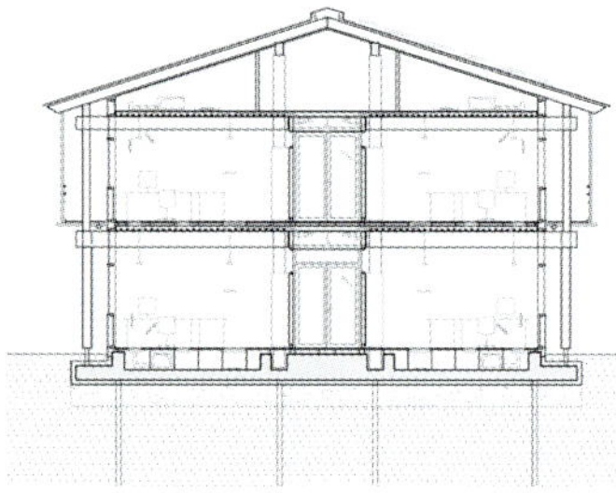

Schnitte
Sections

Foyer im Bestand. Die Gestaltung der Treppe und des Geländers ist mit Lochblechen und türkisfarbenen Details etwas verspielter als im Erweiterungsbau.
The foyer in the existing building. The design of the stairs and the banister is a little more playful than in the extension building and uses perforated metal sheets and turquoise details.

Tatsächlich gewann dieser von Japan inspirierte Entwurf, wurde realisiert sowie mehrmals preisgekrönt (als Höhepunkt 1989 mit dem Deutschen Architekturpreis) und kann entgegen heutigen Sichtweisen als besonders gelungenes Beispiel für kulturelle Bereicherung (und eben nicht kulturelle Aneignung) betrachtet werden.

Schon der ursprüngliche Bau setzte in seiner städtebaulichen Anordnung in Form zweigeschossiger Pavillons mit umlaufenden Fluchtbalkonen und einem von zahlreichen Fischen besiedelten und mit dem See verbundenen Wasserbecken sowie fingerartigen Höfen auf eine enge Verzahnung mit der Nachbarschaft. Die teils flügel-, teils kammartige Struktur der Erweiterung führt diese Idee fort. Ein von der Allgemeinheit gern genutzter Fußweg leitet durch den baumbestandenen Innenhof mit einem weiteren Wasserbecken hinunter zum Seeufer. Fast nebenbei gelangt man dabei in das großzügige Eingangsatrium, das über zierliche Treppen und Galerien zu den Büros führt. Sie sind nach außen orientiert, aber auch zu den Gängen hin stellen Glasbänder in den Trennwänden große Transparenz her. Die insgesamt drei Atrien haben Oberlichtbänder; es entsteht eine für Behörden überraschend freundliche Atmosphäre. Das Arbeiten inmitten der parkartigen Landschaft und der enge visuelle Kontakt zur Bevölkerung bekommen sowohl der Belegschaft als auch ihrem Publikum gut. Jegliche Andeutungen um einen potenziellen Abriss zugunsten einer neuen, auftrumpfenden Bebauung, gar mit kleinem Hochhaus, wie es manche Politiker vorschlugen, wurden dann auch prompt abgelehnt. Die Mitarbeitenden plädierten ebenfalls für ein Weiterbauen, am besten ohne Veränderung des von ihnen so geschätzten Zustands. So geschah es dann auch, und dass »das schönste Landratsamt Bayerns«, wie der aktuelle Landrat es stolz nennt, von seinen ursprünglichen Architekten erweitert wurde, war dabei sicher wesentlich. Sie nahmen aber nicht die 1987 noch intendierten Flächen für künftige Erweiterungen im Osten und Süden auf, sondern veränderten das modulare Konzept zugunsten einer Weiterentwicklung im Westen. Dort wurde additiv die im Bestand vorgezeichnete Figur aus Flügelbauten um eine Atriumhalle verdoppelt. Gestalterisch gleichen sich der Bestand und die Erweiterungen weitgehend, besonders von außen ist das nur mit einem genauen Blick erkennbar. Der Übergang zwischen Alt und Neu ist fließend, die Fassaden und Einbauten sind neu, liegen aber teilweise noch unter dem alten Dach. Außerdem wurden manche gestalterischen Entscheidungen von früher revidiert. So ist das Holz der äußeren, neuen Tragstützen nicht mehr natürlich belassen, sondern in

In fact, this Japanese-inspired design won. It was realised and received several awards (the highlight being the German Architecture Prize in 1989) and, contrary to present-day perspectives, it can be considered a particularly successful example of cultural enrichment (rather then cultural appropriation).

Even the original building focused on the close connection with the neighbourhood thanks to its urban planning arrangement in the form of two-storey pavilions with surrounding escape balconies, a pool connected to the lake and populated by numerous fish, and finger-like courtyards. The part wing, part comb-like structure of the extension continues this idea. A footpath popular with the public leads through the tree-lined inner courtyard with another pool on the way down to the lake shore. Almost incidentally, you reach the spacious entrance atrium, which leads to the offices via graceful stairs and galleries. Despite being oriented towards the outside, glass bands in the partition walls also create the greatest possible level of transparency towards the corridors. The three atriums have skylights; the atmosphere is surprisingly friendly for a public authority. Working in the centre of the park-like landscape and close visual contact with the local population is good for both the workforce and the public. Any suggestions to potentially demolish the building in favour of a brash new development, even a small skyscraper as some politicians suggested, were promptly rejected. The employees also supported construction of the extension, of course, without changing the conditions they valued so much. So, that is how it happened. The fact that 'the most beautiful district office in Bavaria', as the current district administrator proudly calls it, was extended by its original architects is surely significant. However, they did not incorporate the areas for future extensions in the east and south that were intended in 1987. Instead, they changed the modular concept in favour of further development in the west. There, the figure of wing structures outlined in the existing building was doubled by an atrium hall. In terms of design, the existing building and the extensions are largely the same. From the outside in particular, this can only be seen by looking closely. The transition between old and new is fluid, the façades and fixtures are new, but some are still under the old roof. In addition, some design decisions made in the past have been revised. The wood of the outer, new supports is no longer left natural, but rather glazed in a shade of grey that corresponds to the natural patina of the old one. At the moment, the existing façades are also being painted in this way. Comparing the atria, it is thrilling to look at

Außenliegende Stege mit Sonnenschutz gliedern die filigrane Fassade.
External walkways with sun protection structure the delicate façade.

Im Vordergrund die Erweiterung, die nahtlos mit dem gleichen Stützenraster in den Bestand übergeht und nur durch etwas hellere Stützen erkennbar ist.
The foreground shows the extension, which merges seamlessly with the existing structure with the same support grid and is only recognisable due to the slightly lighter supports.

Eingangsbereich Bestand. Das Haus sollte von Anfang an als moderne und offene Behörde wahrgenommen werden. Die Transparenz des Gebäudes wird abends besonders deutlich.
The entrance area of the existing building. There was a desire for the building to be perceived as a modern and open public authority from the outset. The transparency of the building is particularly evident in the evening.

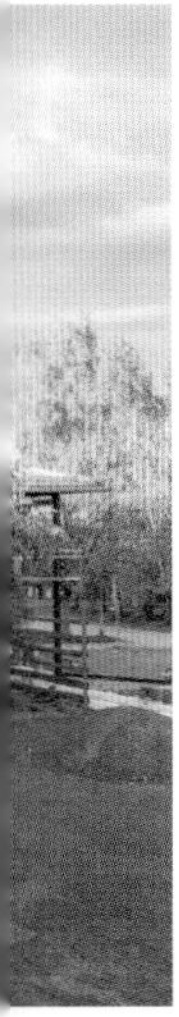

dem Grauton lasiert, welcher der natürlichen Patina der alten Tragstützen entspricht. Im Moment werden auch die Bestandsfassaden in dieser Art gestrichen. Im Vergleich der Atrien ist die Interpretation und Weiterentwicklung der damals lässig verspielten – und an die Behnisch-Sprache der Achtziger- und Neunzigerjahre erinnernden – Details hochspannend anzuschauen. Keine Spiegelungen unter den Decken, keine ulkigen Roste im Geländer an den Ecken, keine rhetorischen Glasdurchbrüche und keine mintgrünen Farbakzente an den Geländern mehr, obwohl sie von jungen Architekten gerade wiederentdeckt werden. Und natürlich sind die WCs heute farblich genderneutral weiß und hellgrau gestrichen und nicht rosa beziehungsweise hellblau akzentuiert wie im Bestandstrakt. Stattdessen herrscht eine schnörkellosere und klarere Architektursprache in den Details, die die Feinheit der bestehenden aufnimmt, aber professioneller und damit weniger warmherzig erscheint. Die Gebäudetechnik entspricht dem aktuellen Standard; in der Hitze des Sommers war dies vorteilhaft. Der Neubau bewies sich als kühler und angenehmer temperiert, denn er ist mit zusätzlichen technischen Feinheiten wie Bauteilaktivierung in den Decken, Wärmepumpen, Fotovoltaik-Anlage auf den Dächern und hochgedämmter Dreifachverglasung ausgestattet, die ihn zu einem CO_2-neutralen KfW-Effizienzhaus 55 machen.

Uns als Jury hat besonders die Haltung der Architekten imponiert, ihr eigenes Werk zu reflektieren, neu zu interpretieren und in zeitgemäßer Sprache fortzuschreiben. Zugleich haben sie die Qualitäten des Altbaus weiterhin gewürdigt und sich eben nicht in dem inzwischen als überholt geltenden denkmalschutzgerechten Habitus von 1975, einen größtmöglichen Kontrast zu setzen (Stichwort: Glasfuge), von ihm distanziert. Endlich konnten wir ein bestehendes Bauwerk im Alltag studieren, das sich bereits seit 35 Jahren bewährt, und auch seine Nutzer zum Umgang befragen. Diese Gelegenheit erleben wir selten, denn noch sind Neubauten bei Architekturpreisen in der Mehrheit. (Allerdings: 10 von 23 Bauten in Deutschland in diesem Jahrbuch sind bereits Beispiele von Bauen im Bestand!) Diese exzellente und impulsgebende Leistung bewertete die Jury unter dem Vorsitz von Martin Haas von haas cook zemmrich STUDIO2050 mehrheitlich als Gewinner des DAM Preis 2023 – herzlichen Glückwunsch an den Bauherrn, das Landratsamt Starnberg, sowie an Auer Weber und ihren Projektleiter Dominik Fahr.

PS: Unterzeichnen Sie auch bitte das https://abrissmoratorium.de.

the interpretation and further development of the details, which were casually playful at the time and reminiscent of the Behnisch language of the 1980s and 1990s. No more reflections under the ceiling, no funny rust in the railings at the corners, no more rhetorical glass openings, and no more mint green colour accents on the railings, although they are being rediscovered by younger architects. And of course, the toilets are now painted in gender-neutral white and light grey and not accentuated in pink and light blue as in the existing wing. A more straightforward and clearer architectural language prevails in the details, which take up the delicacy of the existing ones, but appear more professional and therefore less warm-hearted. The building technology meets current standards, which proved advantageous in the heat of summer. The new building maintained a cooler, more pleasant temperature because it is equipped with additional technical features such as component activation in the ceilings, heat pumps, photovoltaic systems on the roofs, and highly insulated triple glazing, which make it a CO_2-neutral KfW Efficiency House 55.

We, the jury, were particularly impressed by the architects' attitude to reflecting on their own work, reinterpreting it, and updating it in contemporary language. At the same time, they have continued to appreciate the qualities of the old building and have not distanced themselves from it. This is a break from earlier attitudes stemming from 1975, which dictated that temporal distance was necessary to judge the qualities of a structure (keyword: glass joint). We have finally been able to study an existing building in everyday life that has already proven itself for 35 years and also ask its users how it is used. This is a rare opportunity, as new buildings are still in the majority when it comes to architecture awards. (However, 10 of the 23 buildings in Germany in this annual are examples of existing buildings!) The majority of the jury, chaired by Martin Haas from haas cook zemmrich STUDIO2050, judged this excellent and inspiring effort to be the winner of the DAM Preis 2023. Congratulations to the client, the Starnberg District Office, as well as Auer Weber and project manager Dominik Fahr.

PS: Please sign the demolition moratorium at https://abrissmoratorium.de.

Finalisten
Architektur in Deutschland
Finalists
Architecture in Germany

—

2023

allmannwappner

Stadtbahntunnel Karlsruhe

Kritik **Jörn Walter**

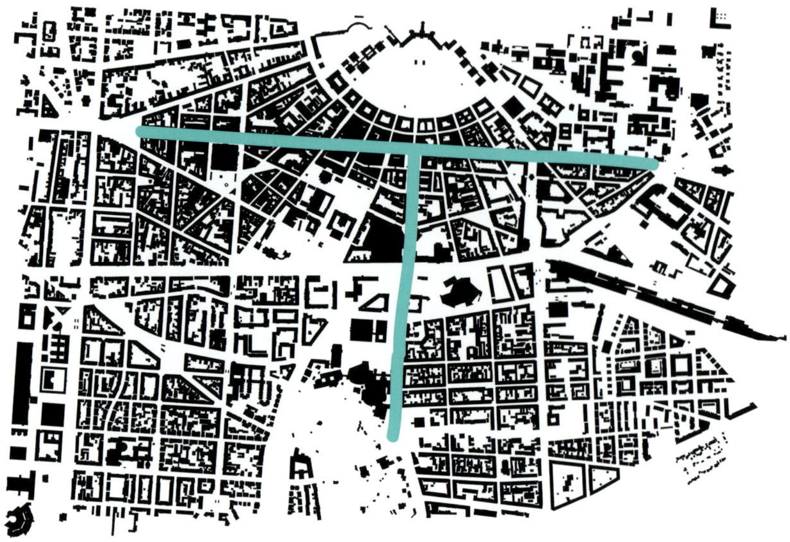

02

Architekten / Architects
allmannwappner gmbh
Nymphenburger Straße 125
80636 München
www.allmannwappner.com
info@allmannwappner.com

Projektteam / Project team
Manfred Sauer, Teamleitung
Vasko Petkov, Projektleitung
Julia Behm, Projektleitung
Katrin Bell, Projektleitung
Christian von Arenstorff, Projektleitung
Christian Boland, Projektleitung
Frank Karlheim, Projektleitung
Marion Arnemann, Helge Birke, Tobias Bösl, Ivonne Eitel, Olga Fraile Vasallo, Dimitra Giannikopoulou, Eugenia Gross, Nicole Hansmeier, Xaver Heltai, Leila Hussein, Henrike Jahns, Sebastian Kordowich, Bertram Landwerlin, Kerstin Liese-Schaich, Maria Mesa Izquierda, Muslima Rafikova, Adrian Stadler, Jakob Wolfrum, Rouven Würfel

Bauherr / Client
KASIG – Karlsruher Schienen-infrastruktur-Gesellschaft mbh

Tragwerksplanung / Structural engineering
ZPP Ingenieure AG, Karlsruhe

Lichtplanung / Lighting design
Ingo Maurer GmbH, München

Brandschutz / Fire prevention
STUVAtec, Köln

Objektplanung / Building planning
spiekermann ingenieure GmbH, Düsseldorf
Obermeyer Planen + Beraten, Karlsruhe

Bauphysik, Heizung, Sanitär, Haustechnik / Building physics, Plumbing and heating, Building services engineering
Obermeyer Planen + Beraten, München

Bauleitung Ausbau / Extension site management
ZETCON Ingenieure, Bochum

Bauleitung Rohbau / Building shell site management
KREBS + KIEFER Ingenieure GmbH, Karlsruhe

Signaletik / Signage
pandesign, Karlsruhe

Standort / Location
76133 Karlsruhe

Fertigstellung / Completion
Dezember 2021

Fotografie / Photography
Brigida González, Stuttgart

Die sieben Stationen der neuen Stadtbahn folgen demselben Gestaltungskonzept, das sich durch helle Oberflächen und filigrane Lichtkonstruktionen auszeichnet.
The seven stations of the new light rail system follow the same design concept, which is characterised by bright surfaces and delicate light constructions.

Unterirdische Bauwerke architektonisch ansprechend zu gestalten, ist keine einfache Aufgabe. Das gilt in besonderem Maße, wenn es sich um für die Öffentlichkeit bestimmte Bauwerke wie die Haltestellen von U- oder Stadtbahnen handelt. Bevor die Architekten nämlich richtig zum Einsatz kommen, haben in der Regel technische Bauämter oder entsprechende Abteilungen in den Verkehrsunternehmen auf Basis komplexer Erkundungen der Baugrundbeschaffenheit, der Grundwasserbedingungen, vorhandener unterirdischer Bauwerke und Leitungstrassen, der Gründungsverhältnisse benachbarter Bebauungen und eines unübersehbaren Werks an technischen Vorschriften zum Betrieb des Verkehrsmittels, zu Sicherheits- und Brandschutzanforderungen und zur zwingend notwendigen technischen Gebäudeausrüstung einen statisch-konstruktiven Vorentwurf erstellt. Der durchläuft dann noch ein mehrjähriges Planfeststellungsverfahren und bindet so die Interessen privater Betroffener und der Träger der unterschiedlichsten öffentlichen Belange in ein enges juristisches Korsett ein.

Designing architecturally appealing underground structures is no easy task. This is particularly true when it comes to spaces intended for the public, such as underground stations or light rail stops. Before the architects can actually get to work, technical building authorities or the corresponding departments in the transport company have usually drawn up a static-constructive preliminary design based on complex investigations into the nature of the subsoil, the groundwater conditions, existing underground structures and pipeline routes, the foundation conditions of neighbouring buildings, the vast body of technical regulations for the operation of the means of transport, safety and fire protection requirements, and the essential technical building equipment. The structure then goes through a planning approval procedure lasting several years, thereby binding the interests of private parties affected and those responsible for a wide variety of public concerns in a tight legal corset.

Vor diesem Hintergrund verblüfft die geradlinige, vornehme und erstaunlich poesievolle Lösung, die allmannwappner für die sieben Haltestellen des neuen Stadtbahntunnels im Zentrum von Karlsruhe gefunden haben. Sie hatten 2004 den Wettbewerb zur Ausgestaltung der Bahnhöfe und Zugänge gewonnen, dem in der Stadt lange Auseinandersetzungen um den Bau, ein ablehnender Bürgerentscheid im Jahr 1996 und ein zustimmender im Jahr 2002 vorausgegangen waren. Bis zum Baubeginn Anfang 2010 sollten noch einmal sechs Jahre verstreichen, bis zur Einweihung im Dezember 2021 weitere zwölf. Ein Langstreckenlauf für die Planer und Architekten, aber einer, der sich gelohnt hat: Unabhängig vom verkehrlichen Gewinn für Stadtbahn, Fußgänger und Radfahrer ist die Stadt um ein Baukunstwerk reicher geworden, von dem in seiner zurückhaltenden Noblesse und unaufdringlichen Eleganz eine nahezu visionäre Kraft und Faszination für diese spezielle Bauaufgabe ausgehen.

Wesentlich trägt dazu die Entscheidung der Architekten bei, ein einheitliches Gestaltungsprinzip bei allen Haltestellen zu verfolgen, was sie als abgeschlossene Raumfolge zu einem Gesamtkunstwerk macht. Im Wettbewerb konnte man das auch anders entscheiden; aber im Unterschied zu den Großstädten und Metropolen mit ihren weitverzweigten Liniennetzen und zahlreichen Haltestellen, wo unterschiedliche Bahnhofsgestaltungen zu schnellerer Erkennbarkeit und Orientierung beitragen können, soll und wird es in Karlsruhe bei den nur sieben Stationen der T-förmigen unterirdischen Strecke von 3,4 Kilometern im Zentrum bleiben. Hier, wo jeder auch im Untergrund allein anhand der Haltestellennamen immer weiß, wo er sich befindet, ergibt das einheitliche Gestaltungsprinzip Sinn – zumal der strahlenförmige Stadtgrundriss durch unterirdisch von der Decke abgehängte Brücken auch in den Haltestellen erkennbar bleibt und den räumlichen Eindruck differenziert.

Given this background, the straightforward, elegant, and remarkably poetic solution that allmannwappner developed for the seven stops in the new city light rail tunnel in the centre of Karlsruhe is astounding. They won the competition to design the stations and access points back in 2004, which was preceded by lengthy debates in the city regarding the construction, a negative referendum outcome in 1996, and a positive one in 2002. Another six years elapsed before construction began in early 2010, and it was another 12 years until the inauguration in December 2021. It was a marathon for the planners and architects, but one that was worth it. Regardless of the positive transport outcome for the light rail system, pedestrians, and cyclists, the city has gained an architectural work of art whose restrained nobility and unobtrusive elegance emanates an almost visionary power and fascination for this special building task.

The decision of the architects to follow a uniform design principle for all of the stops contributes to this significantly, making them a complete work of art as a closed sequence of spaces. The competition opened up the possibility of making a different decision in this regard. However, unlike the big cities and metropolises with their extensive route networks and numerous stops, where different station designs can contribute to quicker recognition and orientation, the seven stations on the T-shaped, 3.4-kilometre underground route in Karlsruhe remain within the bounds of the city centre. This is a place where everyone always knows where they are, even underground, just from the names of the stops, so the uniform design principle makes sense – especially since the radiating city layout remains recognisable in the stops thanks to bridges suspended from the ceiling and differentiates the spatial impression.

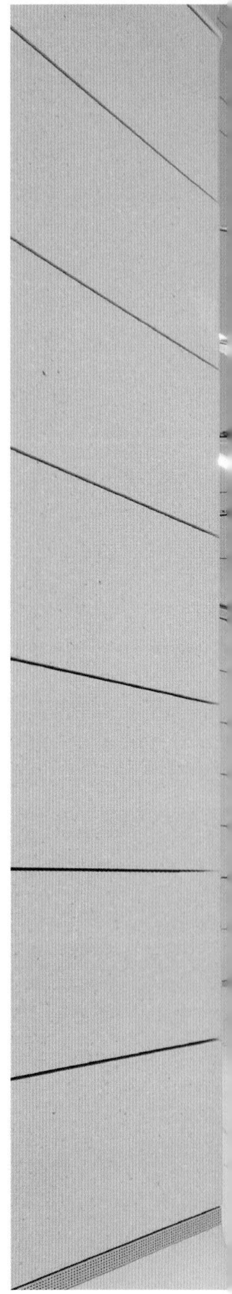

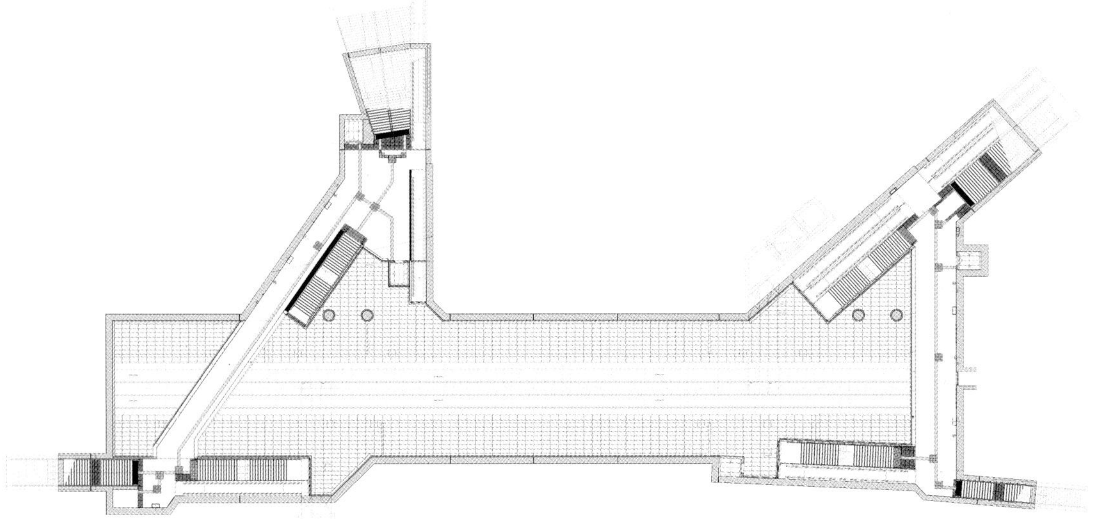

Grundriss Verteilerebene
Floor plan access level

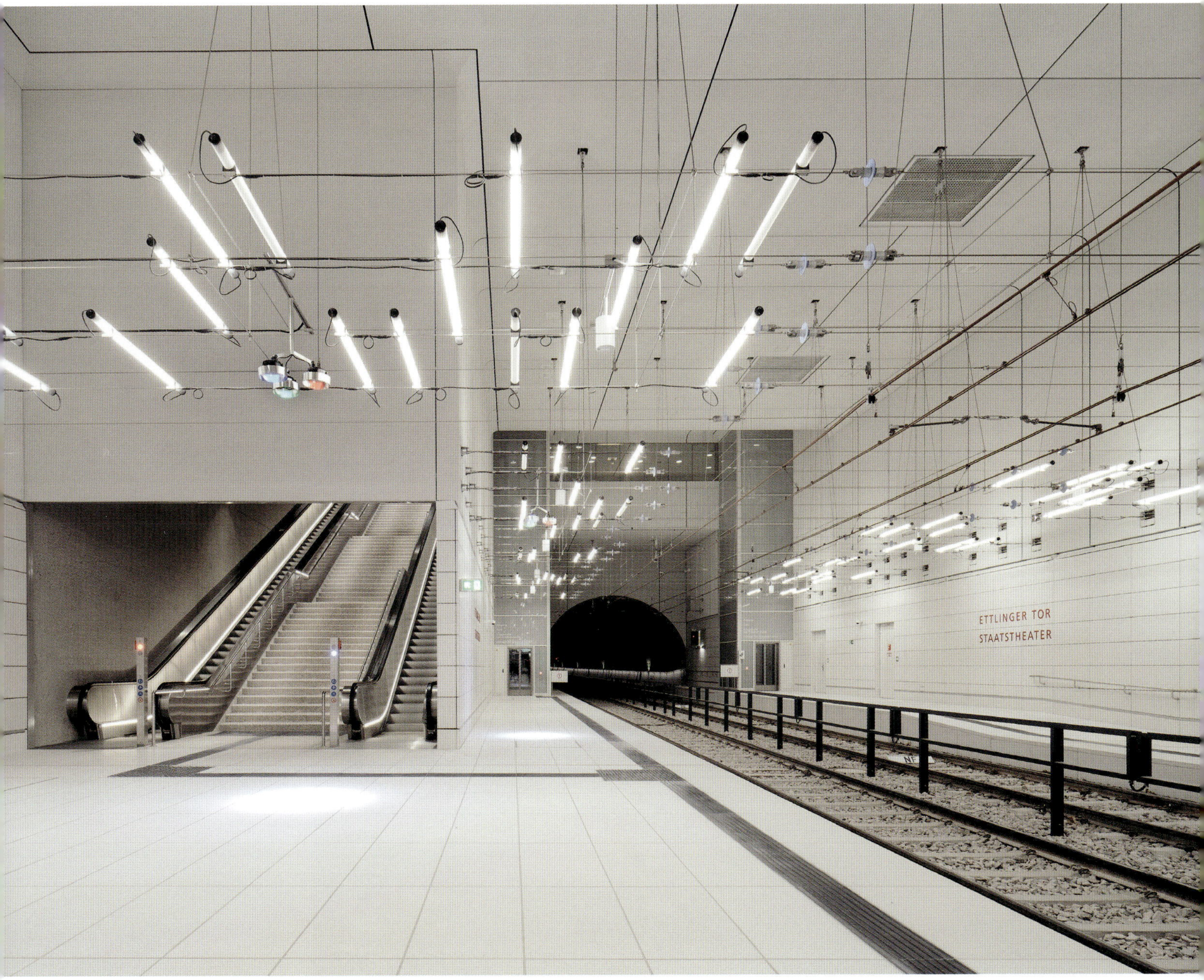

Weiße Raumschalen und helle Terrazzoböden bestimmen den Charakter der Bahnsteige.
White wall surfaces and light terrazzo floors determine the character of the platforms.

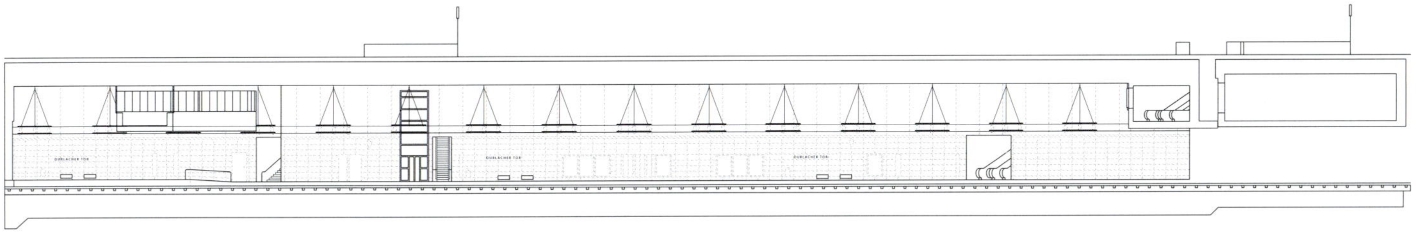

Schnitt
Section

Die Wände der Verteilerebenen bestehen aus gestocktem Beton, das punktförmige Licht ist nicht gerichtet.
The walls of the access levels are made of bush-hammered concrete. The punctiform light is not directed.

Große Schaufenster stellen die Sichtverbindung zwischen Transit- und Bahnsteigebene her.
Large windows create a visual connection between the transit and platform levels.

Unzählige parallel angeordnete Leuchtröhren mit geschlauften Kabeln verhindern jegliche dunklen Ecken in den Stationen.
Countless fluorescent tubes arranged in parallel with looped cables ensure that there are no dark corners in the stations.

Darüber hinaus stellt die einheitliche Lösung der optischen und akustischen Reizdichte entlang der oberirdischen Einkaufsstraßen gezielt einen ruhigen und reduzierten, fast kontemplativen Raum unter der Erde gegenüber. Und tatsächlich ist das gerade im Transferraum zwischen den oberirdischen Eingängen und den eigentlichen Haltestellen mit seinen gestockten Wandoberflächen, der warmen und ungerichteten Beleuchtung, dem Verzicht auf Werbeanlagen und der farblichen Integration aller notwendigen und diskret in die Wand eingelassenen technischen Ausstattungselemente besonders gut gelungen. Es setzt sich fort in der weißen Raumschale der eigentlichen Haltestellenbereiche, die in ihrer überraschend hellen Anmutung nicht nur sofort das Gefühl von Übersichtlichkeit und Sicherheit vermittelt, sondern auch die Begrenztheit des unterirdischen Raums durch die Unschärfe des einheitlich weißen Farbtons aufzuheben scheint. Der Erwartung einer zweckgebundenen dunklen Höhle wird das erlösende Bild einer lichtdurchfluteten Ausstellungshalle entgegengesetzt. Denn: Es ist ein mehrfach codierter Kunstraum, in den wir hier eintreten.

In addition, the uniform solution of the stations with the quiet and reduced, almost contemplative spaces below ground deliberately contrasts with the visual and acoustic stimulus density along the above-ground shopping streets. Indeed, this has been particularly successful in the transfer space between the above-ground entrances and the actual stops with their bush hammered wall surfaces, warm and non-directional lighting, absence of advertising, and colour integration of all the necessary technical equipment elements that are discreetly embedded in the wall. It continues in the white spatial shell of the actual stop areas, which not only immediately convey a feeling of clarity and safety with their surprisingly light appearance, but also seem to eliminate the limitations of the underground space through the blurring of the uniform white colour tone. The expectation of a dedicated dark cave is countered by the reality of the light-flooded exhibition hall. It is all because this is a manifold coded art space that we are entering here.

Teil des Lichtkonzepts von Ingo Maurer sind »Leuchtduschen«, die den Schatten der Passanten dreifarbig auf den Boden projizieren.
Ingo Maurer's lighting concept includes 'illuminated showers' that project the shadows of passers-by onto the floor in three colours.

Die Wandflächen sind gänzlich werbefrei.
The wall surfaces are completely free of advertising.

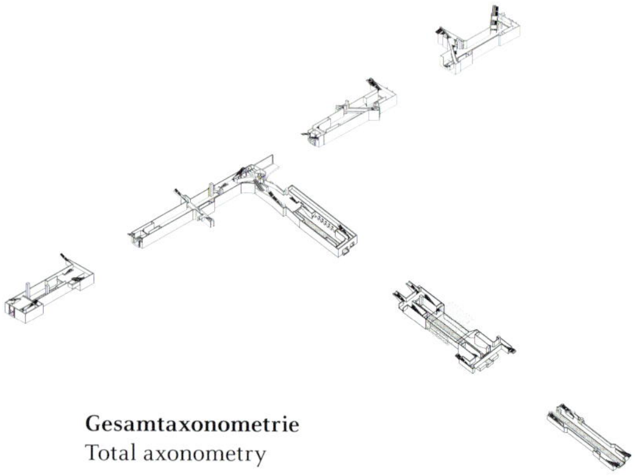

Gesamtaxonometrie
Total axonometry

Es wird nämlich etwas ausgestellt: zunächst das ikonische Beleuchtungskonzept von Ingo Maurer. Abgeleitet von den elektrischen Oberleitungen der Stadtbahn, durchzieht eine Stahlseilkonstruktion den Hallenraum, an der in verschiedenen Höhen unzählige LED-Leuchtröhren aufgehängt sind, mit feinsinnig geschlauften Kabeln, Isolatoren und Befestigungselementen, ein Lichtkunstwerk von beeindruckender Schönheit, irisierend und faszinierend. Darüber hinaus aber auch eine ebenso gewagte wie geniale Idee, die im Wettbewerb geforderte Kunst am Bau mit einem so wichtigen – und in Bahnhöfen mit allerlei Vorschriften belasteten – technischen Ausstattungselement wie der Beleuchtung umzusetzen. Dass es dem Lichtkünstler, den Architekten und dem Bauherrn gelungen ist, diesen herausfordernden und anspruchsvollen Einfall so großartig in die Realität zu überführen, ist eigentlich kaum zu fassen. Chapeau!

Aber damit noch nicht genug. Denn das Lichtkunstwerk ist eigentlich gar nicht das Ausstellungsobjekt, sondern im Zusammenspiel mit der weißen Raumschale vielmehr das Mittel, um den wirklichen Ausstellungsgegenstand atmosphärisch zu inszenieren: die Fahrgäste auf dem Podium der Bahnsteige und die Stadtbahn auf dem der Gleise. Selten ist es mit so einfachen und wenigen Mitteln gelungen, den nicht übermäßig prestigehaltigen Stand des Stadtbahnnutzers und seines ebenso wenig prestigehaltigen Massenverkehrsmittels derart beiläufig und würdevoll als Aktionskünstler zu präsentieren. Hier wurde eingelöst, was man bei Verkehrsbauwerken – man denke nur an das ganze Elend bei der Deutschen Bahn – häufig schmerzlich vermisst und meist vergeblich einfordert: Baukultur.

Natürlich kann man bei der von allmannwappner hier verfolgten Strategie der Inwertsetzung von solchen Funktionsbauwerken auch das eine oder andere hinterfragen. Etwa die Resistenz der gestockten Oberflächen gegen Graffiti, den Reinigungsaufwand für die freihängenden Leuchten und hellen Böden, die Diebstahlanfälligkeit einzelner Beschriftungselemente und dergleichen mehr. Tatsächlich wäre das in den Großstädten mit einer quantitativ sehr viel höheren Zahl von sozialen Problemgruppen sicherlich auch heikel. Aber wenn es der Stadt Karlsruhe unter etwas günstigeren Bedingungen gelänge, die Umkehrung der Werte von reiner Funktionalität und Zerstörungsunanfälligkeit zu einem wertgeschätzten öffentlichen Raum des Schönen, Wahren und Guten dauerhaft in der Bevölkerung zu verankern – was zumindest im ersten Jahr des Betriebs gelungen ist –, dann wäre dies ein nachahmenswertes Vorbild für die baukünstlerischen Möglichkeitsräume bei derartigen Bauaufgaben.

Something is being exhibited here: the iconographic lighting concept by Ingo Maurer. A steel cable construction derived from the electrical overhead lines of the light rail system runs through the hall. Countless LED tubes are suspended from it at different heights, with delicately looped cables, insulators, and fastening elements. It is an impressively beautiful work of light art, both iridescent and fascinating. It was an idea that was as bold as it was ingenious, to fulfil the competition's artistic requirement with such an important technical equipment element as lighting, which is subject to all sorts of regulations in train stations. It is actually hard to believe that the light artist, the architects, and the client succeeded in turning this challenging and demanding idea into reality in such a magnificent way. Bravo!

But that is not all. The work of light art is actually not the exhibition object at all, but rather the means to atmospherically stage the actual exhibition object interacting with the white room shell: the passengers on the platforms and the light rail system on the tracks. Rarely has it been possible to use such simple and few means to present the not overly prestigious status of the light rail user and his equally unprestigious means of mass transport in such a casual and dignified manner as an action artist. Something has been redeemed here that is often sorely missed in transport structures – just think of the misery at Deutsche Bahn – and it is mostly demanded in vain: building culture.

Of course, the allmannwappner strategy of generating value in such a functional building is not beyond questioning, such as with regard to how resistant the bush-hammered surfaces are to graffiti, the cleaning effort for the freely suspended lights and bright floors, and how individual lettering elements are susceptible to theft. In fact, this would certainly be tricky in the larger cities with a much higher numbers of problematic social groups. However, if the city of Karlsruhe is under somewhat more favourable conditions and succeeds in permanently anchoring the reversal of the values from pure functionality and resistance to destruction to a valued public space of beauty, truth, and goodness in the population – which was successful at least in its first year of operation – then it will be a model worth emulating for the architectural possibilities in such building projects.

ELEMENT • A Architekten / hiendl_schineis architektenpartnerschaft
Bundesgeschäftsstelle des Deutschen Alpenvereins e. V., München

Kritik **Christina Gräwe**

03

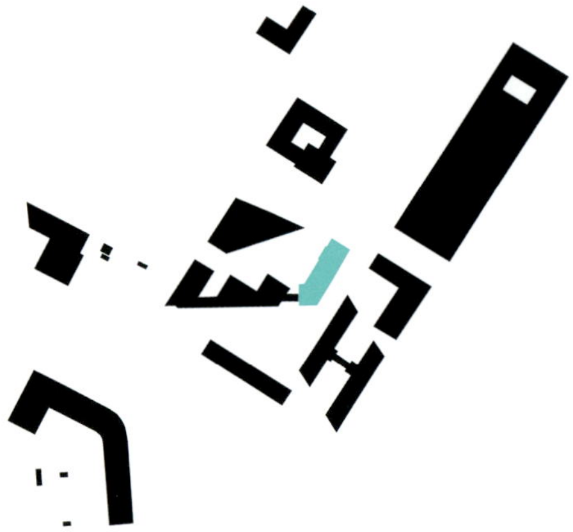

Architekten / Architects
ELEMENT • A Architekten BDA
Blutenburgstraße 40
80636 München
www.element-a.de
info@element-a.de

Projektteam / Project team
Christian Taufenbach, projektleitender Partner
Andreas Kreft, Projektleiter, damals auch Partner
Romuald Dehio, stellv. Projektleiter
Tobias Richter, Projektarchitekt
Ludmila Volk, M. A. Innenarchitektur
Saskia Weber, Bauleitung

Bauherr / Client
Deutscher Alpenverein e. V., München

Beteiligtes Architekturbüro / Other architects involved
hiendl_schineis architektenpartnerschaft, Augsburg / Passau
Lederergasse 2
94032 Passau

Projektsteuerung / Project management
Oliver Alefeld, München

Tragwerksplanung / Structural engineering
merz kley partner GmbH, Dornbirn (Tragwerksplanung Holzbau)
Ingenieurbüro Kovacs, Passau (Tragwerksplanung Massivbau)

Haustechnik / Building services engineering
Ingenieurbüro Lackenbauer GmbH, Traunstein

Elektro / Electrical engineering
ek-plan Elektroplanung, Nenzing

Brandschutz / Fire prevention
IBU Brandschutz GmbH & Co. KG, Kirchberg i. W.

Landschaftsarchitektur / Landscape architecture
mk.landschaft, München

Innenarchitektur, Fassadenplanung / Interior design, Façade planning
ELEMENT • A Architekten BDA, München

Sonstige / Others
Transsolar Energietechnik GmbH, München

Akustik / Acoustics
Möhler + Partner Ingenieure AG, München

Standort / Location
Anni-Albers-Straße 7
80807 München

Fertigstellung / Completion
April 2021

Fotografie / Photography
PK Odessa, Lanz und Schels, München

Der Bestandsbau aus den Siebzigerjahren.
The existing building from the 1970s.

Die neue Bundesgeschäftsstelle des DAV hebt sich von ihren überwiegend steinernen oder gläsernen Nachbarn deutlich ab.
The new national headquarters of the DAV clearly stands out from its predominantly stone and glass neighbours.

Parkstadt Schwabing – das klingt nach Englischer Garten, nach viel Grün und Erholung. Tatsächlich handelt es sich um ein 40 Hektar großes ehemaliges Industrieareal im Münchener Norden, das seit gut 20 Jahren zu einem gemischt genutzten Stadtviertel zusammenwächst. Der namengebende Park besteht aus einem 650 auf 40 Meter messenden Streifen, die Straßennamen ehren Bauhäusler wie Anni Albers, Mies van der Rohe und andere. In die (in München wenig gelittenen) Hochhäuser sind Technologie- und Softwarefirmen sowie Hotels eingezogen, unter den 1.500 Wohnungen sind immerhin 500 geförderte. Die A 9 und der Petuelring rauschen vorbei, aber der öffentliche Nahverkehr ist fußläufig zu erreichen.

Eines der älteren Häuser ist ein ehemaliger Verlagssitz, der in zwei Bauabschnitten in den Siebziger- und Achtzigerjahren von Kurt Ackermann und Partner errichtet wurde. Alte Fotos zeigen den ersten Bauabschnitt als einen trockenen viergeschossigen Verwaltungsbau, strukturiert durch den Wechsel von Glas- und Betonbändern. Heute ist das Haus, jedenfalls der ältere Bauabschnitt, nicht wiederzuerkennen, obwohl es eben nicht abgerissen wurde, wie eine Quelle behauptet.

Parkstadt Schwabing – that sounds like the English Garden Munich and lots of greenery and space for relaxation. In fact, it is a 40-hectare former industrial area in the north of Munich that has been coalescing into a mixed-use district for some 20 years. The eponymous park consists of a strip measuring 650 by 40 metres. The street names honour Bauhaus designers such as Anni Albers and Mies van der Rohe, among others. Technology and software companies as well as hotels have moved into the high-rise buildings (which are poorly tolerated in Munich), and 500 of the 1,500 apartments are subsidised. The A9 and Petuelring road rush by, but public transport is within walking distance.

One of the older buildings is a former publishing house that was built in two phases in the 1970s and 1980s by Kurt Ackermann and Partners. Old photos show the first construction phase as a dry, four-storey administration building, structured by alternating glass and concrete strips. The building, at least the older phase of the construction, is unrecognisable today, although it was not demolished, as a source claimed. Instead, Element • A Architekten and hiendl_schineis architektenpartnerschaft encased the existing building in a surrounding

Stattdessen haben ELEMENT • A Architekten und hiendl_schineis architektenpartnerschaft den Bestand in eine umlaufende Holzkonstruktion eingehüllt und ihn um eine zweigeschossige Aufstockung in leichter Holzhybridbauweise (mit Flachdach) ergänzt. Auftraggeber war der Deutsche Alpenverein DAV, der hier zwei Jahre nach seinem 150. Geburtstag seine Bundesgeschäftsstelle eingerichtet hat. Der Verein hat stolze 1.402.067 Mitglieder in insgesamt 356 Sektionen und betreibt 321 Berg- und Schutzhütten.

Das erklärte Ziel für den neuen DAV-Sitz war, das bestehende Gebäude unter Einsatz möglichst weniger Ressourcen und mit einem Lowtech-Energiekonzept – entsprechend der Praxis in den Berghütten – zu neuem Leben zu erwecken. Diese Grundhaltung spiegelt sich in der Vereinsarbeit wider, die sich durch eine enge Verbundenheit mit der Natur, speziell mit den Bergen, und den verantwortungsbewussten Umgang damit auszeichnet. »Unser Gebäudekonzept bringt Ökologie, Ökonomie und soziale Aspekte in Einklang«, erläuterte DAV-Präsident Josef Klenner. Der DAV als Bauherr hatte eine klare Intention, mit der er bei den Architekten auf offene Ohren stieß. »Überall am und im Gebäude ist der Deutsche Alpenverein sichtbar«, fassen es Christian Taufenbach von ELEMENT • A und Projektleiter Andreas Kreft zusammen.

Eingestimmt wird man darauf bereits am Haupteingang an der Nordostfassade: Von innen leuchtet geschosshoch das Vereinslogo, ein Edelweiß. Die neue Gebäudehülle weitet sich an dieser Seite zu einem Atrium; es nimmt den Empfangstresen und ein luftiges, bis ins oberste Geschoss durchlässiges Treppenhaus auf. Und hier erkennt man auch, dass der Bestand tatsächlich noch existiert. Die alte Gebäudekante liegt offen, Betondecken und -stützen treten gereinigt und teils unverkleidet zutage. Kontrastiert wird diese Optik durch das helle Holz der vorgesetzten Gebäudeschicht und des Mobiliars. Das ist ein reizvoller Gegensatz, der eine freundliche Empfangsatmosphäre erzeugt. Dennoch wünschte man sich, die alte Substanz hätte eine im doppelten Sinn tragendere Rolle behalten.

Das neue Kleid, eine Holz-Pfosten-Riegelfassade, zieht sich bis zum vierten Obergeschoss. Obwohl an den langen Seiten des Baus nur 1,5 Meter tief, bestimmt es maßgeblich den veränderten Charakter des Hauses. Was wie schmale Balkonbänder wirkt, ist ein Rankgerüst mit Pflanzkästen und Stegen, das auch ganz pragmatisch die Reinigung der bodentiefen Fenster dahinter erleichtert. Grün gefärbte Fassadenelemente und innenliegende gelbgrüne Rollos setzen zusätzliche Farbtupfer. An der nordwestlichen Seite schiebt sich wie eine Schublade ein eingeschossiger Ergänzungsbau heraus – hier liegt der Konferenzbereich.

timber construction and added a two-story extension (with a flat roof) in a light hybrid timber construction. The client was the German Alpine Club (DAV), which set up its national office here two years after its 150th anniversary. The club has an impressive 1,402,067 members in a total of 356 associations and operates 321 mountain huts and shelters.

The stated goal of the new DAV headquarters was to breathe new life into the existing building using as few resources as possible and a low-tech energy concept in line with the practice in the mountain huts. This basic approach is reflected in the club's work, which is characterised by a close bond with nature, especially the mountains, and interacting with nature in a responsible manner. 'Our building concept brings ecology, economy, and social aspects in line,' explained DAV President Josef Klenner. As a client, the DAV had clear intentions, which were well received by the architects. Summing up, Christian Taufenbach of ELEMENT • A and project manager Andreas Kreft say: 'The German Alpine Club is visible everywhere on and in the building.'

The main entrance on the north-east façade provides the introduction: the club's edelweiss logo shines from the inside, stretching from floor to ceiling. The new building shell widens into an atrium on this side; it accommodates the reception desk and an airy stairwell permeable up to the top floor. Here you can also see that the previous structure actually still exists. The old edge of the building is exposed, and concrete ceilings and supports appear cleaned and partly unclad. This look is at odds with the light timber of the building layer in front and the furniture. It is an attractive contrast that creates a friendly and welcoming atmosphere. Nevertheless, it does leave the observer wishing that the old structure had retained a more important role.

The new cladding, a timber mullion and transom façade, extends to the fourth floor. Although only 1.5 metres deep on the long sides of the building, it largely determines the changed character of the building. What looks like a narrow balcony band is actually a trellis with planters and bars, which also makes it very pragmatic when it comes to cleaning the floor-to-ceiling windows behind it. Green-coloured façade elements and internal yellow-green roller blinds provide additional splashes of colour. On the north-western side, a one-storey extension slides out like a drawer – this is where the conference area is located.

The ceilings and columns on the upper floors, parts of which are rented out, communicate the hybrid character of the building. The office areas are arranged as open-plan workspaces around the core zone, which, like a large piece of furniture, accommodates a stairwell, the lift,

Im Foyer lässt sich die Verzahnung von Bestand (Beton) und Ergänzung (Holz) gut ablesen.
The foyer clearly shows the interlocking of the existing (concrete) and the new (timber).

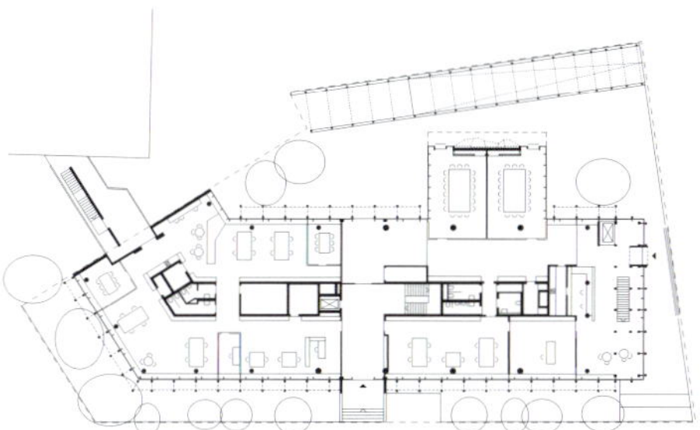

Grundriss Erdgeschoss
Ground floor plan

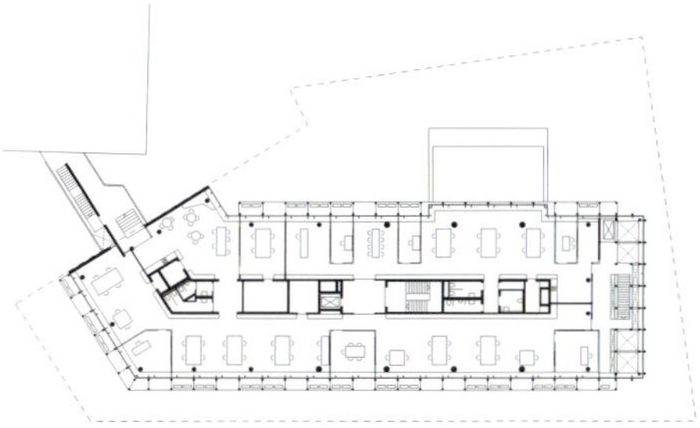

Grundriss 2. Obergeschoss
Second floor plan

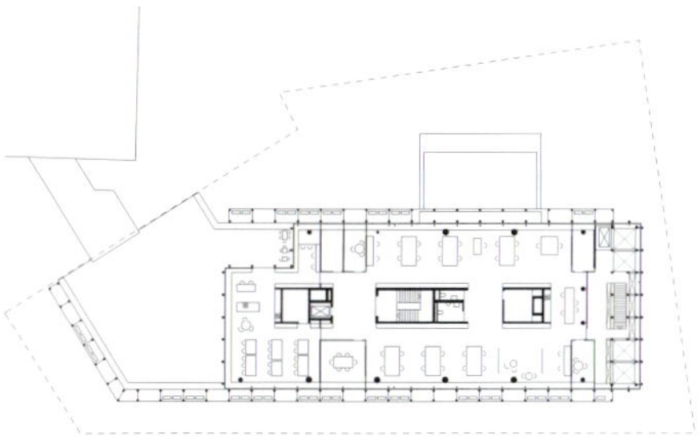

Grundriss 4. Obergeschoss
Fourth floor plan

Die regalartige Gebäudehülle ist eine Holz-Pfosten-Riegel-Konstruktion mit Stegen, die als Servicegalerien und Rankgerüst dienen.
The shelf-like building shell is a timber post and beam construction with walkways that serve as service galleries and trellis.

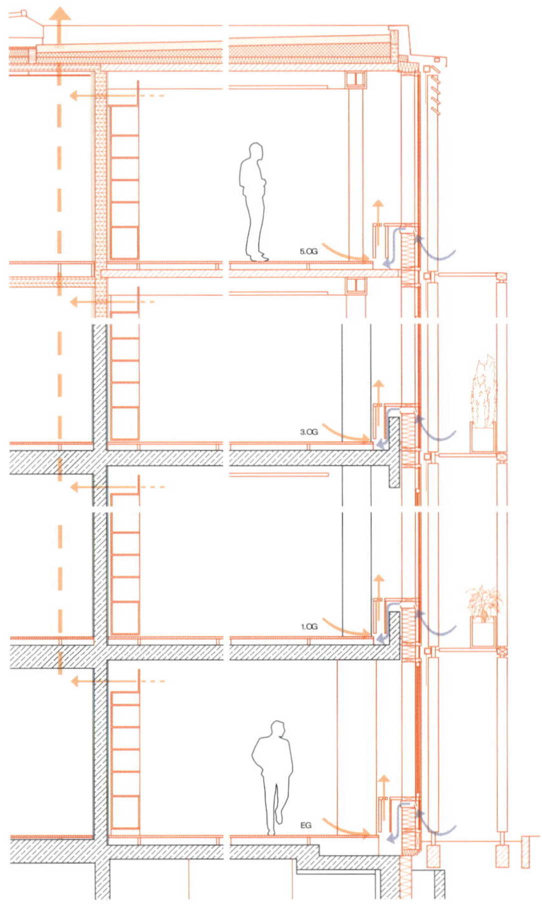

Schnitt
Section

Der Luftraum des neuen Foyers zieht sich über alle Stockwerke.
The air space of the new foyer stretches across all of the floors.

Die Arbeitsplätze verteilen sich offen im Raum, Besprechungsbereiche sind durch Glaswände abgeteilt.
The workspaces are distributed openly in the room, while meeting areas are separated by glass walls.

Die Lowtech-Lüftung und -Heizung in den Brüstungskästen.
Low-tech ventilation and heating in the parapet boxes.

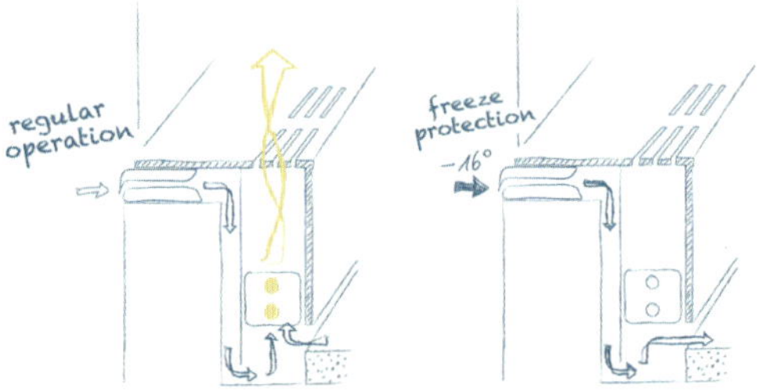

Skizze des Heiz- und Lüftsystems
Sketch of the heating and ventilation system

Simply (with) physics – comfortable, quiet, robust

Teil der Aufstockung ist eine Dachterrasse.
Part of the vertical extension is a roof terrace.

In den oberen Etagen, von denen ein Teil vermietet ist, erzählen wiederum die Decken und Stützen vom hybriden Charakter des Hauses. Die Büroflächen lagern als Open-Space-Arbeitsplätze um die Kernzone, die wie ein großes Möbel ein Treppenhaus, den Aufzug, Toiletten und Teeküchen aufnimmt. Für alle, einschließlich der Geschäftsführung, gibt es keine individuellen Büros, aber Rückzugsräume zum Telefonieren, für Besprechungen oder, mit einer komfortablen Liege ausgestattet, sogar für ein Powernap zwischendurch. Am südwestlichen Ende des neuen 6. Obergeschosses wartet ein einladender Begegnungsort auf die Belegschaft: halb Kantine, halb moderne Alpenhütte, in die die Abendsonne scheint, zudem eine große Terrasse mit Ausblick über das begrünte Dach hinaus in die Parkstadt. Spätestens hier wird deutlich, wie stark sich das DAV-Gebäude von der scharfkantigen Glasästhetik des Bürobaus von Helmut Jahn im Südosten oder von der steinernen Lochfassade des Hotels gegenüber dem Haupteingang absetzt.

Trotz des hohen Glasanteils kommt das Haus fast ohne außenliegenden Sonnenschutz und gänzlich ohne Klimaanlage aus. Ersteres erledigen zunehmend die Fassadenbepflanzung und die umstehenden Häuser; die meisten davon sind höher als der DAV-Sitz und schirmen ihn auch vom Lärm der nahen Autobahn ab. Für die Innenräume konnte, wie gewünscht, ein natürliches Lüftungskonzept geplant werden, das Transsolar nach Lowtech-Prinzipien entwickelt und im Vorfeld über Simulationen und Rauchversuche am 1:1 Mockup getestet hat. Ohne elektronische Steuerung setzt es auf die Grundlagen der Physik: Die Lüftungselemente stecken in den Brüstungskästen vor den Fenstern. Durch den thermischen Auftrieb im Konvektorschacht wird die Außenluft zusammen mit der bodennahen Raumluft angesaugt und so erwärmt – frische Luft ohne kalte Füße. Die Abluft sammelt sich in zentralen Schächten und zieht über das Dach ab. Im Sommer sorgt die Nachtauskühlung für angenehme Temperaturen, bei Bedarf hilft die Luftbewegung durch einfache Deckenventilatoren nach. Geheizt wird über Fernwärme. In Ausnahmefällen wie dem IT- und Elektrobereich arbeiten zwei Kältemaschinen emissionsfrei mit Wasser als Kältemittel. Die Abwärme wird zusätzlich zum Heizen des Gebäudes genutzt.

Die neue Bundesgeschäftsstelle des DAV erfindet das Bauen nicht neu, weder mit der Holzkonstruktion noch als spektakulär innovativer Arbeitsort. Aber, und das ist im Bauwesen so wichtig wie nie zuvor, sie setzt die richtigen Signale: Umbau statt Abriss, CO_2-bindendes Material statt zusätzlichem Treibhausgasausstoß, wenig Technik, viel Grün.[1] Das Gebäude ist ein beeindruckendes Beispiel, wie dieses Umdenken Realität werden kann, wenn eine engagierte Bauherrschaft und ebenso aufgeschlossene Architekten zusammenarbeiten.

1 Zur Bedeutung eines Umdenkens im Bauwesen siehe Essay »Nichts Neues!« von Jonas Malzahn ab Seite 70.

toilets, and kitchenettes. There are no individual offices for anyone, including management, though there are separate rooms for meetings and making phone calls. There is even a room with a comfortable lounger for anyone in need of a power nap. An inviting meeting area awaits the workforce at the southwest end of the new sixth floor: half-canteen, half-modern-alpine-hut, the evening sun shines into this space, which also boasts a large terrace with a view over the green roof to Parkstadt. It is at this point at the latest that it becomes clear how strongly the DAV building differs from the sharp-edged glass aesthetics of Helmut Jahn's office building in the south-east or the perforated stone façade of the hotel located opposite the main entrance.

Despite the high proportion of glass, the building manages with almost no external sun protection and no air conditioning at all. The former is increasingly taken care of by the façade plants and surrounding buildings; most of these are higher than the DAV headquarters and they also shield it from the noise of the nearby motorway. A natural ventilation concept was planned for the interior as requested by the client. Transsolar developed this according to low-tech principles and it was tested in advance using simulations and smoke tests on a 1:1 mock-up. With no electronic controls, it relies on the fundamentals of physics: The ventilation elements are in the parapet boxes in front of the windows. Due to the thermal buoyancy in the convector shaft, the outside air is sucked in together with the room air close to the floor and thus heated. The result is fresh air without cold feet. The exhaust air collects in central shafts and is drawn off over the roof. In summer, night-time cooling ensures pleasant temperatures, with simple ceiling fans helping the air movement if necessary. The building is heated using district heating. In exceptional circumstances, such as in the IT and electrical areas, two emission-free cooling machines work with water as the coolant. The waste heat is also used to heat the building.

The DAV's new national headquarters has not reinvented the building, neither with the timber construction nor as a spectacularly innovative place of work. But, and this is more important than ever in the construction industry, it has sent out the right signals: conversion over demolition, CO_2-binding material instead of additional greenhouse gas emissions, little technology, lots of greenery.[1] The building is an impressive example of how this rethinking can become reality when a committed builder and open-minded architects work together.

1 For more on the importance of rethinking the construction industry, see the 'Nothing New!' essay by Jonas Malzahn on page 70.

Hütten & Paläste

Scheune Prädikow, Prötzel

Kritik **Juliane Greb**

04

Architekten / Architects
Hütten & Paläste
Kastanienallee 26
10435 Berlin
www.huettenundpalaeste.de
office@huettenundpalaeste.de

Projektteam / Project team
Jene van den Abeele, Architektin / Projektleiterin
Nanni Grau, Architektin / Gründungspartnerin
Frank Schönert, Architekt / Gründungspartner
Sophia Albrecht, Luise Leon Elbern, Christian Geyer

Bauherren / Clients
Hof Prädikow e. V., Prädikow
Stiftung trias – Gemeinnützige Stiftung für Boden, Ökologie und Wohnen, Hattingen

Tragwerksplanung / Structural engineering
Büro Rüdiger Ingenieurbüro für Tragwerksplanung, Berlin

Haustechnik / Building services engineering
DKIPlan Dieterich | Klose – Ingenieure für Technische Gebäudeausrüstung PartGmbB, Berlin

Standort / Location
Dorfstraße 104
15345 Prötzel – Prädikow

Fertigstellung / Completion
August 2021

Fotografie / Photography
Studio Bowie, Berlin

Die Dorfscheune ist das Zentrum der Transformation des gesamten Areals sowie Schnittstelle zum Dorf.
The Village Barn is the centre of the transformation of the entire area and the interface to the village.

Im 250-Einwohner-Dorf Prädikow, einem Ortsteil der Gemeinde Prötzel knapp eine Autostunde östlich von Berlin, gibt es seit 2021 nicht nur einen Glasfaseranschluss und rund 50 neue Bewohner, sondern auch die »Dorfscheune« als öffentlichen Treffpunkt. Alteingesessene und Neuankömmlinge haben das Projekt am Eingang eines alten Gutshofs gemeinsam finanziert, mitgeplant und mitgebaut.

Der Gutshof aus dem 19. Jahrhundert, der Schritt für Schritt als genossenschaftliches Wohn- und Gewerbeprojekt entwickelt und später insgesamt 100 Neuankömmlingen ein neues Zuhause bieten wird, liegt im Zentrum von Prädikow. Bis zur Wende galt die Anlage, einer der größten Vierseithöfe Brandenburgs, als das gesellschaftliche Zentrum des Ortes. Viele Dorfbewohner haben hier früher nicht nur gearbeitet, sondern auch ihre Feierabende verbracht und Feste gefeiert. Das neun Hektar große Areal mit Brennerei, Tierställen, Scheunen, einer Schmiede und Wohngebäuden lag nach der Aufgabe des Volkseigenen Betriebs in den Neunzigerjahren viele Jahre lang brach.

The village of Prädikow, a district of the municipality of Prötzel just under an hour's drive east of Berlin, has 250 inhabitants. Since 2021, the village has not only been connected to fibre optic internet and gained around 50 new residents, but it has also gained the 'Village Barn' as a public meeting place. Long-established residents and new arrivals jointly financed, planned, and built the project at the entrance to an old farming estate.

The nineteenth-century estate, which is being developed step by step as a cooperative residential and commercial project and will later offer a new home to 100 new arrivals, is located in the centre of Prädikow. Until the fall of the Berlin Wall, the complex, which is one of the largest four-sided courtyards in Brandenburg, was considered the social centre of the village. Many villagers not only used to work here, but they also spent their evenings here and celebrated festivals. The nine-hectare area with a distillery, animal stables, barns, a smithy, and residential buildings was derelict for many years after the state-owned company was given up in the 1990s.

Vor einigen Jahren rückte das Ensemble mit seinen 14 denkmalgeschützten Gebäuden in den Fokus einer Gruppe Berliner, die dort »Wohnen, Leben, Arbeit und Kultur vereinen und eine zukunftsfähige Gemeinschaft entwickeln« wollen. So formuliert es der Verein Hof Prädikow e. V., der sich zur Unterstützung an die Stiftung trias wandte. Die kaufte das Gelände 2016 und verpachtet es nun wiederum nach Erbbaurecht an den Verein und die Mietergenossenschaft SelbstBau, die als Projektträgerin für die Wohnungen auftritt.

Das Berliner Architekturbüro Hütten & Paläste entwickelte zunächst ein Nutzungskonzept für den gesamten Hof. Das vorgeschlagene Programm, das unkonventionelle Wohnformen, Werkstätten und kulturelle Nutzungen umfasste, wurde für jedes einzelne Gebäude aus seiner bestehenden Struktur abgeleitet. Schon früh wurde die Dorfscheune – der zentrale öffentliche Begegnungsort an der Schnittstelle zwischen Hof und Dorf – als wichtiges strukturelles Element herausgearbeitet. Obwohl das gesamte Konzept und auch der Ansatz zum Umgang mit dem Baubestand, der von einer sichtbaren Überlagerung von Alt und Neu ausging, in der Gruppe und auch beim Denkmalschutzamt große Unterstützung fanden, griff sie die Mietergenossenschaft SelbstBau nur in Teilen auf. Hütten & Paläste wurden daher zunächst lediglich mit der Planung und dem Umbau der Dorfscheune weiterbeauftragt.

Die kleine Scheune bietet eine Basis-Infrastruktur für die Neubesiedlung. Sie war eines der ersten Gebäude, die saniert wurden. Finanziert wurde das Projekt vom Verein selbst über private Spenden und Darlehen sowie aus Fördermitteln. Zwei Jahre lang lernten sich einheimische und hinzugezogene Dorfbewohner bei der gemeinsamen Entwicklung eines Programms für die Dorfscheune gut kennen. Bedürfnisse und Wünsche, Fragen und Vorbehalte beider Seiten konnten in mehreren Workshops, bei denen auch die Architekten in regelmäßigen Abständen den neuesten Stand der Planungen präsentierten und mitdiskutierten, gleichermaßen einfließen. In der Bauphase war die Gemeinschaft bei den »Subbotniks« zudem handwerklich involviert. Auch diese Treffen zum gemeinsamen Aufräumen, Steineklopfen und Anstreichen begleiteten die Architekten.

A few years ago, the ensemble of 14 listed buildings became the focus of a group of Berliners who wanted to 'unite housing, life, work, and culture and develop a sustainable community' there. This is how the Hof Prädikow e. V. association described its intent, and it turned to the Stiftung trias foundation for support. They bought the site in 2016 and are now leasing it based on heritable building rights to the SelbstBau self-build association and tenants' cooperative, which acts as the project sponsor for the apartments.

Berlin architects Hütten & Paläste initially developed a usage concept for the entire estate. The proposed programme, which included unconventional forms of living, workshops, and cultural uses, was derived for each individual building from its existing structure. The Village Barn – the central public meeting place at the interface between the farm and the village – was identified early on as an important structural element. Although the entire concept and approach to dealing with the existing building, which assumed a visible overlap between old and new, was met with a high level of support in the group and also at the Monument Protection Office, it was only partially taken up by the SelbstBau tenants' cooperative. Hütten & Paläste were initially only commissioned to plan and convert the Village Barn.

The small barn offers basic infrastructure for resettlement. It was one of the first buildings to be renovated. The project was financed by the association itself through private donations, loans, and subsidies. For two years, local and new villagers got to know each other while developing a Village Barn programme together. Several workshops were held to address requirements, desires, questions, and reservations on both sides and the architects also presented and discussed the latest status of the plans at regular intervals. During the construction phase, the community also got involved in the manual work on *subbotniks* ('labour days'). The architects also joined on these days to lend a hand tidying up, breaking stones, and painting.

Der Blick vom zentralen Saal in Richtung »Dorfwohnzimmer« (links unten); auf der oberen Ebene befindet sich der Co-Working-Space.
The view from the central hall in the direction of the 'village living room' (bottom left); the co-working space is on the upper level.

Der Blick vom Co-Working-Space in das Tragwerk.
The view from the co-working space into the structure.

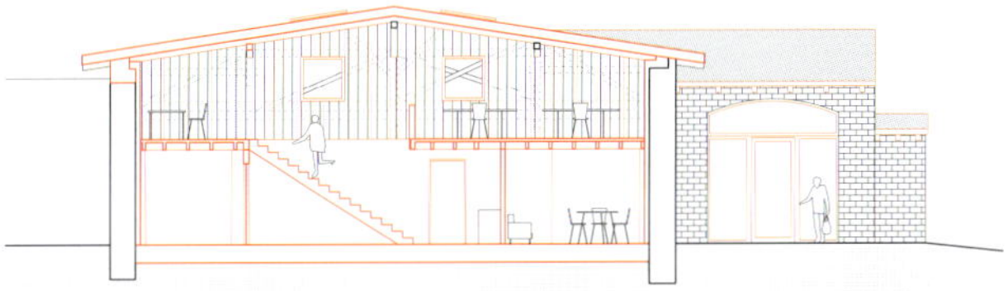

Schnitt
Section

Auch an der Rückseite der Scheune bleiben die Veränderungen sichtbar.
The changes are also visible on the rear of the barn.

In der eingestellten Box befindet sich eine Küche, die obere Ebene kann als Hochbett genutzt werden.
The box contains a kitchen. The upper level can be used as a loft bed.

Hinter der leichten Konstruktion aus Holz und Polycarbonat öffnet sich ein vielseitig nutzbarer Raum.
A versatile space opens up behind the lightweight construction made of timber and polycarbonate.

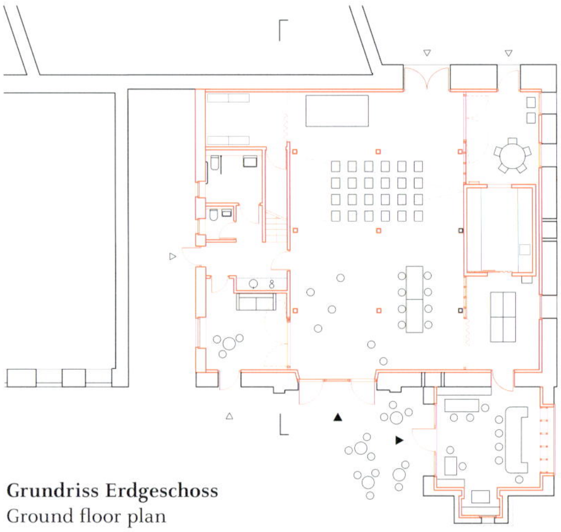

Grundriss Erdgeschoss
Ground floor plan

Der Blick diagonal durch den Saal in Richtung Haupteingang. Die ergänzten Stellen im Tragwerk sind deutlich erkennbar.
The view diagonally through the hall towards the main entrance. The added areas in the supporting structure are clearly recognisable.

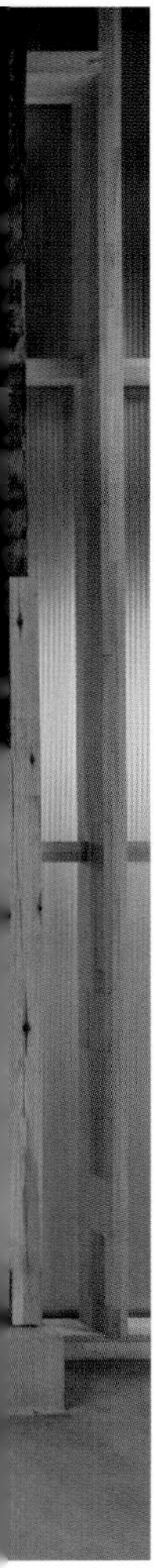

Die Planung für den Umbau setzte an der Bestandsstruktur an, von der so viel wie möglich erhalten wurde. So war die Position der neuen Fenster und Türen durch die bestehenden Lüftungsschlitze und Tore im massiven Feldsteinmauerwerk vorgegeben. Neu Hinzugefügtes ordnet sich den Vorgaben des Bestands unter, versteckt sich dabei aber nicht. Anpassungen an die Struktur wurden nicht retuschiert, sondern lesbar belassen. An den Stellen, an denen Mauerwerk ergänzt werden musste, wurden Backsteine wiederverwendet, die an anderer Stelle auf dem Hof rückgebaut worden waren. Auch das historische Holztragwerk im Innenraum wurde als identitätsstiftendes Element so weit wie möglich erhalten und wo nötig ergänzt.

Während der Materialeinsatz und der unprätentiöse Umgang mit dem Baubestand eine angenehme und dem Ort angemessene Lockerheit und Einfachheit vermitteln, ist an anderer Stelle spürbar, dass bei den vielen am Planungsprozess beteiligten Parteien zahlreiche Anforderungen und vermutlich auch einige widersprüchliche Wünsche und Positionen formuliert wurden. Die neu hinzugefügten Trennwände, die teils opak, teils transluzent oder transparent sind, sowie die großen Öffnungen darin, die mal mit einem Vorhang, mal mit Türen oder Platten verschlossen sind, erzählen eine Geschichte der Verhandlung darüber, wie viel Trennung ein »Ort der Verbindung« verkraftet. Und so traten wir als Gruppe Ortsfremder, die im großen mittigen Saal von den Architekten empfangen wurde, nur indirekt in Kontakt mit den Anwohnern, die sich zeitgleich in den angrenzenden Bereichen, wie dem »Dorfwohnzimmer« und dem Co-Working-Space aufhielten. Lediglich die durch eine Polycarbonatwand dringenden Gitarrenklänge aus dem »Kreativraum« und das Stimmengemurmel aus dem Café »Schwarzer Storch« vermittelten uns Besuchern das Gefühl, an einem Ort der Gemeinschaft zu sein. Bietet die Dorfscheune also vielleicht sogar zu viele autark funktionierende Bereiche, um informelle und zufällige Begegnungen anzuregen? Oder ist umgekehrt diese aus dem gemeinschaftlichen Planungsprozess hervorgegangene Vielschichtigkeit der Grund dafür, dass die Scheune bisher so gern und intensiv genutzt wird?

Planning for the conversion began with the existing structure, of which as much as possible was preserved. The positions of the new windows and doors were determined by the existing ventilation slots and gates in the solid boulder stonework. Newly added features are subordinate to the specifications of the existing building, but do not hide themselves. Adjustments to the structure were not retouched but rather left legible. In places where brickwork had to be added, bricks that were dismantled elsewhere in the estate were reused. The historic timber structure in the interior was preserved as much as possible as an identity-forming element and only supplemented where necessary.

While the use of materials and unpretentious handling of the existing building convey a pleasant and appropriate ease and simplicity that is appropriate for the location, it is noticeable elsewhere that the many parties involved in the planning process formulated numerous requirements and what are also likely to be some contradictory wishes and points of view. The newly added partitions, which are partly opaque and partly translucent or transparent, as well as the large openings within them, which are sometimes closed with a curtain, doors, or panels, tell a story of negotiation about how much separation a 'place of connection' can handle. So, as a group of non-locals received by the architects in the large, central hall, we only had indirect contact with the residents who were staying in the adjacent areas at the same time, such as the 'village living room' and the co-working space. Only the guitar sounds coming through a polycarbonate wall from the 'creative room' and the murmuring of voices from the 'Schwarzer Storch' café gave us as visitors the feeling of being in a place of community. Does the Village Barn offer too many self-sufficient areas to encourage informal and casual encounters? Or, conversely, is this complexity resulting from the joint planning process the reason the barn has so far been used so happily and intensively?

Insgesamt haben Hütten & Paläste mit der von ihnen selbst initiierten Dorfscheune wohl den wichtigsten Baustein zum Erfolg des Gesamtprojekts »Hof Prädikow« beigetragen. Dass ihre Ansätze und Ideen bei den Wohnprojekten auf dem Hof bisher nicht weiterverfolgt wurden, ist umso bedauerlicher. Denn eine konsistente Herangehensweise im Umgang mit den Bestandsgebäuden, die die Historie des Hofs und die Zusammengehörigkeit der Gebäude im Ensemble unterstreicht, würde die Idee eines mutigen Gemeinschaftsprojekts sicher weiter befördern. Aber noch ist vieles offen in Prötzel-Prädikow.

Overall, it is with the Village Barn that they initiated themselves that Hütten & Paläste have probably contributed the most important building block to the success of the overall Hof Prädikow project. This makes it all the more regrettable that their ideas for the housing projects on the farm have not yet been pursued. A consistent approach to dealing with the existing buildings, which underlines the history of the estate and the shared identity of the buildings in the ensemble, would certainly further promote the idea of a courageous community project. Still, much remains open in Prötzel-Prädikow.

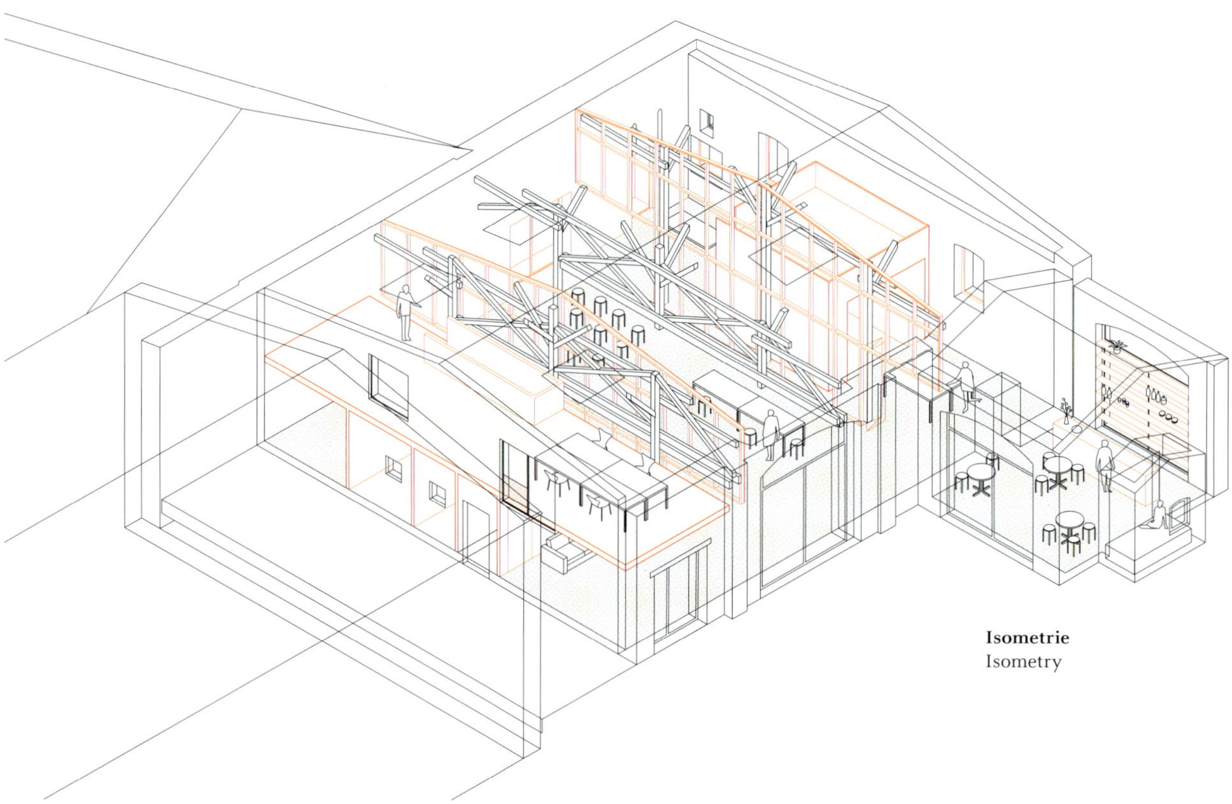

Isometrie
Isometry

Hinter der Polycarbonatwand zeichnet sich als große Visitenkarte die Bar des Cafés ab.
The bar of the café stands out behind the polycarbonate wall.

LRO Lederer Ragnarsdóttir Oei
Münchner Volkstheater

Kritik **Yorck Förster**

05

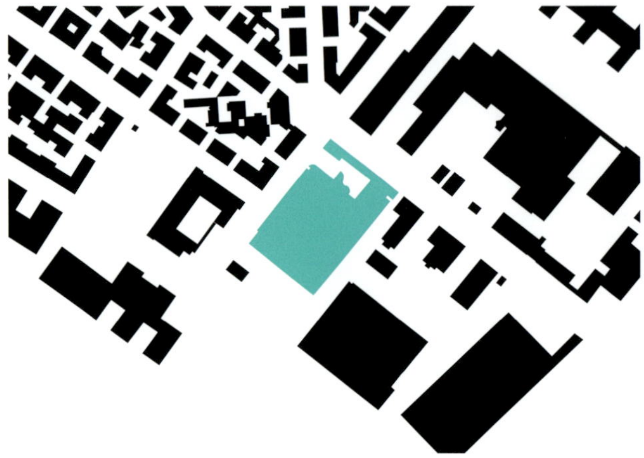

Architekten / Architects
LRO Lederer Ragnarsdóttir Oei
Kornbergstraße 36
70176 Stuttgart
www.archlro.de
pr@archlro.de

Projektteam / Project team
Katja Pütter, Teamleitung
Alexander Hochstraßer, Projektleitung
Lina Müller, Levin Koch,
Philipp Kraus, Johannes Brambring,
Jean-Philippe Maul

Bauherren / Clients
Landeshauptstadt München,
Kommunalreferat vertreten durch
das Baureferat, mit Generalübernehmer
Georg Reisch GmbH & Co. KG,
Bad Saulgau

Tragwerksplanung / Structural engineering
SSF, München

Haustechnik / Building services engineering
Kaufer + Passer, Tuttlingen

Elektro / Electrical engineering
IB Werner Schwarz, Ravensburg

Bauphysik / Building physics
Wolfgang Sorge Ingenieurbüro für
Bauphysik, Nürnberg

Brandschutz / Fire prevention
Oelmaier Ingenieurbüro für
Brandschutz, Biberach

Projektsteuerung / Project management
Pfaller Ingenieure, Neumarkt

Bühnentechnik / Stage technology
itv Ingenieurgesellschaft für Theater-
und Veranstaltungstechnik, Berlin

Sonstige / Others
Architekturbüro Käppeler (Bauleitung),
Bad Waldsee

GSH (Bauleitung), Ludwigsburg

Standort / Location
Tumblingerstraße 27
80337 München

Fertigstellung / Completion
Juni 2021

Fotografie / Photography
Roland Halbe, Stuttgart

Eine billboardartige Wandscheibe markiert den Zugang zum neuen Volkstheater. Links die historische Gebäudezeile für die Verwaltung an der Zenettistraße.
A billboard-like wall disc marks the entrance to the new Volkstheater. The historic row of buildings along Zenettistrasse that now house the administration offices are visible on the left.

Ende September 2022 meldete der *Tagesspiegel,* dass die Kostenschätzung für die Sanierung und den Ergänzungsbau der Komischen Oper in Berlin von den 2018 angenommenen 227 Millionen Euro auf 437,4 Millionen Euro angepasst wurde. In Köln ist die Kostenentwicklung für die Sanierung des Bühnenbaus von Wilhelm Riphahn inzwischen bei 651,7 Millionen Euro angekommen, Ende Dezember 2022 wird es eine neue Kostenprognose geben. Eigentlich sollten dort die Arbeiten bereits 2015 für damals geschätzte 253 Millionen Euro abgeschlossen sein. In Frankfurt am Main, Stuttgart und Düsseldorf entwickelt sich die Diskussion um die Sanierung oder den Neubau der Schauspielbühnen und Opernhäuser im Krebsgang; eine Ausstellung im DAM kam 2018 zu dem Ergebnis, dass die durchschnittliche Projektlaufzeit für ein neues oder umfassend saniertes Bühnengebäude in Europa dreizehneinhalb Jahre beträgt.

At the end of September 2022, the *Tagesspiegel* newspaper reported that the cost estimate for the renovation and extension building of the Komische Oper Berlin opera house had been adjusted from the 227 million euros assumed in 2018 to 437.4 million euros. The cost for the renovation of Cologne's opera house originally designed by Wilhelm Riphahn has now reached 651.7 million euros, and there will be a new cost projection at the end of December 2022. The works there should actually have been completed in 2015 for an estimated 253 million euros at the time. The discussion about the renovation and new construction of theatres and opera houses in Frankfurt am Main, Stuttgart, and Düsseldorf is progressing very slowly. An exhibition at the DAM in 2018 concluded that the average project duration for a new or extensively renovated stage building in Europe is 13 and a half years.

»Glückliches München« muss man vor diesem Hintergrund sagen: Im Oktober 2021 eröffneten dort erst der Gasteig HP8[1] als Interimsspielstätte für die Münchner Philharmoniker und dann der Neubau für das Volkstheater. Beide Projekte blieben im Budget- und Zeitplan. Beim Volkstheater vergingen von der Übergabe des Grundstücks an der Stelle der alten Winterstallungen des Schlachthofs in der Ludwigsvorstadt bis zur Schlüsselübergabe des Theaters im Juni 2021 nur drei Jahre Bauzeit – und das trotz der Covid-19-Pandemie.

Auch der Planungsvorlauf war ungewöhnlich kurz. Das Theater war vordem in einer umgebauten Mehrzweckhalle in der Maxvorstadt untergebracht. An dem Gebäude aus den Fünfzigerjahren war eine umfangreiche Generalsanierung notwendig, vor Ort fehlten Lagerflächen und Probenräume, zudem war das Haus nur angemietet. Ein Neubau war daher eine Option, damit ließ sich auch die Suche und kostspielige Einrichtung einer Interimsspielstätte umgehen. Mit dem Viehhofgelände südöstlich der Theresienwiese fand sich ein neuer Standort, der immer noch innenstadtnah und ausreichend durch den ÖPNV erschlossen sowie, nicht zuletzt, auch im städtischen Besitz ist.

Um einen möglichst schnellen Umzug des Theaters in die neue Spielstätte zu ermöglichen, wurde kein Gestaltungswettbewerb mit anschließender Ausschreibung durchgeführt, sondern ein Generalübernehmerverfahren mit einem europaweiten Teilnehmerwettbewerb. Die Grundlage für die Suche nach dem Generalübernehmer mit Architekt, Bühnenplaner und Akustiker bildete ein rund 1.000 Seiten umfassender Leistungskatalog, den Intendant Christian Stückl und der Technische Direktor Carsten Lück ausgearbeitet hatten. Zu dem geforderten Raumprogramm zählten ein großer Saal (600 Plätze), zwei kleinere Säle (200 und 100 Plätze) sowie umfangreiche Lager- und zeitgemäße Werkstattflächen. Ende 2015 wurde das Verfahren bekannt gegeben und im Dezember 2017 mit nur einer Gegenstimme im Münchener Stadtrat der Beschluss zu einem Neubau auf Basis des Entwurfs von LRO und der Firma Georg Reisch aus Oberschwaben als Generalübernehmer gefasst. Als Festpreis für den Theaterkomplex wurden 131 Millionen Euro vereinbart. Die Architekten und das Bauunternehmen hatten zuvor beim 2012 fertiggestellten Kunstmuseum Ravensburg[2] und seither auch bei Schul- und Verwaltungsbauten erfolgreich zusammengearbeitet.

With this in mind, you would have to say: Lucky Munich! The Gasteig HP8[1] opened there in October 2021 as an interim venue for the Munich Philharmonic and then the new building for the Munich Volkstheater, or Munich People's Theatre. Both projects remained on budget and on schedule. At the People's Theatre, a construction period of just three years elapsed between the handover of the property on the site of the old winter stables of the slaughterhouse in the Ludwigsvorstadt district and the handing over of the keys to the theatre in June 2021 – and that was despite the Covid-19 pandemic.

The planning phase was also unusually short. The theatre was previously housed in a converted multi-purpose hall in the Maxvorstadt district. The 1950s building needed to undergo an extensive general refurbishment. There was no storage space or rehearsal rooms on site, and the building was only rented. A new building was therefore an option, which also avoided the need to search for and endure the costly process of setting up an interim venue. A new location at the cattle yard site south-east of the Theresienwiese was found. It is still close to the city centre and easily accessible by public transport and, last but not least, it is also owned by the city.

In order to enable the theatre to move to the new venue as quickly as possible, no design competition followed by an invitation to tender was organised, but rather a general contractor procedure with a Europe-wide competition. A 1,000-page service catalogue drawn up by artistic director Christian Stückl and technical director Carsten Lück formed the basis for the search for a general contractor with an architect, stage planner, and acoustician. The required spatial programme included a large auditorium (600 seats), two smaller auditoriums (200 and 100 seats), as well as extensive storage and modern workshop areas. The competition was announced at the end of 2015, and in December 2017 the decision to build a new building based on the design by LRO and the general contractor company Georg Reisch from Upper Swabia passed in Munich City Council with only one dissenting vote. A fixed price of 131 million euros for the theatre complex was agreed. The architects and construction company had previously worked together successfully on the Ravensburg Art Museum[2], which was completed in 2012, and on other school and administrative buildings since then.

1 Siehe Kritik S. 108ff. in diesem Buch.
2 Das Gebäude wurde mit dem DAM Preis ausgezeichnet. Siehe: Peter Cachola Schmal: Kunstmuseum Ravensburg, in: Deutsches Architektur Jahrbuch 2013/14, München 2013, S. 12ff.

1 See p. 108 of this annual.
2 The building was awarded the DAM Preis. See: German Architecture Annual 2013/14: Schmal, Peter Cachola 'Kunstmuseum Ravensburg', p. 12.

Die Eleganz einer Fuge: Übergang zum Altbau an der Ostfassade.
The elegance of a joint: transition to the old building on the east façade.

Von der denkmalgeschützten Gebäudezeile entlang der Zenettistraße – in der jetzt Verwaltung und Intendanz untergebracht sind – übernimmt der Theaterneubau in den unteren Geschossen die Klinkerhülle; es trifft sich, dass der Ziegel ohnehin ein Material ist, auf das LRO gern zurückgreift. Die kleinteilige Gliederung dieser Gebäudezeile wird mit einem Rundbogen an der Tumblingerstraße in den großen Maßstab des Theaterbaus überführt. Der Torbogen bildet mit einem gewissen Pathos das Entree in den Theaterhof, der subtil in zwei Teile gegliedert ist. Zusammen mit der Wegachse von einem Durchschlupf in der alten Gebäudezeile entsteht ein Karree vor dem mit Bronzeblech umkleideten Windfang des Haupteingangs. Dahinter jedoch weitet sich entlang des s-förmig zurückweichenden Eingangsbaus ein größerer zweiter Hof, eine Art Sommerfoyer des Theaters, das auch von der Gastronomie bespielt wird.

Die weichen Schwünge und Bögen der Fassade des neuen Theaters lassen einerseits an die Dynamik der Entwürfe von Erich Mendelsohn denken, andererseits erinnern sie mit Bauchungen und Taillierungen an die plastischen Gestaltungen von Le Corbusier. Als Motiv für vertikale Bauteile gehört das (ebenso wie die Wasserspeier) zum festen architektonischen Zitatenschatz des Architekturbüros. Aber auch eine Spur Expressionismus ist bei dem Münchener Gebäude dabei, besonders an der Schmalseite von Südwesten aus gesehen. Bemerkenswert differenziert ist es dort gelungen, die große Baumasse optisch zu gliedern; der Bau erscheint von hier aus wie eine Zikkurat. Die Basis bildet der flache Bereich mit der Anlieferung, schlanke, schwertartige Betonstützen rhythmisieren die Ziegelwand, zurückgesetzt dazu das Obergeschoss mit vertikalen Fensterschlitzen und Wasserspeiern. Abermals eingerückt befindet sich darüber der mit einem Faltwerk aus weißem Streckmetall umhüllte obere Technikbereich, und schließlich sitzt obenauf der Quader des Bühnenturms. Letzterer ist wie ein Chesterfield-Clubsessel in ein rautenförmig aufgewölbtes Kunstfasergewebe gehüllt. Das weiße Material verleiht dem 30 Meter hohen Turm eine visuelle Leichtigkeit über den schweren Ziegelgeschossen. Und wenn der Himmel in München dann wieder besonders blau ist, verliert sich der helle Turm vollends im Licht.

The new theatre building takes over the clinker brick shell on the lower floors of the row of listed buildings along Zenettistrasse, which now house the administration offices and the artistic director. It just so happens that brick is a material that LRO likes to use anyway. The small-scale structure of this row of buildings is transferred to the large scale of the theatre building with a round arch on Tumblingerstrasse. With a certain pathos, the archway forms the entrance to the theatre courtyard, which is subtly divided into two parts. Together with the path axis from a passage in the old row of buildings, a square is created in front of the main entrance vestibule, which is clad in bronze sheeting. Behind it, however, a larger second courtyard widens along the S-shaped receding entrance building. It is a kind of summer foyer that is also used as a gastronomic facility.

The soft curves and arches of the new theatre's façade are reminiscent of the dynamics of Erich Mendelsohn's designs on the one hand, while on the other, their bulges and waists resemble Le Corbusier's sculptural designs. As a motif for vertical components, this (like the gargoyles) is part of the firm's architectural reference material. Yet there is also a trace of expressionism in the Munich building, especially on the narrow side when viewed from the south-west. It has been possible to visually structure the large building mass in a remarkably differentiated way here; from here the building looks like a ziggurat. The base is formed by the flat area with the entryway, while slim, sword-like concrete supports rhythmise the brick wall, and the upper floor with vertical window slits and gargoyles is set back. Indented again above is the upper technical area, covered with a folded structure made of white expanded metal. Finally, the cuboid of the stage tower sits on top. Like a Chesterfield club chair, the latter is wrapped in a diamond-shaped, curved synthetic fibre fabric. The white material gives the 30-metre-high tower a visual lightness above the heavy brick floors. When the sky in Munich is particularly blue, the bright tower is completely lost in the light.

Blick von der Tumblingerstraße im Westen in den Eingangshof.
View from Tumblingerstrasse in the west into the entrance courtyard.

Eine schöne Rückseite – die gestufte Südfassade des Theaters.
A beautiful rear – the stepped south façade of the theatre.

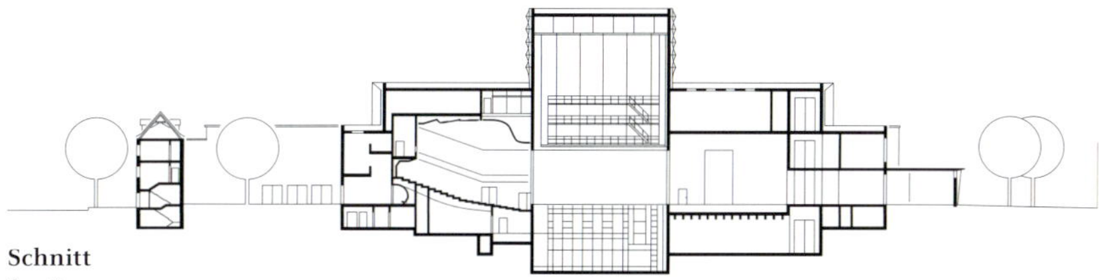

Schnitt
Section

Noch einmal zurück zu den Anklängen an den Expressionismus: Eine überraschende emotionalisierende Farbigkeit – helles Blau und Gelb für die Wände und dunkles Blau für die Decken – bestimmt die Foyers des Hauses. Dazu kommen die Bewegung des Wandschwungs nach dem Windfang am Eingang, das geschwungene Profil der wie ein Klostergestühl entlang der Längswand im Erdgeschossfoyer platzierten langen Sitzbank und die sich nach oben wickelnde Treppenspirale. Die Foyers sind alles andere als eine neutrale Bühne für das Theaterpublikum, dieses wird vielmehr zum Darsteller in einer ziemlich bunten Inszenierung des Raums. Über die Quellen der Farbigkeit gibt es unterschiedliche Aussagen. Das Volkstheater verweist auf Goethes Haus in Weimar, Arno Lederer wiederum auf Le Corbusiers Polychromie.

Die bisherige Auslastung des Hauses jedenfalls belegt: Dem Publikum gefällt das neue Theater, das außerdem für die Neuentwicklung des gesamten Viertels einen kräftigen Impuls setzt. »Der Viehhof war unser Traumort!«, äußerte Intendant Stückl einmal – jetzt ist das Volkstheater dort angekommen.

Now, back to those allusions to expressionism: a surprising, emotionalising colour scheme determines the building's foyer – a light blue and yellow for the walls and dark blue for the ceilings. In addition, there is the movement of the wall curve behind the vestibule at the entrance, the curved profile of the long bench placed like a monastery pew along the long wall in the ground floor foyer, and the spiral staircase winding upwards. The foyer is anything but a neutral stage for the theatre audience. In fact, it becomes a performer in the rather colourful staging of the space. There are different accounts regarding the origins of the colour. The Munich Volkstheater points to Goethe's house in Weimar, while Arno Lederer refers to Le Corbusier's architectural polychromy.

In any case, the occupancy of the building so far proves that audience like the new theatre, which also provides considerable momentum for the redevelopment of the entire quarter. Artistic director Stückl once said: 'The cattle yard was our dream site!'. Now the Munich Volkstheater has arrived.

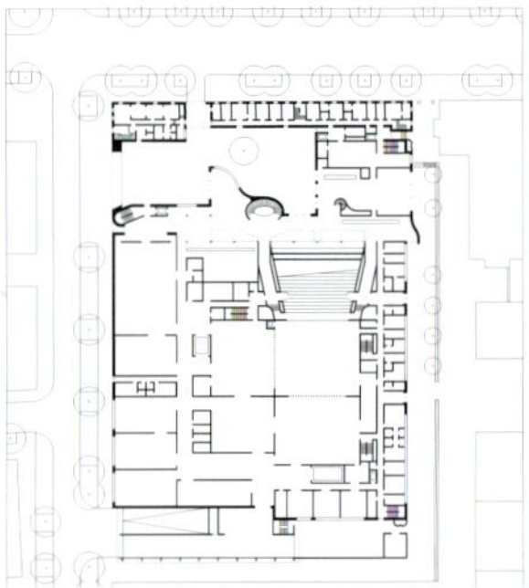

Grundriss Erdgeschoss
Ground floor plan

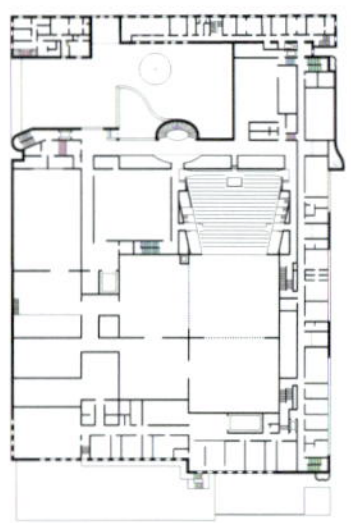

Grundriss 1. Obergeschoss
First floor plan

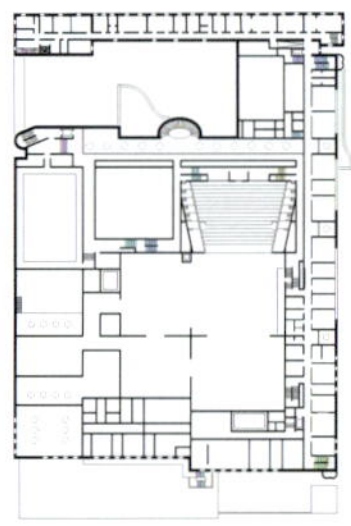

Grundriss 2. Obergeschoss
Second floor plan

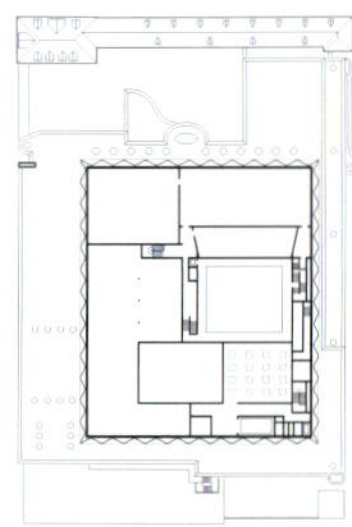

Grundriss 4. Obergeschoss
Fourth floor plan

Blick von der Bühne in den großen Saal mit 600 Zuschauerplätzen.
View from the stage into the large auditorium with 600 seats.

Das Erdgeschossfoyer mit der langen Sitzbank.
The ground floor foyer with the long bench.

Die Lampen an den Seitenwänden des Saals bestehen aus Blumentöpfen mit kopfverspiegelten Leuchten.
The lights on the side walls of the auditorium are flower pots with mirrored lights.

Die Treppenspirale in das Obergeschoss, links der Eingang mit Windfang.
The spiral staircase to the upper floor. The entrance with the vestibule is visible on the left.

Vorworte
Prefaces

Yorck Förster, Christina Gräwe, Peter Cachola Schmal (Hg.)

Deniz Turgut (JUNG)

Das Jahrbuch des Deutschen Architekturmuseums gibt es seit nunmehr knapp über 40 Jahren. Ursprünglich betitelt als »Jahrbuch für Architektur«, später dann als »DAM Architektur Jahrbuch«, erhielt es 2007 seinen heutigen Namen »Deutsches Architektur Jahrbuch«. In jenem Jahr wurde auch erstmals der DAM Preis für Architektur in Deutschland verliehen.

Eine neue Qualität entstand ab 2017 durch die Partnerschaft mit JUNG. Seither wird jährlich die Longlist zum DAM Preis in der zusätzlichen Publikation »Architekturführer Deutschland« dokumentiert. Zugleich können seither alle Nominierungen im digitalen Archiv unter www.dam-preis.de eingesehen werden. Im jetzt siebten Jahrgang sind dort bereits rund 800 Projekte versammelt; es ist eine umfangreiche Chronik des Baugeschehens in Deutschland und des Exports deutscher Architekturbüros herangewachsen.

Das Verfahren

Wie kommt es zu der Auswahl der Projekte? Zunächst stellt das DAM eine umfassende Recherche zu den jüngsten Bauaktivitäten an, die eine besondere Qualität der Architekturen sowie interessante, experimentelle und vorausschauende Antworten auf die Herausforderungen der unterschiedlichen Bauaufgaben bieten. Dabei gilt jüngeren Büros ein verstärktes Augenmerk. Es gibt keine Beschränkungen in der Typologie, in der Größe, in der Nutzung oder im Budget der einzelnen Projekte. Aber ein Zeitfenster der Fertigstellung, das für diese Ausgabe zwischen Ende 2020 und dem Frühjahr 2022 liegt. Bei der Suche erhalten wir wertvolle Hilfe von außen. Die meisten Architektenkammern beteiligen sich mit Vorschlägen; dafür und für die Koordination danken wir herzlich Isabella Göring und Annette Quirin von der Architektenkammer Hessen. Ebenfalls ausgesprochen hilfreich sind die Hinweise, die wir von einem eigens einberufenen Expertenbeirat erhalten. Für den Jahrgang 2023 kamen sie von Christina Beaumont, Christof Bodenbach, Uwe Brösdorf, Matthias Dreßler, Florian Fischer, Lydia Haack, Florian Heilmeyer, Liza Heilmeyer-Birk, Angelika Hinterbrandner, Christian Holl, Philipp Jamme, David Kasparek, Ursula Kleefisch-Jobst, Steffen Lauterbach, Maximilian Liesner, Gert Lorber, Andreas Reich, Marcus Rommel, Christian Schmieder, Heiner Stengel und Finn Warncke.

The German Architecture Museum has released its annual for just over 40 years. Originally titled the Annual for Architecture, and later as the DAM Architecture Annual, it has been the German Architecture Annual since 2007. In the same year, the DAM Preis for Architecture in Germany was awarded for the first time.

The partnership with JUNG since 2017 has added a new dimension. Since then, the longlist for the DAM Preis has been documented annually in the additional publication Architekturführer Deutschland. It is also possible to view all the nominations in the digital archive at www.dam-preis.de. Now in its seventh year, there are around 800 projects catalogued there. It has become an extensive chronicle of construction activity in Germany and exports by German architectural firms.

The Procedure

So, how are the projects selected? First of all, the DAM conducts comprehensive research into the most recent construction projects that have a special architectural quality as well as interesting, experimental, and forward-looking solutions to the challenges presented by the various construction tasks. Particular attention is paid to the work of 'younger' practices. Nominations are not limited in terms of the typology, size, function, or budget of the individual projects. However, the timeframe for building completion dates in this edition spanned from the end of 2020 to spring 2022. The DAM benefits from valuable external assistance. Most of the federal state architectural boards contribute their own suggestions. We would like to extend our thanks to Isabella Göring and Annette Quirin from the Hessen Chamber of Architects for coordinating with the other state Chambers. The suggestions we received from a specially convened expert committee were also extremely helpful. The 2023 committee included Christina Beaumont, Christof Bodenbach, Uwe Brösdorf, Matthias Dreßler, Florian Fischer, Lydia Haack, Florian Heilmeyer, Liza Heilmeyer-Birk, Angelika Hinterbrandner, Christian Holl, Philipp Jamme, David Kasparek, Ursula Kleefisch-Jobst, Steffen Lauterbach, Maximilian Liesner, Gert Lorber, Andreas Reich, Marcus Rommel, Christian Schmieder, Heiner Stengel, and Finn Warncke.

Das Ergebnis dieser vielschichtigen Sammlung ist eine Liste von über 200 Gebäuden. Die Herausgeber diskutieren und gewichten sie, um dann der offiziellen Jury eine »Longlist« von rund 100 Gebäuden vorzulegen. Aus der ersten – dieses Mal nach zwei hybriden Jahren wieder physischen – Jurysitzung Ende Mai 2022 gingen 26 Gebäude für die engere Wahl der »Shortlist« hervor. Sie werden in diesem Buch detailliert vorgestellt und sind zugleich der Pool, aus dem eine kleine Gruppe von Finalisten gewählt wird. Für diesen Jahrgang waren es fünf Gebäude, die die Jury bei einem zweiten Treffen vier Tage lang bereiste, um am Ende den Gewinner des DAM Preis 2023 zu bestimmen.

This complex research process resulted in a list of over 200 buildings. The editors discussed and rated them before submitting a longlist of around 100 buildings to the official jury. The first jury meeting – in person once again after two hybrid years – at the end of May 2022 resulted in 26 buildings being compiled into the shortlist. They are presented in detail in this annual and made up the pool from which the small group of finalists was selected. This year, there were five buildings that the jury visited over four days during a second meeting to ultimately determine the winner of the DAM Preis 2023.

Die Jury und die Preisträger des DAM Preis 2023 (von unten nach oben): Martin Haas (haas cook zemmrich STUDIO2050, Vorsitz), Jörn Walter (Stadtplaner), Hans-Michael Lemmer (Bauherr), Lena Unger (Meier Unger Architekten), Peter Cachola Schmal (Direktor DAM), Christina Gräwe (Freie Kuratorin DAM, Vorjury, Redaktion), Dominik Fahr (Auer Weber, Preisträger DAM Preis 2023), Dijane Slavic, Uwe Bresan (beide Architektur Media Management JUNG), Florian Summa (SUMMACUMFEMMER, Preisträger DAM Preis 2022), Juliane Greb (Büro Juliane Greb, Preisträgerin DAM Preis 2022), Brita Köhler (Leitung Öffentlichkeitsarbeit DAM), Yorck Förster (Freier Kurator DAM, Vorjuy, Redaktion), Uta Winterhager (Architekturkritikerin, Publizistin).
The jury and winner of the DAM Preis 2023 (from bottom to top): Martin Haas (haas cook zemmrich STUDIO2050, chairman), Jörn Walter (urban planner), Hans-Michael Lemmer (client), Lena Unger (Meier Unger Architekten), Peter Cachola Schmal (director of the DAM), Christina Gräwe (freelance DAM curator, preliminary jury, editor), Dominik Fahr (Auer Weber, winner of the DAM Preis 2023), Dijane Slavic, Uwe Bresan (architecture media management at JUNG), Florian Summa (SUMMACUMFEMMER, winner of the DAM Preis 2022), Juliane Greb (Büro Juliane Greb, winner of the DAM Preis 2022), Brita Köhler (head of press and public relations at DAM), Yorck Förster (freelance DAM curator, preliminary jury, editor), Uta Winterhager (architecture critic, publicist).

Die Jury bei der Dorfscheune Prädikow, ...
The jury at the Village Barn in Prädikow, ...

... im Volkstheater München, ganz rechts Arno Lederer, daneben Intendant Christian Stückl, ...
... at the Volkstheater in Munich, with Arno Lederer on the far right and artistic director Christian Stückl next to him, and ...

... und, ebenfalls in München, bei der Bundesgeschäftsstelle des Deutschen Alpenvereins DAV, in der Mitte Projektleiter Andreas Kreft.
... at the national headquarters of the German Alpine Association (DAV), also in Munich, with project manager Andreas Kreft in the middle.

Die Finalisten

Die Reise begann in Berlin, um von dort aus ins brandenburgische Prötzel-Prädikow zu gelangen. Hier haben Hütten & Paläste mit der »Dorfscheune« das Kernstück einer noch länger währenden Transformation eines imposanten Vierseithofs geschaffen: Das »Dorfwohnzimmer«, ein Co-Working-Space, ein Musikraum und eine Café-Bar reihen sich um einen zentralen Saal. Altes blieb nach Möglichkeit erhalten, Neues versteckt sich nicht – die Haltung dem gesamten Vorhaben gegenüber ist hier bereits deutlich ablesbar.

In München gab es zwei ausgesprochen unterschiedliche Stationen. Die erste: das Volkstheater im ehemaligen Schlachthofviertel von LRO Lederer Ragnarsdóttir Oei, wo die Besucher durch einen Rundbogen als einladende Geste in einen geschützten Hof und von dort in ein farbenfrohes Foyer mit elegant geschwungener Treppe geführt werden. Von hier aus geht es in drei Theatersäle. Was die Besucher im Alltag nicht sehen, ist der große Apparat mit Tageslichtwerkstätten hinter den Kulissen, um das Bühnengeschehen überhaupt erst möglich zu machen.

Danach ging es zur Bundesgeschäftsstelle des Deutschen Alpenvereins DAV, ein wunderbares Beispiel dafür, wie ein Siebzigerjahre-Bürobaubestand erhalten und dennoch mit einem ganz eigenen Charakter und Qualität zu neuem Leben erwachen kann. Element • A Architekten führten den Entwurf von hiendl_schineis architektenpartnerschaft weiter; Transsolar sorgte für ein bestechend einfaches Heiz- und Lüftungssystem.

Die Reise endete in Karlsruhe im Untergrund. Hier haben allmannwappner (noch als allmannsattlerwappner) mit viel Geduld und Fingerspitzengefühl die sieben Stationen der neuen Stadtbahn in ein helles, raffiniert von Ingo Maurer ausgeleuchtetes und werbeflächenfreies (!) Gesamtkunstwerk verwandelt – einem beklemmenden Schachtgefühl und dunklen Ecken begegnet man hier nicht.

The Finalists

The journey began in Berlin in order to make the trip to Prötzel-Prädikow in Brandenburg. Hütten & Paläste have used the Village Barn here to create the core of a longer-lasting transformation of an imposing four-sided courtyard: the 'village living room', a co-working space, a music room, and a café-bar are all arranged around a central hall. Old elements of the original structure have been preserved as far as possible, but the new is not hidden – the attitude towards the entire project is clearly visible.

There were two very different projects to visit in Munich. First up was the Volkstheater ('People's Theatre') by LRO Lederer Ragnarsdóttir Oei in the city's former slaughterhouse district. Here, visitors are led through a semi-circular arch as a welcoming gesture into a sheltered courtyard and from there into a colourful foyer with an elegantly curved staircase. Three auditoriums can be accessed from here. What the visitors do not see is the large apparatus with daylight workshops behind the scenes to make the events on stage possible in the first place.

The jury remained in Munich to visit the national headquarters of the German Alpine Club (DAV) – a wonderful example of how a 1970s office building can be preserved yet also injected with a new lease of life with a very unique character and quality. Element • A Architekten continued the design by hiendl_schineis architektenpartnerschaft, while Transsolar provided an impressively simple heating and ventilation system.

The journey ended below ground level in Karlsruhe. Here, allmannwappner (at the time still operating as allmannsattlerwappner) demonstrated a great deal of patience and sensitivity in transforming the seven underground stations of the new light rail system into a bright work of art, cleverly illuminated by Ingo Maurer and free of advertising space (!). Commuters will not encounter the oppressive feeling usually inherent to an underground space or find any dark corners here.

Ludwig Wappner (links) erläutert das Konzept der neuen Stationen für die Karlsruher Stadtbahn.
Ludwig Wappner (left) explains the concept behind the new stations for the Karlsruhe light rail system.

Rundgang um das Gewinner-Gebäude, die Erweiterung des Landratsamts Starnberg.
A tour around the winning building, the extension of the Starnberg District Office.

Der DAM Preis 2023
Die in der bisherigen Reisebeschreibung ausgelassene Station gehört dem Preisträger: die Erweiterung des Landratsamts Starnberg von Auer Weber. Wobei es eigentlich der Zusammenklang des Bestands und des Ergänzungsbaus ist, der letztlich überzeugte. Denn selten treffen ein Alt- und ein Neubau so harmonisch aufeinander, was nicht zuletzt daran liegt, dass hier im Abstand von 35 Jahren die gleichen Architekten am Werk waren. Und so ist heute nur mit einem genauen Blick zu erkennen, wo der Bestand aufhört und wo die Erweiterung beginnt, welche Attribute des Bestands fortgeschrieben und wo zeitgemäß modernisiert wurde und eben doch ein neuer Charakter Einzug gehalten hat.

Die Shortlist
So facettenreich die anderen hier vorgestellten Gebäude auch sind, gemeinsam haben sie die hochwertige architektonische Qualität und inspirierende Aussagekraft.

In den vergangenen Jahren hat der Anteil an Um- und Weiterbauten im Bestand, der von den Jurys für das Jahrbuch ausgewählt wurde, deutlich zugenommen. In der vorliegenden Ausgabe sind es neben dem Preisträger zwei weitere Finalisten und sieben Projekte auf der Shortlist. Allen voran die Generalsanierung der Neuen Nationalgalerie in Berlin von David Chipperfield Architects, wo man eher spürt als tatsächlich sieht, was hier in sieben Jahren aufwändiger Instandsetzung geschehen ist. Auch in Braunschweig fand eine sensible Erneuerung statt. Dort haben Krekeler Architekten das Audimax der TU von 1959 / 60 durch eine umfassende denkmalgerechte Sanierung und unter Erhalt von möglichst viel originaler Substanz wieder sehr nahe an den ursprünglichen Zustand herangeführt. In Aschaffenburg wiederum wurde von Fthenakis Ropee mit viel Verständnis für den Bestand das Justizgebäude aus den Sechzigerjahren saniert und aufgestockt.

Eine Kontinuität der ursprünglichen Nutzung war die Grundlage der eben genannten drei Planungen, vorgestellt werden aber auch Transformationen: Das MKM Museum Küppersmühle haben Herzog & de Meuron am Duisburger Innenhafen teils in einen ehemaligen Getreidespeicher implantiert und teils als kongeniale Erweiterung realisiert. Eine Gratwanderung war die Umwandlung eines ehemaligen Frauengefängnisses in ein Hotel der gehobenen Klasse. Grüntuch Ernst Architekten meisterten sie souverän, indem sie die Geschichte des Hauses ohne Effekthascherei lesbar gelassen und zugleich mitten im lauten Berlin eine Ruhe-Oase hergestellt haben. Im brandenburgischen Stechlin verwandelten Heim Balp Architekten einen teils ruinösen Vierseithof in ein Ensemble aus Kunstatelier, Wohn- und Gästehaus mit angegliederten Werkstätten. Auch

The DAM Preis 2023
Finally, we come to the jury's visit to this year's winner: the extension to the Starnberg District Office by Auer Weber. It is actually the harmony between the existing building and the extension building that ultimately convinced the jury. It is rare that an old building and a new building align so harmoniously, which is not least due to the fact that the same architects were at work here 35 years apart. Today, only a very close inspection reveals where the existing building ends and the extension begins, which attributes of the existing building have been updated, where the building has been modernised to contemporary standards, and where a new character has gained a foothold.

The Shortlist
As diverse as the other buildings presented here are, what they all have in common is a high architectural quality and inspiring degree of expressiveness.

In recent years, the proportion of conversions and extensions to existing buildings that have been selected by the juries for the annual has increased significantly. In addition to the award winner, this edition includes two other finalists and seven shortlisted projects. First up is the New National Gallery in Berlin by David Chipperfield Architects, where you feel rather than actually see what has happened here after seven years of extensive refurbishment works. A sensitive renewal also took place in Braunschweig, where Krekeler Architekten have restored the Audimax lecture hall at the Technical University of Braunschweig from 1959/1960 very close to its original condition by means of a comprehensive renovation in line with historic preservation principles, while preserving as much of the original structure as possible. In Aschaffenburg, on the other hand, the 1960s courthouse was renovated and extended by Fthenakis Ropee with a great deal of understanding for the existing building.

Continuity of the original function was the basis of the three plans mentioned above, but transformations are also presented. Herzog & de Meuron partly implanted the MKM Museum Küppersmühle in Duisburg's inner harbour in a former granary building and partly implemented a congenial extension. The conversion of a former women's prison into an upscale hotel was a balancing act. Grüntuch Ernst Architekten mastered it superbly by leaving the history of the building visible without any gimmicks and at the same time creating an oasis of calm in the centre of noisy Berlin. Heim Balp Architects transformed a partially ruined four-sided courtyard in Stechlin, Brandenburg, into an ensemble of an art studio and residential and guest house with adjoining workshops. Here, too, the focus was on preserving as much of the old structure as possible. What is new stands out

hier stand der Erhalt von möglichst viel alter Substanz im Fokus, das Neue setzt sich deutlich, aber nicht aufdringlich davon ab. Im Wohnungsbau beeindruckt als Beispiel das Grüne Haus in Schorndorf von Stephanie Hirschvogel, das zur Straße denkmalgerecht saniert das spätmittelalterliche Stadtbild wiederherstellt und sich zum Hof mit großen Fenstern und einem kleinen Atelieranbau öffnet.

In München haben gmp Architekten von Gerkan Marg und Partner mit der Isarphilharmonie parallel einen Interims-Konzertsaal während der Sanierung des Gasteigs gebaut sowie eine alte Trafohalle saniert und beides zu einem aus dem Stand sehr beliebten Kulturensemble zusammengeführt.

Ein nachahmend-assoziativer Neubau ist das Nationalparkzentrum Ruhestein in Baiersbronn von Sturm und Wartzeck. Die fingerartigen Gebäudeteile erinnern nicht von ungefähr an übereinanderliegende Baumstämme und damit an die unmittelbare Umgebung des Schwarzwalds. Die Typologie der Schwarzwaldhäuser nimmt FRIHA von AMUNT im idyllischen St. Blasien auf. Der Baukörper dreht sich unter seinem Dach um 45 Grad und erhält dadurch einen reizvoll-individuellen Charakter, der durch die fließenden Raum- und Etagengrenzen im Inneren zusätzlich verstärkt wird.

Die Transformation eines gängigen Typus noch weiter trieben c/o now im havelländischen Groß Kreutz. Das Haus mit dem eigenwilligen Namen »Where the White Morels Grow« steckt als kubisches und noch ausbaufähiges Gebilde in einer Art Industriehalle, so dass ungewöhnliche Zwischenräume – halb Garten, halb Innenraum – entstehen.

Zwei sehr bemerkenswerte Beispiele für Geschosswohnungsbau werden ebenfalls vorgestellt. Da ist in Bremen auf einem exponierten Grundstück mit schwierigem Zuschnitt ein vieleckiger kleiner Turm mit bezahlbaren Wohnungen und einer eigenwilligen Fassade aus grünlich glasierten Ziegeln entstanden; die Architekten waren Hild und K. Im fränkischen Fürth haben Heide & von Beckerath auf dem Areal einer ehemaligen Spiegelfabrik die Wünsche einer Baugruppe in eine Kombination aus Wohneigentum und genossenschaftlichem Wohnen überführt, dabei eine alte Schmiede erhalten und zugleich einen wichtigen Impuls für die Wandlung des Quartiers gesetzt.

Auch in der Arbeitswelt finden sich überzeugende Beispiele nachhaltigen Bauens. In Berlin sind mit dem Luisenblock von Sauerbruch Hutton innerhalb kürzester Zeit Abgeordnetenbüros entstanden. Vorgefertigte Holzmodule und Technikdecken wurden

clearly, but not obtrusively. When it comes to residential construction, Stephanie Hirschvogel's Green House in Schorndorf is an impressive example. Facing the street, it has been renovated in line with historic preservation principles and restores the late medieval townscape. It opens onto the courtyard with large windows and a small studio extension.

In Munich, gmp architects von Gerkan Marg und Partner have built the interim Isar Philharmonie concert hall while the Gasteig undergoes renovations. This firm also renovated an old transformer hall and combined both into a cultural ensemble that has been very popular from the outset.

The Ruhestein National Park Centre in Baiersbronn by Sturm und Wartzeck is an imitative and associative new building. It is no coincidence that the finger-like parts of the building are reminiscent of stacked tree trunks and thereby of the immediate vicinity of the Black Forest. The FRIHA House on a Hill by AMUNT takes up the typology of the Black Forest house in the idyllic district of St.Blasien. The structure rotates 45 degrees under its roof and thereby acquires an attractive, individual character that is reinforced by the flowing room and floor boundaries inside.

The transformation of a common type was pushed even further by c/o now in Groß Kreutz in the Havelland district. The house has an idiosyncratic name: 'Where the White Morels Grow'. It is a cubic structure that can be expanded further in a kind of industrial hall, creating unusual half-garden, half-interior spaces.

Two very notable examples of apartment building are also represented. Architects Hild und K designed a small, polygonal tower with affordable apartments and an idiosyncratic façade made of greenish glazed bricks for an exposed plot of land with a difficult layout in Bremen. In the Franconian city of Fürth, Heide & von Beckerath heeded the wishes of a building cooperative by converting the site of a former mirror factory into a combination of privately and cooperatively owned apartments, all while preserving an old forge and at the same time providing an important impetus for the transformation of the quarter.

There are also convincing examples of sustainable construction in working environments. Offices for members of the German Bundestag were set up within a very short space of time at Sauerbruch Hutton's Luisenblock building in Berlin. Here, prefabricated timber modules and technical ceilings were stacked on top of each other, and the offices are impressive thanks to their pleasant room atmosphere. A hybrid timber-concrete construction

übereinandergestapelt, die Büros beeindrucken durch ihre angenehme Raumatmosphäre. Ein Holz-Beton-Hybridbau wird auch im Bereich Bildung vorgestellt: In Darmstadt haben wulf architekten ein Berufsschulzentrum ergänzt. Der Neubau hat eine Doppelfunktion als Mensa und Mediathek, die vielfach gefaltete Glasfassade schafft im Inneren einen interessanten Gegensatz aus zugleich ineinanderfließenden und separierten Räumen.

Verkehrsbauten gelten als eher spröde Aufgabe und sehen häufig entsprechend aus. MONO Architekten sind mit der Tank- und Rastanlage Leubinger Fürstenhügel bei Sömmerda ganz anders umgegangen und haben dort im Rahmen der IBA Thüringen den reinen Funktionsbau mit Ausstellungsflächen und dem Übergang zu einem frühbronzezeitlichen Grabhügel und wichtigen Bodendenkmal kombiniert.

Und auch Gewerbebauten müssen nicht zwangsläufig graue Kisten an Ausfallstraßen sein. Das haben mehr* architekten in Kirchheim unter Teck mit ihrer Brauereihalle bewiesen. Das steil aufragende Lichtband erinnert an die Mendelsohn'sche Hutfabrik in Luckenwalde. In Berlin entstand ein nur auf den ersten Blick unscheinbares Atelierhaus, errichtet von Pasztori Simons Architekten über einem S-Bahn-Tunnel. Unzählige schuppenförmige Faserzementschindeln bilden die Gebäudehülle.

Shortlist Architektur-Export

Außerhalb der Konkurrenz um den DAM Preis steht auch immer eine kleine Auswahl von Bauten im Ausland nach Plänen von in Deutschland ansässigen Büros. In der Millionenmetropole Shenzhen, China, haben Crossboundaries das Dach eines Bahnhofsgebäudes in einen 1,2 Kilometer langen »Skypark« verwandelt. Schulklassen und professionelle Vereine treiben hier Sport, es kann aber auch gepicknickt und flaniert werden.

Ein ungewöhnliches Museum ist mit dem Insectarium in Montreal, Kanada, entstanden. Kuehn Malvezzi aus Berlin und die ortsansässigen Büros Pelletier de Fontenay sowie Jodoin Lamarre Pratte architectes haben das gezackte Glasgebäude in einen Landschaftspark eingebettet und den Rundgang so aufgebaut, als würden sich die Besucher selbst wie Insekten bewegen. Das Studio Anna Heringer schließlich entwickelte in Bangladesch ein unter der Mitwirkung von lokalen Handwerkern vollständig mit der Hand errichtetes Lehm-Bambus-Gebäude. In dem schiffsartig gerundeten Haus mit Flügeldächern sind das Therapiezentrum Anandaloy und eine eng damit verwobene Textilproduktion eingezogen.

is also presented in the educational construction sector. In Darmstadt, wulf architekten designed a Vocational School Centre. The new building has a dual function as a canteen and media library. The multiply folded glass façade creates an interesting contrast of rooms that flow into one another yet are separated at the same time.

Transport buildings are considered a rather brittle task and often look that way, too. MONO Architekten approached the Leubinger Fürstenhügel petrol station and service area near Sömmerda very differently. As part of the IBA Thüringen, they combined the purely functional building with exhibition areas and a transition path to an early bronze age burial mound and important archaeological monument.

Commercial buildings do not necessarily have to be grey boxes on arterial roads. mehr* architekten prove this with their brewery building in Kirchheim unter Teck. The steep skylight is reminiscent of the Mendelsohn hat factory in Luckenwalde. In Berlin, what appears to be an inconspicuous studio building was built by Pasztori Simons Architects over an S-Bahn tunnel. Countless scale-like fibre cement shingles form the building's shell.

Shortlist of Architectural Exports

Outside of the competition for the DAM Preis, there is always a small selection of buildings in other countries designed using plans by firms based in Germany. In the metropolis of Shenzhen, China, Crossboundaries have transformed the roof of a train station building into a 1.2-kilometre-long Skypark. School classes and professional clubs do sports here, but it is open for anyone to have a picnic and stroll around.

The Montréal Insectarium in Canada has emerged as an unusual museum. Kuehn Malvezzi from Berlin and local firms Pelletier de Fontenay and Jodoin Lamarre Pratte architectes embedded the jagged glass building in a landscape park and structured the tour as if the visitors themselves were moving like insects. Finally, Studio Anna Heringer has developed a mud and bamboo building in Bangladesh that was built entirely by hand with the help of local craftsmen. The Anandaloy therapy centre and a closely linked textile production facility have moved into the ship-like building with winged roofs.

Essays
Es klang schon an: In diesem Jahr hat die Debatte um Weiterbauen statt Abriss deutlich an Intensität zugenommen. Ihre Dringlichkeit spiegeln wir nicht nur anhand zahlreicher gebauter Beispiele, sondern auch im Essay »Nichts Neues!« von Jonas Malzahn, dem Co-Kurator (mit Matthias Schnell und Katharina Böttger) der gleichnamigen Ausstellung am Interimsort DAM Ostend. Der Beitrag zeigt die Brisanz des Themas und unterlegt dies mit Beispielen aus der Praxis.

Das DAM war 2022 mit der Ausstellung »Schön hier. Architektur auf dem Land« zu Gast im Freilichtmuseum Hessenpark. Die Auseinandersetzung mit der gebauten Umwelt ist auch für dieses Museum zentral, doch anders als im DAM werden hier reale Gebäude vorgestellt. Das war Anlass für uns, Jens Scheller, den Direktor des Freilichtmuseums, zu bitten, unter dem Titel »Das andere Architekturmuseum« die Praxis und die Schwierigkeiten einer Einrichtung mit einer Sammlung von translozierten Gebäuden vorzustellen.

Die Partner
Eine solche Vielzahl aktueller und hochwertiger Architekturen einer großen Öffentlichkeit zugänglich machen zu können, verdanken wir unter anderem der Partnerschaft mit der Firma JUNG. Dafür möchten wir uns herzlich bedanken: bei Dijane Slavic, Uwe Bresan, Nicole Heptner und Deniz Turgut! Auch Dirk Oberhoff, Klaas Bahnen und Robin Ruttkamp, die dafür sorgen, dass das digitale Archiv www.dam-preis.de funktioniert und ständig neu befüllt wird, gilt unser spezieller Dank. Außerdem war die Zusammenarbeit mit dem Team von DOM publishers, namentlich mit Björn Rosen, Nicole Wolf, Sandie Kestell und Uta Keil, zum wiederholten Mal ausgesprochen angenehm und professionell: dafür einen ganz besonderen Dank. Und natürlich danken wir auch allen beteiligten Architektinnen und Architekten, ihren Mitarbeiterinnen und Mitarbeitern und Bauherren sowie den Fotografinnen und Fotografen für ihr kooperatives Engagement. Ohne ihre Häuser und deren Dokumentationen entstünde so ein Buch wie dieses nicht – unsere Gratulation zu den gelungenen Projekten!

Yorck Förster, Christina Gräwe,
Peter Cachola Schmal

Essays
The ball is rolling: This year, the debate about extending and refurbishing rather than demolishing has significantly intensified. We reflect the urgency of this debate not only in the numerous built examples, but also in the 'Nothing New!' essay by Jonas Malzahn, the co-curator (with Matthias Schnell and Katharina Böttger) of the exhibition of the same name at the interim quarters of DAM Ostend. The essay demonstrates the explosiveness of the topic and underscores it with practical examples.

The DAM was a guest at the Hessenpark Open Air Museum with the exhibition 'Nice out here. Architecture in rural areas' in 2022. Dealing with the built environment is also central to this museum, but unlike the DAM, real buildings are presented here. This is why we asked Jens Scheller, director of the Open Air Museum, to present the practicalities and difficulties of an institution with a collection of translocated buildings in an essay titled 'The Other Architecture Museum'.

The Partners
We owe our ability to publish such a diverse overview of high-quality architecture to a wide audience to our partnership with JUNG. We would like to extend our thanks to Dijane Slavic, Uwe Bresan, Nicole Heptner, and Deniz Turgut. We would also like to thank Dirk Oberhoff, Klaas Bahnen, and Robin Ruttkamp for ensuring that the digital archive (www.dam-preis.de) works and remains up to date. Special thanks go to the team at DOM publishers, particularly Björn Rosen, Nicole Wolf, Sandie Kestell, and Uta Keil for their professional and as always highly positive working relationship. Of course, we would also like to thank all the architects involved, their employees and clients, as well as the photographers for their commitment and collaboration. A book like this would not be possible without their buildings and their careful documentation of their work. Congratulations on the successful projects!

Yorck Förster, Christina Gräwe,
Peter Cachola Schmal

Die Abschlussdiskussion fand bei Gugelhupf am Sitz der Schelling Architekturstiftung in Karlsruhe statt.
The final discussion took place at Gugelhupf at the headquarters of the Schelling Architecture Foundation in Karlsruhe.

Die Jury vor dem Wandrelief »Das Urteil des Paris«, gestaltet von Trude Schelling-Karrer.
The jury in front of the 'Judgment of Paris' wall relief designed by Trude Schelling-Karrer.

Grußwort von JUNG

Der Klima- und Ressourcenschutz gehört zu den größten Herausforderungen unserer Epoche. Höchste Zeit, ein Verständnis dafür zu entwickeln, wie wir in Zukunft ressourcenschonend leben, arbeiten, wirtschaften, konsumieren und vor allem bauen wollen. Denn um die Einsparung von Emissionen im nötigen Umfang überhaupt realisieren zu können, spielt das Bauen eine große Rolle – in der Art und Weise, wie wir planen, konstruieren und rückbauen, wie die Baustellen in Zukunft aussehen, aber noch mehr, wie wir mit dem Bestand umgehen und ihn weiterentwickeln.

Mut machende Hinweise, wie unsere gebaute Umwelt neu gedacht werden kann, finden sich auf unterschiedliche Art und Weise bei den Finalistenprojekten des DAM Preis 2023. Herausfordernd ist sicherlich die Aufgabe, das eigene Gebäude nach knapp vier Jahrzehnten aus einem Guss weiterzubauen, wie geschehen bei der Erweiterung des Landratsamts Starnberg von Auer Weber. Dass auch der scheinbar ausgediente Bestand eine neue Rolle spielen kann, zeigt beispielhaft die Bundesgeschäftsstelle des DAV in München von ELEMENT • A Architekten mit hiendl_schineis architektenpartnerschaft, die mit einer vorgestellten Hülle und einer Lowtech-Lösung für das Klimakonzept ein neues Leben bekommen hat. Auch das genossenschaftliche Wohn- und Gewerbeprojekt Hof Prädikow, das von Hütten & Paläste auf dem alten Gutshof in Prädikow mitentwickelt wurde, nutzt den Bestand virtuos. Nicht nur baulich, sondern auch durch Nutzungsüberlagerungen, die sinnbildlich für ein neues Gemeinschaftsgefüge stehen.

Das Volkstheater in München von LRO Lederer Ragnarsdóttir Oei vermittelt zwischen dem Alten und dem Neuen nicht nur auf städtebaulicher Ebene, sondern ebenso in Materialität und Plastizität. Dass auch funktionale Infrastrukturprojekte ihren Reiz haben können, zeigen die sieben Stationen des neuen Stadtbahntunnels in Karlsruhe von allmannwappner, die einen wohltuenden Kontrast zur optischen und akustischen Reizdichte der Stadt bilden.

Seit vielen Jahren verbindet JUNG und das Deutsche Architekturmuseum (DAM) über den DAM Preis für Architektur in Deutschland ein enger Austausch. Der Preis ist dabei im Laufe der Zeit für uns zu einem wichtigen Gradmesser und Impulsgeber auf der Suche nach herausragenden und nachhaltigen Gestaltungslösungen geworden. Gemeinsam mit dem DAM würdigt JUNG Bauten, die die Perspektiven wechseln und Lösungen für die Zukunft entwickeln. Und das Wichtigste: Alle Projekte inspirieren auf ihre ganz eigene Art und

Foreword by JUNG

The protection of the climate and resources is one of the greatest challenges of our time. It is high time we develop an understanding of how we want to live, work, manage, consume, and, above all, build in a way that saves resources in the future. This is because in order to be able to reduce emissions to the extent necessary, construction plays a major role – in the way we plan, construct, and demolish, how construction sites will look in the future, and even more so in how we deal with the existing building stock and develop it further.

We see encouraging indications of how our built environment can be rethought in different ways in the finalist projects of the DAM Preis 2023. The task of continuing to build upon the same building from a single source after almost four decades, as happened with the extension of the Starnberg District Office by Auer Weber, is certainly challenging. The new federal headquarters of the German Alpine Club (DAV) in Munich designed by ELEMENT • A Architekten in partnership with hiendl_schineis architektenpartnerschaft has been given a new life with a building shell and a low-tech solution for the climate control concept, showing that the apparently obsolete existing building can still play a new role. The Hof Prädikow cooperative residential and commercial project, which was co-developed by Hütten & Paläste on an old estate in Prädikow, makes masterful use of the existing building, not only structurally, but also through overlapping uses, which symbolise a new community structure.

The Volkstheater in Munich designed by LRO Lederer Ragnarsdóttir Oei acts as an intermediary between the old and the new not only on an urban level, but also in terms of materiality and plasticity. The fact that functional infrastructure projects can also have appealing aspects is demonstrated by the seven stations in the new city light rail tunnel in Karlsruhe by allmannwappner, which form a pleasant contrast to the city's optical and acoustic stimulus density.

JUNG and the German Architecture Museum (DAM) have been linked through close exchange for many years thanks to the DAM Preis for Architecture in Germany. Over the years, the award has become an important indicator and source of inspiration for us in the search for outstanding and sustainable design solutions. Together with the DAM, JUNG recognises buildings that change perspectives and develop solutions for the future. The most important thing is that all projects inspire us in their very own way. JUNG warmly congratulates the finalists and the award winner, Auer Weber, on the impressive extension of the Starnberg District Office.

Weise. JUNG gratuliert den Finalisten und sowie dem Preisträger Auer Weber zu der beeindruckenden Erweiterung des Landratsamts in Starnberg.

»JUNG loves architecture« ist für uns kein leerer Slogan, sondern täglich gelebtes Engagement und ein wesentlicher Teil unserer DNA. Dabei geht es uns nicht nur darum, schöne und funktionelle Bedienelemente als Teil der Gebäudesteuerung herzustellen. Vielmehr interessiert uns zunehmend der gesamte Lebenszyklus der Architektur und der für sie verwendeten Bauprodukte. Wir verstehen uns als ein Akteur der Bauwende. Das hat Einfluss auf unsere Produkte wie auf unsere Fertigung. Auch deshalb suchen wir aktiv den permanenten Dialog mit den Gestaltern unserer gebauten Umwelt – jetzt und in Zukunft.

Ihr
Deniz Turgut

For us, 'JUNG loves architecture' is not an empty slogan, but rather a daily commitment and an essential part of our DNA. We are not only concerned with producing beautiful and functional control elements to be part of the building control system. We are increasingly more interested in the entire life cycle of architecture and the building products used for it. We see ourselves as a player in the construction revolution. This has an impact on our products as well as on our production. It is one of the reasons we actively seek permanent dialogue with the designers of our built environment – now and in the future.

Yours,
Deniz Turgut

Essay
Essay

Nichts Neues!
Nothing New!

Jonas Malzahn

Cité du Grand Parc, Bordeaux, Frankreich (2017). Lacaton & Vassal Architectes, Frédéric Druot.
Cité du Grand Parc, Bordeaux, France (2017). Lacaton & Vassal Architectes, Frédéric Druot.

Nichts Neues!

Jonas Malzahn

Umbauen – immer noch der Underdog

Eigentlich müsste das Deutsche Architektur Jahrbuch voll sein mit Ausbauprojekten, Gebäudetransformationen sowie An- und Aufbauten an bestehenden Bauwerken.[1] Denn schon jetzt sind zumindest im Wohnungsbau zwei Drittel aller Bauleistungen in Deutschland[2] solche, die mit dem Bestand arbeiten. Auch die Auszeichnung der französischen Architekten Anne Lacaton und Philippe Vassal mit dem Pritzker Prize 2021 verdeutlicht den Stellenwert des Umgangs mit Bestehendem für die Architektur und die Menschen, die in ihr leben.[3] Das Pariser Büro wurde durch Projekte wie die Cité du Grand Parc[4] in Bordeaux bekannt. Bei diesem wegweisenden Umbauprojekt gelang es, mit relativ wenig Material und Budget in einer Großsiedlung aus den Sechzigerjahren durch den Anbau von Galerien mit Wintergärten und Balkonen für mehr Licht, Freiraum und eine klimatische Pufferzone zu sorgen. Das geschah innerhalb von nur 12 bis 16 Tagen pro Wohnung; die Mieter konnten in ihren Räumen bleiben.

Trotz der Anerkennung für solche Projekte fristet aber das Bauen mit dem Bestand noch immer ein Schattendasein im Vergleich zum Neubau. Dieser war und ist bis heute das Ziel vieler »Häuslebauer« und Immobilienentwickler. Er verspricht höchsten Komfort und die größte Rendite. Doch hat man sich mit dem »ewig Neues schaffen« verspekuliert. Denn der Rohstoffkonsum – 90 Prozent der in Deutschland geförderten mineralischen Rohstoffe werden verbaut[5] –, der damit einhergeht, ist wie der Boden, auf dem wir bauen, begrenzt. Jeden Tag werden für Siedlungs- und Verkehrsflächen 54 Hektar neu ausgewiesen.[6]

Hinzu kommen die großen Mengen an Energie, die aufgewendet werden müssen, um Baustoffe und

1 Der Anteil solcher Projekte nimmt tatsächlich kontinuierlich zu. In dieser Ausgabe des Jahrbuchs sind fast die Hälfte der vorgestellten Gebäude in Deutschland Beispiele für das Bauen im Bestand, nämlich 10 von insgesamt 23.
2 Bundesstiftung Baukultur (Hg.): Baukulturbericht 2018–19, Erbe – Bestand – Zukunft, Potsdam 2019, S. 7.
3 https://www.pritzkerprize.com/laureates/anne-lacaton-and-jean-philippe-vassal (29.09.2022).
4 Die Planung erhielt den Mies van der Rohe Award der Europäischen Union 2019. https://miesarch.com/work/3889 (03.10.2022).
5 https://www.ressource-deutschland.de/themen/bauwesen/ (16.07.2022) und Bundesministerium für Wirtschaft und Klimaschutz, Schlaglichter der Wirtschaftspolitik, Monatsbericht 09-2018, Ressourcenschonendes Bauen, Ullrike Blankenfeld, Dr. Markus Leber, Berlin 2018, S. 22.
6 https://www.bmuv.de/themen/nachhaltigkeit-digitalisierung/nachhaltigkeit/strategie-und-umsetzung/flaechenverbrauch-worum-geht-es (30.09.2022).

Nothing New!

Jonas Malzahn

Conversion Projects – Still the Underdogs

The German Architecture Annual should really be full of extension projects, building transformations, and additions to existing buildings.[1] This is because even now, at least in residential construction, two thirds of all construction projects in Germany[2] involve working with the existing building. The award of the 2021 Pritzker Prize to French architects Anne Lacaton and Philippe Vassal also illustrated the importance of dealing with the existing structure for architecture and the people who live in it.[3] The Paris firm became known for projects like the Cité de Grand Parc[4] in Bordeaux. In this ground-breaking conversion project, it was possible to provide more light, open space, and a climate buffer zone in a large 1960s housing estate by adding galleries with winter gardens and balconies, all with a relatively low amount of material and a modest budget. It took just 12 to 16 days per apartment, and the tenants were able to remain in their homes.

Despite recognition for projects like this, construction using existing structures is still in the shadows compared to new buildings. This was and still is the goal of many 'house builders' and property developers. It promises the highest level of comfort and the greatest return. Yet we have speculated with the 'eternal process of creating something new' and lost. This is because the consumption of raw materials – 90 per cent of the mineral raw materials mined in Germany are used in construction[5] – that goes hand in hand with new building is limited, just like the ground on which we build. Every day, 54 hectares are newly designated for new housing and traffic areas.[6]

1 The proportion of projects like projects is actually increasing continuously. In this edition of the annual, almost half of the included buildings in Germany are examples of refurbishments, namely 10 out of a total of 23.
2 Federal Building Culture Foundation, Building Culture Report 2018-2019, Legacy – In Existence – Future, p. 7.
3 https://www.pritzkerprize.com/laureates/anne-lacaton-and-jean-philippe-vassal (29.09.2022).
4 The project was awarded the 2019 European Union Prize for Contemporary Architecture – Mies van der Rohe Award. https://miesarch.com/work/3889 (03.10.2022).
5 https://www.ressource-deutschland.de/themen/bauwesen/(16.07.2022) and the Federal Ministry for Economic Affairs and Climate Action, Highlight on Economic Policy, Monthly Report 09-2018, Sustainable Construction, Ullrike Blankenfeld, Dr. Markus Leber, p. 1.
6 https://www.bmuv.de/themen/nachhaltigkeit-digitalisierung/nachhaltigkeit/strategie-und-umsetzung/flaechenverbrauch-worum-geht-es (30.09.2022).

Thermohaus. Klimagerechte Lowtech-Aktivierung eines baufälligen Hauses, Guben, Deutschland (2019), Praeger Richter Architekten. Siehe: Architekturführer Deutschland 2020, S. 66.
The 'Thermohaus' – climate-friendly low-tech activation of a dilapidated house, Guben, Germany (2019), Praeger Richter Architekten. See *Architekturführer Deutschland 2020*, p. 66.

Recyclinghaus, Hannover, Deutschland (2020), CITYFÖRSTER architecture + urbanism. Siehe: Architekturführer Deutschland 2021, S. 208.
Recycling House, Hanover, Germany (2020). CITYFÖRSTER architecture + urbanism. See *Architekturführer Deutschland 2021*, p. 208.

K.118. Kopfbau Halle 118, Winterthur, Schweiz (2021), baubüro in situ.
K.118 – head building of Hall 118, Winterthur, Switzerland (2021), baubüro in situ.

Bauteile herzustellen: Stahl muss geschmolzen, Zement bei 1.450 Grad Celsius gesintert werden. Und auch für die Herstellung von Glas und Ziegelstein wird viel Energie aufgewendet, bevor auch nur ein Stück davon verbaut werden kann. Transport und Verarbeitung tragen ihren Teil zur grauen oder goldenen[7] Energie bei, die in jedem Bauwerk steckt. Zu dem Berg an Energie und CO_2-Emissionen, die der Bausektor anhäuft, kommt die Energie für Heizung, Kühlung und Lüftung. Es lohnt sich also unbedingt, unseren Gebäudebestand von rund 21,1 Millionen Nichtwohngebäuden[8] und 19,3 Millionen Wohngebäuden[9] so zu ertüchtigen, dass wir die Betriebsenergie auf ein Minimum reduzieren. Die thermischen Sanierungen des Bestands müssen aber mit Bedacht geschehen. Es kann nicht die Lösung sein, erdölbasierte Dämmstoffe an die Häuser zu kleben, die in der Zukunft nur als Sondermüll entsorgt werden können.

Wege außerhalb des ausgetretenen Pfads

Praeger Richter Architekten steckten für das »Thermohaus«[10] ein Einfamilienhaus aus den Dreißigerjahren kurzerhand in eine zweite Haut und schufen so neben der energetischen Sanierung noch geschützten Außenraum und Wintergärten. Den Bestand selbst haben die Berliner Architekten fast nicht angerührt. Lediglich die Dachdeckung musste dem neuen Kleid aus Polycarbonat-Platten weichen. Diese kostengünstige Transformation ist eine innovative Lösung, die so in keinem Lehrbuch oder Ratgeber zu finden ist. Sollte sie aber. Das Bauen mit Bestand fordert. Nicht nur Architekten, auch Bauherren müssen Tradiertes hinter sich lassen – etwa Wünsche nach perfekten Oberflächen oder dem passenden Raum für jedes Hobby – und lernen, die Schönheit der Patina und Unvollkommenheit zu sehen oder unkonventionelle Raumlösungen wertzuschätzen, um so Altes zu neuem Leben zu erwecken.

Auch Normen in Bezug auf den Bestand sollten dringend hinterfragt werden: Muss ein Gebäude aus dem 19. Jahrhundert wirklich Standards erfüllen, die heutige Neubauten nur mit Mühe erreichen? Hier sind die Gesetzgeber gefragt. Aber schon jetzt können sich Bauherr und Architekt gemeinsam entscheiden, mit einer Lösung im Bestand Verantwortung zu übernehmen.

7 Reiner Nagel, Vorstandsvorsitzender der Bundesstiftung Baukultur, betont, dass im Bestand nicht nur graue, ressourcenbezogene Energie, sondern auch emotionale Energie, der Charakter der Häuser und ihre Geschichte, gebunden ist, und bezeichnet das als »goldene Energie«. https://www.dabonline.de/2022/04/13/umbaukultur-graue-goldene-energie-umbauordnung-sanierung-neubau-abriss/ (03.10.2022).
8 https://www.datanwg.de/fileadmin/user/iwu/210428_IWU_PT_dataNWG_DatenundFakten.pdf (04.10.2022).
9 https://de.statista.com/statistik/daten/studie/70094/umfrage/wohngebaeude-bestand-in-deutschland-seit-1994/(29.09.2022).
10 Siehe: Architekturführer Deutschland 2020, Berlin 2019, S. 67.

In addition to this, there is the large amount of energy that has to be used to produce building materials and components: steel has to be melted and cement sintered at 1,450 degrees Celsius. A lot of energy is also used to produce glass and bricks before a single pane or brick is even installed. Transport and processing contribute to the grey or golden[7] energy inherent in every structure. In addition to the mountain of energy and CO_2 emissions that the construction sector accumulates, there is also the energy for heating, cooling, and ventilation. It is therefore definitely worth upgrading our around 21.1 million existing non-residential buildings[8] and 19.3 million residential buildings[9] in such a way that we reduce the energy required for operation to a minimum. However, the thermal refurbishment of the existing building must be done with care. The solution cannot be to use petroleum-based insulation materials on houses, as we will only be able to dispose of these as hazardous waste in the future.

Alternatives to the Beaten Path

With the 'Thermohaus'[10], Praeger Richter Architekten put a second shell over a single-family house from the 1930s and thereby created a protected outdoor space and winter gardens as well as completing an energetic refurbishment. The Berlin architects hardly touched the existing building itself. Only the roofing had to make way for the new polycarbonate panels. This cost-effective transformation is an innovative solution that does not exist in any textbook or guidebook. It should though. Construction using existing structures demands it. Both architects and builders must leave traditional desires behind them – such as a preference for perfect surfaces or the right space for every hobby – and learn to appreciate the beauty of patina and imperfections and value unconventional room solutions in order to revive existing structures.

Standards relating to existing structures should also be urgently questioned: Does a nineteenth-century building really have to satisfy standards that modern new buildings struggle to achieve? This is where the legislators are required. However, clients and architects can already decide together to take on responsibility with a solution in the existing building.

7 Reiner Nagel, Chairman of the Board of the Federal Building Culture Foundation, emphasises that not only grey, resource-related energy, but also emotional energy, the character of the houses and its history, is bound to the existing building and describes this as 'golden energy'. https://www.dabonline.de/2022/04/13/umbaukultur-graue-goldene-energie-umbauordnung-sanierung-neubau-abriss/(03.10.2022).
8 https://www.datanwg.de/fileadmin/user/iwu/210428_IWU_PT_dataNWG_DatenundFakten.pdf (04.10.2022).
9 https://de.statista.com/statistik/daten/studie/70094/umfrage/wohngebaeude-bestand-in-deutschland-seit-1994/(29.09.2022).
10 See *Architekturführer Deutschland 2020*, Berlin 2019, p. 67.

Secondhand statt frisch vom Baustoffhändler

Eine Möglichkeit ressourcenschonenden Bauens ist, sich für Secondhand-Bauteile statt für nagelneue Fenster oder Armaturen aus dem Katalog zu entscheiden. In jedem Gebäude stecken wertvolle Bestandteile, die behutsam geborgen und weiterverwendet werden können. Die Baupraxis der vergangenen 20, 30 Jahre hat dies erschwert, da vermehrt Verbundmaterialien und Klebstoffe verwendet wurden, die sich nicht mehr sortenrein getrennt voneinander rückbauen lassen. So haben wir Gebäude errichtet, die zu großen Teilen aus Sondermüll bestehen; schon jetzt bilden Bauschutt und Abfälle des Bausektors rund 55 Prozent des Abfallaufkommens in Deutschland.[11] Einige wenige Planer in Europa haben sich bereits darauf spezialisiert, wie man aus dem Gebäudebestand wertvolle Baustoffe und -teile extrahiert und für andere Projekte nutzen kann. Das baubüro in situ aus der Schweiz ist einer dieser Pioniere. Sie zeigen mit ihrem Projekt K.118 in Winterthur[12] nicht nur, wie ein ehemaliges Industrie- und Gewerbebauwerk umgenutzt werden kann, sondern beweisen zudem, dass man zum Bauen keine neuen Teile benötigt. Der Planungsprozess begann mit der Suche nach geeignetem gebrauchtem Material. Man arbeitete mit dem, was zur Verfügung stand – die dreigeschossige Erweiterung besteht zu 70 Prozent aus weiterverwendeten Bauelementen. Hinzu kamen lediglich ressourcenschonende Baustoffe wie Holz, Stroh und Lehm. Das Ergebnis ist die Reduktion der CO_2-Emissionen um 60 Prozent zu einem vergleichbaren Neubau. Für die Komponenten für K.118 griffen die Architekten auf Plattformen wie salza.ch oder opalis.eu zurück, Bauteilbörsen, die auf die Vermittlung von Secondhand-Werkstoffen spezialisiert sind. Auch in Deutschland tut sich auf diesem Gebiet etwas: Das Unternehmen Concular hat es sich zur Aufgabe gemacht, Materialkreisläufe zu schließen und damit die Baubranche zu verändern.

Gemeinsam bauen

Im Gegensatz zu den Bauten der vergangenen 30 Jahre mit einer Vielzahl von irreversiblen Konstruktionen sind ältere Strukturen wie Fachwerk- oder Mauerwerksbauten anpassungsfähig und robust. In vielen Fällen können handwerklich versierte Eigentümer und Bewohner selbstständig Reparaturen durchführen. Die eingesparten Kosten können in die Pflege des Bestands fließen. Im thüringischen Schwarzburg zeigt der Verein Haus Bräutigam e. V., wie es funktionieren kann, gemeinschaftlich Leerstand zu revitalisieren und

11 https://www.ressource-deutschland.de/themen/bauwesen/ressourcenverbrauch-im-bauwesen/(04.10.2022).

12 Das Projekt wurde mit dem International Holcim Award for Sustainable Construction 2021 ausgezeichnet. https://www.holcimfoundation.org/media/news/global-awards-2021 (04.10.2022).

Second-hand Rather than New from the Builder's Merchant

One way of building in a way that conserves resources is to opt for second-hand components instead of brand-new windows or fittings from a catalogue. Every building contains valuable components that it is possible to carefully salvage and reuse. The construction industry has made this more difficult over the past 20 to 30 years through the use of more and more composite materials and adhesives that can no longer be dismantled separately by type. As a result, we have built buildings that consist largely of hazardous waste; rubble and waste from the construction sector already make up around 55 per cent of the waste generated in Germany.[11] A few planners in Europe already specialise in extracting valuable building materials and parts from existing buildings and using them for other projects. The baubüro in situ architectural practice in Switzerland is one of the pioneers. Their K.118 project in Winterthur[12] not only shows how a former industrial and commercial building can be converted, but also proves that no new parts are required for construction. The planning process began with the search for suitable used materials. The team worked with what was already available, with the three-story extension consisting of 70 per cent reused building elements. In addition, only sustainable building materials such as timber, straw, and clay were used. The result is a 60 per cent reduction in CO_2 emissions compared to a comparable new building. To obtain the components for the K.118 project, the architects used platforms such as salza.ch and opalis.eu, which are component exchanges that specialise in selling second-hand materials. Something is happening in this area in Germany, too. The company Concular has set itself the task of closing material cycles and thereby changing the construction sector.

Building Together

Older structures such as half-timbered or masonry buildings are adaptable and robust, unlike the buildings of the last 30 years that have a multitude of irreversible constructions. In many cases, owners and residents with DIY skills can carry out repairs themselves. The costs saved can flow into the maintenance of the existing structure. In the Thuringian town of Schwarzburg, the Haus Bräutigam e. V. association has shown how it can work to jointly revitalise a vacant building and at the same time transform the building site into a place of teaching and learning. The association set itself the goal of once again making the building, which was a summer holiday residence, a place for meetings and exchanging

11 https://www.ressource-deutschland.de/themen/bauwesen/ressourcenverbrauch-im-bauwesen/(04.10.2022).

12 The project received the International Holcim Award for Sustainable Construction 2021. https://www.holcimfoundation.org/media/news/global-awards-2021 (04.10.2022).

Kita Karoline Goldhofer, Memmingen (Allgäu), Deutschland (2020), heilergeiger architekten und stadtplaner. Ein Bungalow aus den Sechzigerjahren wurde mit einer Polycarbonat-Hülle erweitert und zur Kita umgebaut.
Karoline Goldhofer day care centre, Memmingen (Allgäu), Germany (2020), heilergeiger architekten und stadtplaner. A bungalow from the 1960s was extended with a polycarbonate shell and converted into a day care centre.

Kita Karoline Goldhofer. Zwischen Altbau und neuer Hülle befindet sich ein Multifunktionsraum. Siehe: Deutsches Architektur Jahrbuch 2021: Matzig, Katharina: »Kita Karoline Goldhofer«, S. 132.
Karoline Goldhofer day care centre. There is a multifunction room between the existing building and new shell. See *German Architecture Annual 2021*: Matzig, Katharina: 'Kita Karoline Goldhofer', p. 132.

Spaardersbad, Gouda, Niederlande (2019), Mei architects and planners.
Spaardersbad, Gouda, Netherlands (2019). Mei architects and planners.

Freischwimmer. Umbau Hallenbad Nord, Ludwigshafen, Deutschland (2020), Milla Architekten. Siehe: Architekturführer Deutschland 2021, S. 164.
Freischwimmer – conversion of the Hallenbad Nord indoor pool, Ludwigshafen, Germany (2020). Milla Architekten. See *Architekturführer Deutschland 2021*, p. 164.

zugleich die Baustelle in eine Lehr- und Lernstätte zu verwandeln. Der Verein hat sich zum Ziel gesetzt, das einst für die Sommerfrische errichtete Gebäude wieder zu einem Ort der Begegnung und des Austauschs zu machen. Schon während des Bauprozesses können Interessierte den Vereinsmitgliedern und Handwerkern bei »Bauschulen« und »Offenen Baustellen«[13] über die Schulter blicken, selbst handwerkliche Fähigkeiten für eigene Projekte erlernen und zugleich zum Fortschritt am Haus Bräutigam beitragen. Der Verein wiederum kann Eigenanteile der Finanzierung über handwerkliche Leistungen seiner Mitglieder nachweisen; alle profitieren. Zu diesem Prozess gehört auch, sich Zeit zu geben. Das Projekt steht so dem Trend des »immer schneller« entgegen und kann durch diesen iterativen Fortschritt auf Ereignisse und Veränderungen reagieren.

Mit weniger Technik intelligenter bauen

Aber nicht nur handwerkliche Erfahrung und die Reparaturfähigkeit der Konstruktion erleichtern den Umgang mit dem Bestand, sondern auch der Verzicht auf ein Zuviel an Technik. Für alle Bereiche gibt es Geräte, Steuerungen und Produkte, die unsere Gebäude belüften, beheizen, überwachen und auch dort die Räume taghell beleuchten, wo gar keine Fenster sind. Aber ist nicht genau dann etwas nicht gut geplant und ausgeführt, wenn wir all dieses Zubehör benötigen, um Häuser für den angenehmen Aufenthalt herzurichten? Ihr Lebenszyklus sollten sich nicht an dem wesentlich kürzeren ihrer technischen Anlagen bemessen. Für den Bestand und beim Um- und Weiterbauen bedeutet das, dass man sich die Grundlagen, also die Räume, die Materialien, die Ausrichtung des Gebäudes und seine Eigenschaften wie die Speichermasse, sehr genau anschauen muss, um mit ihnen und nicht gegen sie zu planen.

Offen für neue Nutzungen

Man kann jedes Gebäude weiterentwickeln, und wenn nicht für seine Ursprungsfunktion, dann für eine neue. Umbauten von profanierten Sakralräumen zu Kindertagesstätten[14], Wohnhäusern[15] oder einem Wohnheim für Studierende[16] sind fast schon alltäglich. Auch andere Typologien bieten das Potenzial vielfältiger Umnutzungen. In der niederländischen Stadt Gouda etwa treffen sich die neuen Nutzer des denkmalgeschützten Spaardersbad aus den Dreißigerjahren nicht mehr zum Schwimmen im Becken, sondern genießen es als gemeinschaftlichen Innenhof. Seinen Namen

13 https://hausbraeutigam.cargo.site/Mitmachen (29.09.2022).
14 In Saarlouis von FLOSUNDK architektur+urbanistik. Siehe: Architekturführer Deutschland 2020, Berlin 2019, S. 199.
15 In Berlin von sieglundalbert. Siehe: Architekturführer Deutschland 2021, Berlin 2020, S. 44.
16 In Hannover von (pfitzner moorkens) architekten. Siehe: Architekturführer Deutschland 2022, Berlin 2021, S.196.

ideas. Even during the construction process, interested parties were able to look over the shoulders of association members and craftsmen at construction schools as well as the open building site[13], and learn manual skills for their own projects while also contributing to the progress at Haus Brautigam. The association, in turn, can provide evidence of its own contributions to the financing through the manual services of its members; everyone benefits. Part of this process involves giving yourself time. The project thereby counteracts the trend towards 'ever faster' construction and it can react to events and changes through this iterative progress.

Build Smarter with Less Technology

It is not only technical experience and the repair capacity of the construction that make it easier to deal with the existing building, but also the avoidance of too much technology. There are devices, controls, and products that ventilate, heat, and monitor all areas of our buildings and even light up rooms without windows as bright as day. But isn't there something poorly planned and executed when we need all these accessories to make houses comfortable to live in? Their life cycles should not be measured against the much shorter lifecycles of their technical systems. For existing buildings and for conversions and further constructions, this means that you have to take a very close look at the basics, i.e., the rooms, the materials, the orientation of the building, and its properties such as the thermal mass, in order to plan with them and not against them.

Open to New Uses

You can develop any building – if not for its original function, then for a new one. Conversions of deconsecrated sacred spaces into day-care centres[14], residential buildings[15], and student accommodation[16] are almost commonplace. In the Dutch city of Gouda, for example, the new users of the listed 1930s Spaardersbad no longer meet to swim in the pool, but rather to enjoy the space as a communal courtyard. The pool owes its name (Dutch for 'saving pool') to the residents who together saved money to realise it during the Great Depression. It was no longer possible to swim lengths in the pool from 2013. However, three interventions to the existing building by the Rotterdam firm mei architects and planners – opening up the outer façade, restoring the original skylight,

13 https://hausbraeutigam.cargo.site/Mitmachen (29.09.2022).
14 In Saarlouis by FLOSUNDK architektur+urbanistik. See *Architekturführer Deutschland 2020*, p. 199.
15 In Berlin by sieglundalbert. See *Architekturführer Deutschland 2021*, p. 44.
16 In Hanover by (pfitzner moorkens) architekten. See *Architekturführer Deutschland 2022*, p. 196.

(niederländisch für »Sparbad«) erhielt es von den Einwohnern, die während der Weltwirtschaftskrise gemeinsam Geld für seine Realisierung gespart hatten. Ab 2013 konnte man im Becken keine Bahnen mehr ziehen. Aber durch drei Eingriffe in den Bestand durch das Rotterdamer Büro Mei architects and planners – die Öffnung der Außenfassade, die Wiederherstellung des ursprünglichen Dachfensters und den Einbau einer inneren Trennwand zum Beckenraum – wurde eine neue Nutzung möglich. Heute können sechs Parteien im Spaardersbad wohnen. Elemente wie Fliesen, Umkleideräume und sogar das ehemalige Sprungbrett wurden in die neue Gestaltung miteinbezogen und erhalten so die einmalige Atmosphäre des Bades.

Bestandslandschaften

Wir haben also eigentlich die Gebäude der Zukunft bereits gebaut, müssen aber noch lernen, sie für die kommenden Nutzungen und Anforderungen zu adaptieren. Zu ihnen gehören – ob auf dem Land oder in der Stadt – auch immer Bestandsflächen, vom asphaltierten Parkplatz bis zur umzäunten Pferdekoppel. Diese Ergebnisse unseres baulichen Handelns müssen wir ebenfalls in die Betrachtungen einbeziehen. Zum Beispiel können ehemals intensiv genutzte Industrieflächen mit starker Versiegelung und »rauem« Charme durch einfache und gezielte Eingriffe in konsumfreie Räume für Erholung und Artenvielfalt transformiert werden. Wie so etwas in einem großen Maßstab, partizipativ und aus der Bürgerschaft heraus gelingen kann, zeigt eindrucksvoll das Projekt PARKS in Hamburg. Der Alster-Bille-Elbe-Grünzug im Osten der Stadt umfasst vier Kilometer Fuß- und Radwege sowie Grünflächen, die auf dem ehemaligen Betriebsgelände unter anderem der Hamburger Stadtreinigung entstehen. Die funktionalen, in die Jahre gekommenen Hallen und Hofflächen werden zusammen mit der Nachbarschaft, lokalen Vereinen und städtischen Vertretern selbst organisiert und mithilfe von Planungswerkstätten und kollektiven gärtnerischen Aktivitäten aus dem Bestehenden entwickelt und gestaltet. Hier kommt kein großer Bagger, der Tonnen an kostbarem Mutterboden für neue Pflanzen auskippt, die von dem einstigen Industrieareal nichts mehr erkennen lassen. Hier werden in einem langsamen Prozess Beete angelegt und Pflanzen ergänzt, die schon auf dem Areal wuchsen, und damit neue Perspektiven für die Gestaltung öffentlicher Grünräume aufgezeigt.

and installing an inner partition wall to the pool area – made it possible to use it anew. There are now six homes in the Spaardersbad building. Elements such as tiles, changing rooms, and even the former diving board were included in the new design, thereby preserving the unique atmosphere of the pool.

Existing Landscapes

We have actually already built the buildings of the future, but we still have to learn how to adapt them to future uses and requirements. They always include existing areas, whether in the country or in the city, from asphalt car parks to fenced paddocks. We also have to include these results of our construction work in our considerations. For example, formerly intensively used industrial areas with strong sealing and 'rough' charm can be transformed into consumption-free spaces for recreation and biodiversity through simple and targeted interventions. The PARKS project in Hamburg impressively shows how something like this can succeed on a large scale, in a participatory manner, and on behalf of the citizens. The Alster-Bille-Elbe green corridor in the east of the city includes four kilometres of footpaths and cycle paths as well as green spaces that are being created on the former premises of the Hamburg Municipal Sanitation Department, among others. The functional, outdated halls and courtyards are self-organised in cooperation with neighbours, local associations, and municipal representatives and developed and designed from the existing structures with the help of planning workshops and collective gardening activities. There were no large diggers here to dump tonnes of valuable topsoil for the new plants, which hide any signs of the former industrial area. Instead, it is a slow process whereby beds are laid out and plants that were already growing on the site are added, thereby opening up new perspectives for the design of public green spaces.

Wohnen in der Kirche. Umbau der denkmalgeschützten Gerhard-Uhlhorn-Kirche für studentisches Wohnen, Hannover, Deutschland (2021), (pfitzner moorkens) architekten. Siehe: Architekturführer Deutschland 2022, S. 196.
Living in the church. Conversion of the listed Gerhard Uhlhorn Church for student accommodation, Hanover, Germany (2021), (pfitzner moorkens) architekten. See *Architekturführer Deutschland 2022*, p. 196.

Kita Christkönig. Umbau einer ehemaligen Pfarrkirche, Saarlouis, Deutschland (2019), FLOSUNDK. Siehe: Architekturführer Deutschland 2020, S. 198.
Christkönig day care centre. Conversion of a former parish church, Saarlouis, Germany (2019). FLOSUNDK. See *Architekturführer Deutschland 2020*, p. 198.

Viel mehr als nur das Gebäude – neue Besitzkonstellationen und zukünftige Arbeitsfelder

Nicht nur die Klimakrise zwingt uns, die Art und Weise, wie wir unseren Planeten gestalten, grundlegend zu überdenken. Die COVID-19-Pandemie und der Krieg in der Ukraine haben offensichtlich gemacht, dass globalisierte Lieferketten Risiken bergen. Ein Teil der Lösung ist, mit dem zu bauen, was lokal in der »urbanen Mine« vorhanden ist, und dadurch dazu beizutragen, dass Rohstoffe nicht um die halbe Welt transportiert werden.

Auch wir selbst berauben uns durch fortwährendes Wachstum – mehr Flächen für Straßen, Parkplätze, Infrastruktur und Einfamilienhäuser – der eigenen Ressourcen an Agrar- und Erholungsräumen, an Gebieten für Regenwasserversickerung und Überflutungszonen, an geschützten Arealen für Flora und Fauna. Schon deshalb sollte unser Augenmerk in Zukunft darauf liegen, was wir aus dem bereits Vorhandenen entwickeln können. Aus dieser Herausforderung ergeben sich neue Tätigkeitsfelder in der Architektur und im gesamten Baubereich: vom Material- und Gebäudescout über den Bauteilbroker oder Deconstruction Engineer bis hin zur Rückbaufachkraft.

Der Umbau – ob eines Hauses oder eines ganzen Quartiers, ob auf dem Land oder in der Stadt – beeinflusst nicht nur unsere Umwelt und das Klima, sondern hat auch gesellschaftliche und soziale Auswirkungen. Eine Transformation ist immer auch ein Eingriff in Geschichte, gewachsene Strukturen und ökonomische Verhältnisse. Veränderungen können hier schnell zu Ungleichgewicht und Verdrängung führen – etwa von Bewohnern, die sich eine Mietsteigerung aufgrund von Modernisierung nicht mehr leisten können, oder von informellen und subkulturellen Nutzungen, die kommerziellen Zwecken weichen sollen.

Gewachsene Identifikationsobjekte und Orientierungspunkte bilden jedoch wichtige Bestandteile eines lebendigen urbanen sowie ruralen Systems, die respektiert werden müssen. Um diese Werte für die Zukunft zu erhalten und fortzuschreiben, braucht es neben den baulichen Weiterentwicklungen auch neue Formen des Eigentums und der Organisation von Planung und Finanzierung. Gemeinschaftliche, sozial orientierte und nicht auf Gewinne fixierte Konzepte und Konstellationen tragen zu einer suffizienten Bauwende bei. Praktiken der Immobilienwirtschaft, die weiterhin auf Wachstum und Renditesteigerungen fokussiert sind, werden nicht zum notwendigen Ziel führen, solange sie unter falschen Prämissen handeln: dem unaufhörlichen Zufluss von Rohstoffen, dem Primat des Neuen

Much More Than Just the Building – New Ownership Models and Future Spheres of Action

It is not only the climate crisis that is calling on us to fundamentally rethink the way we shape our planet. The Covid-19 pandemic and the war in Ukraine have made it clear that globalised supply chains pose risks. Part of the solution is to build using materials available locally in the 'urban mine', thereby helping to avoid transporting raw materials halfway around the world.

Constant growth – more space for roads, car parks, infrastructure, and single-family homes – is causing us, too, to rob ourselves of our own agricultural and recreational space resources, areas for rainwater infiltration and flood zones, and protected areas for flora and fauna. For this reason alone, our focus in the future should be on what we can develop from what already exists. This challenge gives rise to new fields of activity in architecture and the entire construction sector, from material and building scouts and component brokers right through to deconstruction engineers and demolition specialists.

Conversions – whether houses or entire districts, in the country or in the city – not only affect our environment and the climate, but also have social and societal ramifications. A transformation is always an intervention into history, grown structures, and economic conditions. Changes here can quickly lead to imbalances and displacement, such as of residents who can no longer afford a rent increase due to the refurbishment, or informal and subcultural uses that are foreced to give way to commercial purposes.

However, objects of identification and points of orientation that have evolved form important components of a lively urban and rural system that must be respected. In order to maintain and perpetuate these values for the future, new forms of ownership and the organisation of planning and financing are required, in addition to structural developments. Community, socially-oriented concepts and constellations that are not fixed on profits contribute to a sufficient turnaround in the construction industry. Practices in the property sector that remain focused on growth and increased returns will not contribute to the necessary goal as long as they operate under false premises: the incessant flow of raw materials, giving primacy to the new, and viewing space and land as inexhaustible commodities. Instead, we need more associations, construction groups, cooperatives, or an association like the German Mietshäuser Syndikat ('rental houses syndicate')[17], which sees living space not as a commodity and consumer good, but rather as a fundamental right.

sowie der Auffassung von Raum und Boden als unerschöpflicher Handelsware. Stattdessen brauchen wir mehr Vereine, Baugruppen, Genossenschaften oder einen Verbund wie das Mietshäuser Syndikat[17], die Wohnraum nicht als Handelsware und Konsumgut, sondern als Grundrecht ansehen.

Nichts Neues

Viele der beschriebenen Aspekte sind nicht neu. Der Blick in die Vergangenheit lohnt sich. Bis die Industrielle Revolution für die Massenherstellung von Baustoffen und Bauteilen sorgte, hatte der Handel mit gebrauchten Baumaterialien floriert und niemand war sich zu schade gewesen, sie zu nutzen.

Historische Gebäude liefern auch reichlich Anschauungsmaterial für ein ebenso suffizientes wie einfaches Bauen ohne Apparate und Software zur Gebäudeautomation: von der passenden Dachform für regionale Wetterzonen über mechanische Lüftungsmethoden bis hin zu ihrer perfekten Orientierung in Richtung der Sonne. Wir müssen wieder lernen, spezifischer für den Ort und mit den vorhandenen Gegebenheiten zu bauen. Dazu zählt, auf das zurückzugreifen, was bereits vorhanden ist, und diese Werte weiter zu pflegen, zu adaptieren und fortzuschreiben.

17 https://www.syndikat.org/der-projektverbund/ (13.11.2022).

Nothing New

Many of the aspects described here are not new. It is worth looking to the past. Until the industrial revolution saw the mass production of building materials and building components, trade in used building materials flourished and nobody was too shy to use them.

Historic buildings also provide plenty of illustrative material for construction that is as simple as it is sufficient, without devices and building automation software: from the appropriate roof shape for regional weather zones to mechanical ventilation methods right through to their perfect orientation towards the sun. We have to relearn how to build more specifically for the place and with the existing conditions. This includes going back to what already exists and maintaining, adapting, and perpetuating these values.

17 https://www.syndikat.org/en/the-joint-venture/ (13.11.2022).

St. Sebastian. Umbau einer Kirche zum Kindergarten, Münster, Deutschland (2013). Zeichnung von Peter Wilson, BOLLES+WILSON.
St. Sebastian. Conversion of a church into a kindergarten, Münster, Germany (2013). Drawing by Peter Wilson, BOLLES+WILSON.

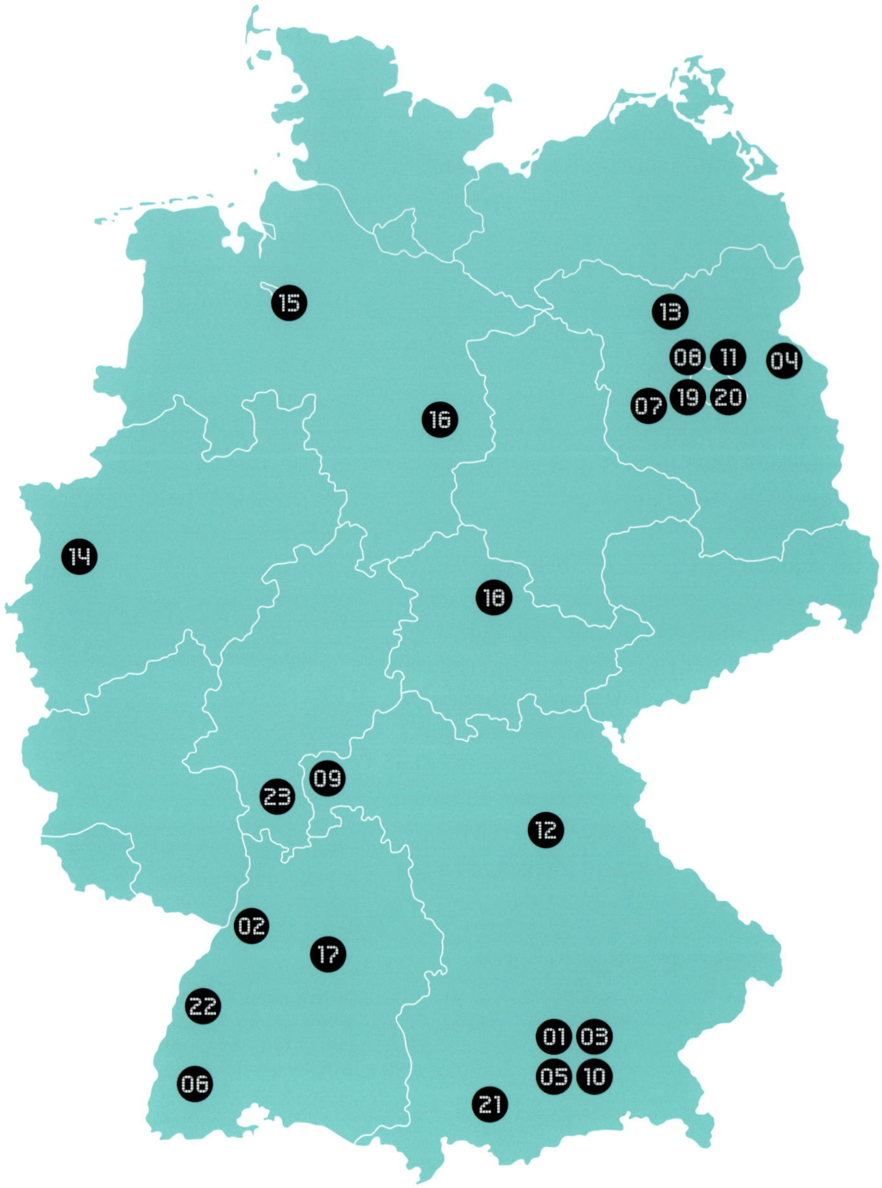

01 Auer Weber
Landratsamt in Starnberg

---

02 allmannwappner
Stadtbahntunnel Karlsruhe

03 ELEMENT · A Architekten/
hiendl_schineis architektenpartnerschaft
Bundesgeschäftsstelle des Deutschen Alpenvereins e. V., München

04 Hütten & Paläste
Scheune Prädikow, Prötzel

05 LRO Lederer Ragnarsdóttir Oei
Münchner Volkstheater

---

06 AMUNT Nagel Theissen Architekten
FRIHA, Haus am Hang, St. Blasien-Menzenschwand

07 c/o now
Where the Wild Morels Grow ..., Groß Kreutz (Havel)

08 David Chipperfield Architects
Grundinstandsetzung Neue Nationalgalerie, Berlin

09 Fthenakis Ropee Architektenkooperative
Sanierung und Erweiterung Justizgebäude Aschaffenburg

10 gmp · Architekten von Gerkan, Marg und Partner
Isarphilharmonie Gasteig HP8, München

11 Grüntuch Ernst Architekten
Hotel Wilmina, Restaurant Lovis und Amtsalon, Berlin

12 Heide & von Beckerath
Spiegelfabrik, Fürth

13 Heim Balp Architekten
Gutshof Güldenhof, Stechlin

14 Herzog & de Meuron
Erweiterung MKM Museum Küppersmühle, Duisburg

15 Hild und K
Wohnen am Hohentorsplatz, Bremen

16 Krekeler Architekten
Sanierung Audimax TU Braunschweig

17 mehr* architekten
Brauereihalle, Kirchheim unter Teck

18 MONO Architekten
Tank- und Rastanlage Leubinger Fürstenhügel, Sömmerda

19 Pasztori Simons Architekten
Studio D., Berlin

20 Sauerbruch Hutton
Luisenblock West, Berlin

21 Stephanie Hirschvogel Architekten
Grünes Haus, Schongau

22 Sturm und Wartzeck
Nationalparkzentrum Ruhestein, Baiersbronn

23 wulf architekten
Mensa und Mediathek, Darmstadt

Shortlist
Architektur in Deutschland

Shortlist
Architecture in Germany

—

2023

AMUNT Nagel Theissen Architekten

FRIHA, Haus am Hang, St. Blasien-Menzenschwand

Kritik **Andreas Ruby**

06

Architekten / Architects
AMUNT Nagel Theissen Architekten
und Designer PartG mbB
Wilhelmstraße 3
70372 Stuttgart
www.amunt.info
email@amunt.info

Projektteam / Project team
Jan Theissen, Architekt
Sonja Nagel, Architektin

Bauherr / Client
Kai Hollenbach, Stuttgart

Beteiligtes Architekturbüro / Other architects involved
Rolf Haselwander (Bauleitung)
Kirchäcker 4
79875 Dachsberg
www.architekt-haselwander.de

Haustechnik / Building services engineering
ee concept gmbh, Darmstadt

Tragwerksplanung / Structural engineering
Felix Mildner Tragwerksplanung, Tübingen

Standort / Location
Am Friedhag 1
79837 St. Blasien-Menzenschwand

Fertigstellung / Completion
September 2021

Fotografie / Photography
Rasmus Norlander, Zürich

Unter dem regionaltypisch tief gezogenen Dach dreht sich das Haus um 45 Grad und öffnet sich mit großen Fenstern zur Landschaft.
Under the low-slung roof typical of the region, the house rotates 45 degrees and opens up to the landscape with large windows.

Ist man bei dem Haus am Hang angekommen, kann man sich fast schon nicht mehr vorstellen, dass ein Haus auch anders aussehen könnte. Auf der Fahrt in das kleine Menzenschwand im Südschwarzwald, einen Ortsteil von St. Blasien, konnte man es in unzähligen Variationen studieren, die alle die Regel des Typs bestätigen: Ein Haus, das vor allem aus einem Dach zu bestehen scheint, welches so weit und tief nach unten gezogen ist, dass es gefühlt nahezu die Grasnarbe erreicht. Seine Fenster sind so klein wie möglich, um den Bau gegen die äußere Welt zu wappnen. Aber das Dach bietet nicht nur Wetterschutz gegen den rauen Winter. Wie eine über das Dasein geworfene Decke gewährt es sowohl physischen als auch psychischen Rückzugsraum vor einer Natur, die nur auf Städter lieblich wirken mag.

Und dann erblickt man dieses Haus am Hang, das freundlich behauptet, dies könne alles auch ganz anders sein. Zwar hat es ebenfalls ein augenfällig großes Dach mit lang überhängenden Traufen, die streng auf Berg und Tal ausgerichtet sind. Aber es überrascht mit großen Fenstern, die unternehmungslustig nach draußen schauen. Um den Blick an den nahen Nachbarhäusern vorbeizulenken, dreht das Haus seinen

When you arrive at the House on a Hill, it is hard to imagine a house that could look any different than a Black Forest house. The journey to the small town of Menzenschwand in the district of St.Blasien in the southern Black Forest provides the opportunity to study countless variations of the house type, all of which confirm the rule of the type: a house that seems to consist primarily of a roof that descends down so far and deep that it feels like it almost reaches the ground. Its windows are as small as possible to shield the house from the outside world. The roof does more than just offer protection against the harsh winter weather. Like a blanket thrown over the building, it offers both a physical and psychological retreat from the surrounding nature that may only seem lovely to city dwellers.

And then you see the House on a Hill, which politely claims that all of this could be completely different. It still has a conspicuously large roof with long overhanging eaves strictly aligned to the mountains and valleys, but it surprises the observer with large windows that look outside enthusiasticly. The house turns its lower body like a skier in a 45-degree angle to the slope in order to steer its gaze past the nearby neighbouring buildings.

Das Innere ist sowohl in der Horizontalen als auch in der Vertikalen fließend aufgebaut. Hier die Küchenebene.
The interior is fluidly structured both horizontally and vertically. The kitchen level is shown here.

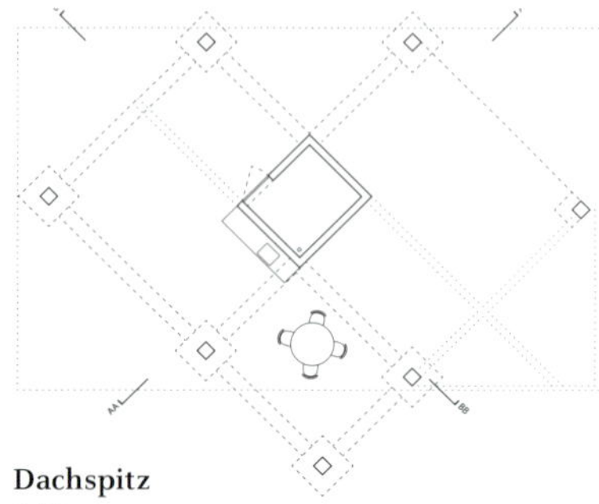

Dachspitz
Attic

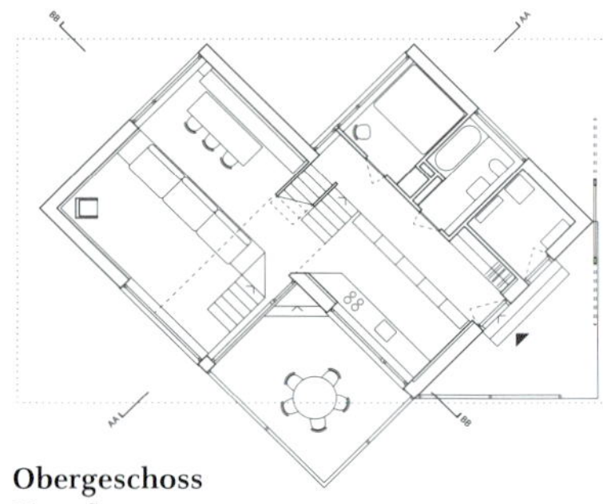

Obergeschoss
First floor

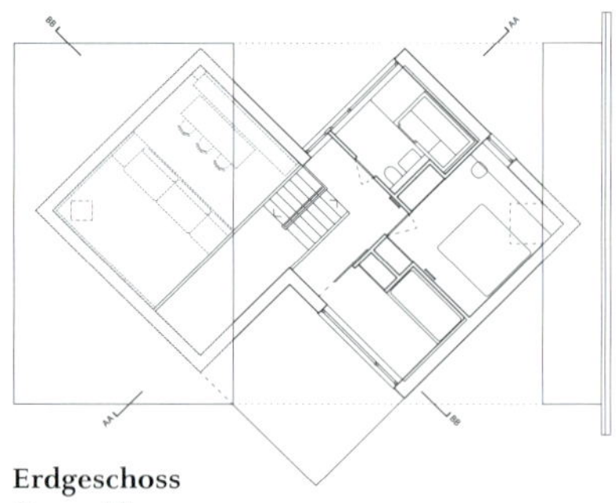

Erdgeschoss
Groundfloor

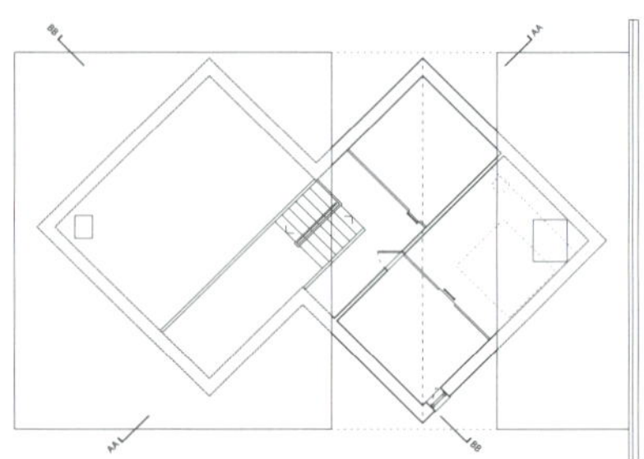

Untergeschoss
Basement

Der Blick von der Wohn- zur Küchenebene und weiter in die Etage mit den Schlafzimmern.
The view from the living area to the kitchen area and on to the floor with the bedrooms.

Die Küche geht in den Essbereich über und bietet einen wunderschönen Ausblick.
The kitchen merges into the dining area and offers a beautiful view.

Unterkörper wie ein Skifahrer in der Kurve um 45 Grad gegen den Hang. Das Dach, sprich Kopf und Torso, verbleibt dabei wie beim Skifahren in der Falllinie des Hangs. Dieser topografische Twist bringt eine Raumkaskade in Bewegung, die einen unwiderstehlichen Drive entwickelt, sobald man das Haus betreten hat.

Wer hier nach einer langen Wanderung über Berg und Tal glücklich erschöpft die Haustür hinter sich schließt, bekommt beim ersten Umherschauen das unterschwellige Gefühl, dass das Wandern vielleicht noch gar nicht zu Ende ist. Der Blick, der sich von der Eingangsebene bietet, enthüllt eine gebaute innere Landschaft, die die natürliche Landschaft draußen nahtlos fortführt und in eine atemberaubende Topografie des Wohnens übersetzt. Rechts weitet sich die Wand zu einem Garderobe-Alkoven, der auch eine Bank enthält, auf der man beim Ausziehen der Schuhe die gerade erwanderte Landschaft in Breitwandformat durch das Küchenfenster neu entdeckt. Direkt davor fließt über die gesamte Fensterbreite eine Küchentheke, die auch das Kochen zu einer Landschaftserfahrung macht. Die Küche liegt bereits eine Halbgeschossebene tiefer – eine von insgesamt sechs Wohnebenen – und leitet nahtlos über zum Essbereich auf der anderen Seite.

Eine weitere Ebene niedriger befindet sich der Wohn- und Kaminbereich, mit dem Zugang zur Terrasse und wiederum zu einem großzügigen Fenster zum Tal, das man von einer langen Couch aus bewundern kann – sofern man nicht die bewegten Bilder des Kamins oder des Flachbildschirms interessanter findet.

The roof, i.e. the head and torso, remains in the fall line of the slope, just like when skiing. This topographical twist sets a spatial cascade in motion that develops an irresistible drive as soon as you enter the house.

Any happily exhausted hiker who closes the front door behind them after a long hike over mountains and valleys will get a subliminal feeling when they first look around that the hike might not be over yet. The view from the entry level reveals a built interior landscape that seamlessly continues the natural landscape outside, translating into a stunning living topography. On the right, the wall widens into a cloakroom alcove that also contains a bench. While sitting down to take your shoes off, you can rediscover the landscape you have just explored in wide-screen format through the kitchen window. Directly in front of it, the kitchen counter passes across the entire width of the window, making cooking a landscape experience. The kitchen is already one mezzanine level below – one of a total of six living levels – and leads seamlessly to the dining area on the other side.

The living room and fireplace is one level below, with access to the terrace and another generous window and view to the valley that can be admired from a long couch, that is, if you do not find the flicker of the fire or the flatscreen more interesting.

Wenn man am Kamin hockt, am tiefsten Punkt des Hauses, und mit dem Rücken zur Talwand zurück ins Innere schaut, wird der Blick wie im Skilift am Berghang nach oben gezogen. Plötzlich entfaltet sich das Haus wie ein Schmetterling, der zum Flug ansetzt. Drei Meter über unserem Kopf hängt kraftvoll schwerelos eine Galerie unter dem Dach, das sich höher und höher streckt und bis zum Scheitel mit unterschiedlich gestalteten Rückzugsräumen aufwartet: Im Obergeschoss, zu dem man über einen schwebenden Treppenkörper mit Galerie gelangt, gibt es neben dem Bad auch zwei Schlafzimmer. Der über ihnen verbleibende Raum zum Satteldach enthält zwei offene Emporen. In diesem Haus können mindestens sechs Menschen übernachten, bei entsprechender zwischenmenschlicher Dichtelust könnten es aber auch gut vier mehr sein (zwei Badezimmer und eine Sauna entflechten die Ströme des hygienischen Bedarfs hinreichend gut). Wenn man bedenkt, dass das Haus nur 101 Quadratmeter Wohnfläche besitzt (ohne Terrasse), ist sein Wohnflächenverbrauch mit 16 Quadratmeter pro Kopf sensationell gering. Zum Vergleich: In Deutschland lag dieser 2021 durchschnittlich bei 47,7 Quadratmetern.

Bewohnt man dieses Haus ein paar Tage, versteht man es immer mehr als eine Hommage an das Schwarzwaldhaus, die diesen jahrhundertealten Typus aus der Sicht unserer Gegenwart empathisch neu interpretiert. Und wenn man nach dem Abendessen noch einmal durch den Ort spaziert, dann sieht man in den faszinierenden alten Bauernhäusern – riesigen Scheunen mit beiläufig integrierten Wohntrakten und Überfahrten an der Hangseite zum Einfahren des Heus in den Speicher – viele ästhetische Quellen, die das Haus am Hang jedoch nicht direkt zitiert, sondern kulturell transformiert. Damit erzeugt das Gebäude eine Art zeitgenössischen Heimatstil, weil es den Ort vor einer Wahrnehmungserlahmung durch die Wiederholung seiner tradierten Klischees schützt. Tradition bedeutet eben nicht, die Asche zu bewahren, sondern das Feuer am Brennen zu halten.

Sitting by the fireplace at the lowest point of the house and looking back inside with your back to the valley side, your gaze is drawn upwards as if in a ski lift on the mountainside. The house suddenly unfolds like a butterfly about to fly away. Three metres above our heads, a gallery hangs powerfully and weightlessly under the roof, which stretches higher and higher and offers differently designed private rooms all the way up to the apex: the upper floor, which can be reached via a floating staircase with a gallery, contains two bedrooms in addition to the bathroom. The remaining space above them to the gable roof contains two open galleries. The house can sleep at least six people, but could accommodate four more where there is the appropriate interpersonal desire for closeness (two bathrooms and a sauna provide for sufficient hygiene facilities). When you consider that the house has only 101 square metres of living space (without the terrace), its use of a living space of 16 square metres per inhabitant is sensationally low. For comparison, this figure was an average of 47.7 square metres per inhabitant in Germany in 2021.

Living in this house for a few days, you begin to understand it more and more as a homage to the Black Forest house that empathetically reinterprets the centuries-old house type from the point of view of our present. If you walk through the village again after dinner, you will see many aesthetic sources in the fascinating old farmhouses – huge barns with casually integrated living quarters and crossings on the slope side for bringing the hay into the granary. They are not quoted directly, but rather culturally transformed. The building thereby creates a kind of contemporary *Heimatstil* style, because it protects the place from a lack of perception through the repetition of its traditional clichés. Tradition does not mean preserving the ashes; it means keeping the fire burning.

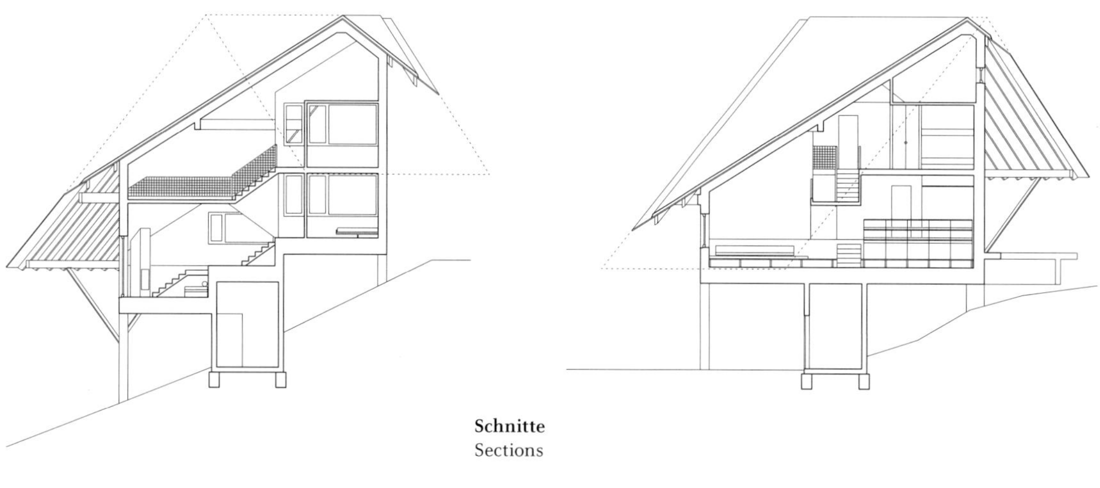

Schnitte
Sections

Die Rückzugsräume sind unterschiedlich gestaltet, hier mit Schlafkojen.
The individual rooms are designed differently, here with bunk beds.

Der Blick vom tiefsten Punkt des Hauses hinauf zur Galerie und in den Dachraum.
The view from the lowest point of the house up to the gallery and the attic.

Blick vom Tal aus Südwesten.
The view from the valley from the south-west.

c/o now

Where the Wild Morels Grow …, Groß Kreutz (Havel)

Kritik **Yorck Förster**

07

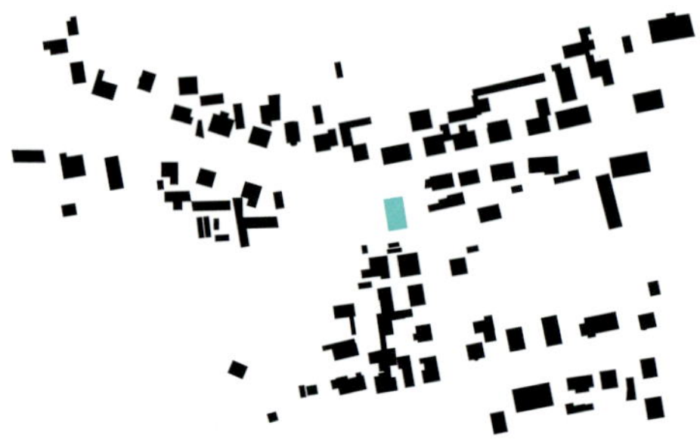

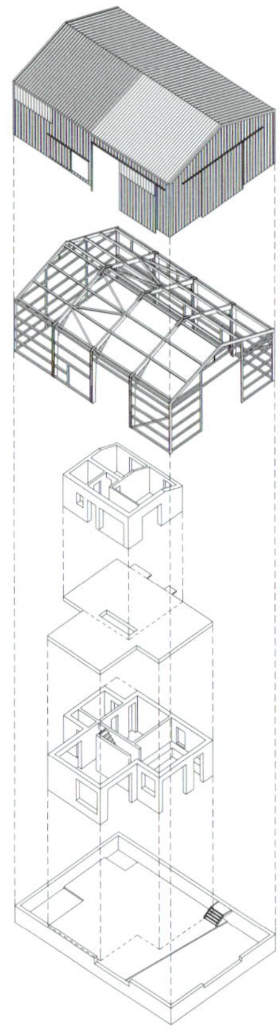

Architekten / Architects
c/o now
Wilhelmshavener Straße 47
10551 Berlin
www.co-now.eu
team@co-now.eu

Projektteam / Project team
Nicolas Bobran, Tobias Hönig, Andrijana Ivanda, Toan Nguyen, Markus Rampl, Paul Reinhardt, Duy An Tran, Diyar Ünlüçay, Ksenija Zdešar; special thanks to Christian von Borries

Bauherren / Clients
Julia und David Klemme, Groß Kreutz

Tragwerksplanung / Structural engineering
Kränzliner Ingenieurbüro, Märkisch Linden, OT Kränzlin

Standort / Location
In der Gasse 6
14550 Groß Kreutz (Havel) – Schmergow

Fertigstellung / Completion
April 2022

Fotografie / Photography
Zara Pfeifer, Wien / Berlin

Where the Wild Morels Grow ...: Schmergow hat eine Morchel im Wappen – der slawische Name *Smergowe* soll »Ort, wo Morcheln wachsen«, bedeuten.
Where the Wild Morels Grow ...: Schmergow has a morel in its coat of arms. The Slavic name *Smergowe* is said to mean 'the place where morels grow'.

RUUUMMP. Tor auf: Es ist tatsächlich ein Wohnhaus. Dessen haben sich inzwischen nicht nur die Anwohner aus Schmergow selbst, sondern auch die aus den angrenzenden Gemeindeteilen von Groß Kreutz durch intensive Haltepausen an der Dorfstraße versichert. Dabei ist es nicht so, dass die Stille (so der rbb in seiner Sendung »Landschleicher« über Schmergow) im 850 Einwohner zählenden Ort durch einen irgendwie auffälligen Bau gestört würde. Ganz im Gegenteil, unscheinbarer geht es eigentlich gar nicht: Der neue Giebelbau ist brav wie eine Systemscheune ohne Eigenart.

Was wie eine Scheune mit zwei großen Schiebetoren daherkommt, ist die Fassadenhülle des eigentlichen Hauses. Im Inneren steckt eine gedämmte L-förmige Wohnbox mit einem Obergeschoss und angrenzenden Terrassen. Insgesamt sind es 90 Quadratmeter Wohnfläche in diesem Kernhaus; die darüber gestülpte Hallenhülle belegt eine Fläche von 200 Quadratmetern. Das Ganze als »Haus im Haus« nach dem Prinzip der Matrjoschka zu beschreiben, trifft die Sache nicht ganz. Das Konzept der Architekten speiste sich aus anderen Quellen. Françoise-Hélène Jourda und Gilles Perraudin etwa. Mitte der Achtzigerjahre hatten

RUUMMP. The sliding door opens: It is in fact a house. In the meantime, both the residents of Schmergow themselves and those from the neighbouring districts of Groß Kreutz have made sure of this by taking stopping by the village street. It is not at all the case that the silence (according to the rbb in its *Landschleicher* programme about Schmergow) in the town of 850 inhabitants is disturbed by a building that is conspicuous in some way. On the contrary, it really could not be more inconspicuous: the new gabled building is as good as a system barn without any originality.

What looks like a barn with two large sliding doors is actually the façade envelope of the house. Inside is an insulated, L-shaped living space with an upper floor and adjoining terraces. There is a total of 90 square metres of living space in the core; the exterior shell placed over it covers an area of 200 square metres. Describing the whole thing as a 'house within a house' based on the Matryoshka principle would not be strictly correct. The architects' concept came from other sources, namely Françoise-Hélène Jourda and Gilles Perraudin. In the mid-1980s, they used an industrial greenhouse as the envelope for a residential building in Lyon. The 'Maison Serre'

Von der Straße aus wirkt das Haus wie eine Landwirtschaftshalle.
The house looks like a farm building from the street.

Blick von Nordosten. Die kleine Tür an der Längsfront ist der künftige Haupteingang.
Northeast view. The small door on the longitudinal front is the future main entrance.

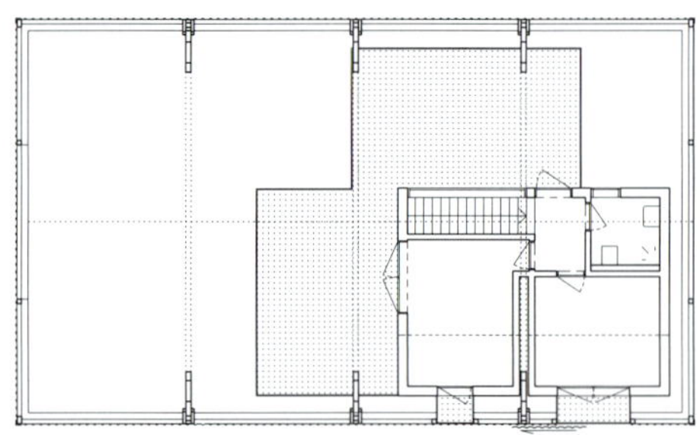

Grundriss Obergeschoss
Upper floor plan

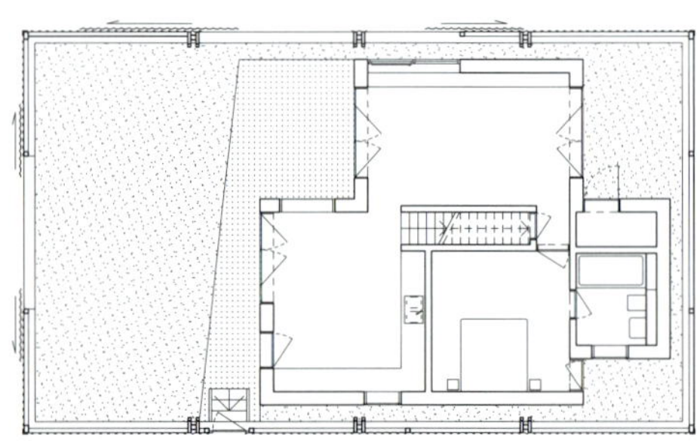

Grundriss Erdgeschoss
Ground floor plan

sie ein Industriegewächshaus als Hüllenbau für ein Wohnhaus in Lyon verwendet. Die Maison Serre war ein Low-Budget-Projekt, im Inneren aber bot sie durch zwei einander gegenüberstehende tribünenartige Holzkonstruktionen den Luxus eines höchst theatralischen Wohnraums.

Das Bauherrenpaar des Hauses in Schmergow – inzwischen eine Familie mit zwei Kindern – lebte vormals in einer Berliner Stadtwohnung auf 70 Quadratmetern. Als es zu den Architekten kam, hatte es das großzügige Grundstück mitten im Ort mit ein paar alten Pflaumen- und Birnbäumen bereits. Das Budget für das Haus darauf war aber begrenzt. Nach einem Blick in die Kostentabellen reichte es für einen massiven Neubau von 70 Quadratmetern – oder eine Industriehalle.

Ganz so einfach war es dann aber doch nicht. Der Spielraum für eine Anpassung der Systemhallen mit Stahltragwerk erwies sich als zu gering. So kam es zu einem für den Ort entworfenen hölzernen Tragwerk, das mit lichtgrauen Standard-Trapezblechen und Sandwichpaneelen im Dachbereich beplankt wurde. Es gibt keine Fenster im engeren Sinn, stattdessen lassen breite Streifen aus Polycarbonat, mal in Traufhöhe, mal in Erdgeschosshöhe, Licht ins Innere des Baus sickern. Erst bei einem genauen Blick wird offensichtlich, dass auch ein gutes Viertel des Dachs transluzent für Zenitlicht eingedeckt ist. Die umhüllende Halle entstand parallel zum inneren Wohnquader aus einem gemauerten Erdgeschoss und einem Obergeschoss in einer Holzrahmenkonstruktion. Formal ist das Ganze ein »Atriumhaus mit vorgehängter, hinterlüfteter Fassade«.

was a low-budget project, but inside it offered the luxury of a highly theatrical living space with two opposing, grandstand-like timber structures.

The couple who built the house in Schmergow – now a family with two children – used to live in a 70-square-metre apartment in Berlin. They already had the spacious plot with a few old plum and pear trees in the middle of the village when they approached the architects. However, the budget for the house was limited. After looking at the costs, there was enough for a massive new building measuring 70 square metres – or an industrial warehouse.

Of course, it was not that easy. The scope for adjusting the system halls with the steel structure proved to be too small. This resulted in a timber supporting structure designed for the location, which was covered with light-grey standard trapezoidal sheets and sandwich panels in the roof area. There are no windows in the strictest sense. Instead, wide strips of polycarbonate, sometimes at eaves height, sometimes at ground floor level, allow light to trickle into the interior of the building. It is only upon closer inspection that it becomes apparent that a good quarter of the roof is covered translucently for zenith light. The encasing hall was created parallel to the inner living quarters, consisting of a brick ground floor and an upper floor in a timber frame construction. Formally, the whole thing is an 'atrium building with a curtained, rear-ventilated façade'.

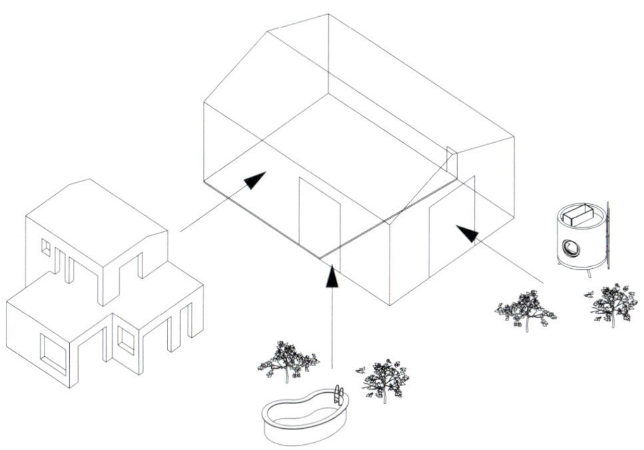

Das Tor in der Giebelfront im Süden.
The door in the gable front in the south.

Das Hallenhaus ist mehr ein Gebäudekonzept als ein im Detail umgesetzter Entwurf. Ihm ist eine gewisse Unschärfe mit einer Offenheit für Lösungen, die ad hoc gefunden werden, zu eigen. Was in anderen Fällen eine mehr oder weniger gelungene Bricolage wäre, ist hier Teil des Konzepts: ein Haus zum weitgehenden Selbstausbau. Allmählich zeigte sich dann auch, dass gerade die Holzkonstruktion ein großes Potenzial für den einfachen Ausbau in Eigenregie bietet. Anfangs gab es nur ein bewegliches Tor und eine zweite, ebenso große Öffnung. Das hölzerne Rahmenwerk und die Beplankung des zweiten Tors haben dann die Bauherren nach den Plänen der Architekten selbst gebaut. Mittlerweile haben sie den Boden zwischen dem Wohnkern und der Hülle mit Gesteinsschotter belegt, im großen Gartenraum der Halle Schattenrasen gesät und Teile des Hallentragwerks bernsteingelb gebeizt. Das nächste Projekt ist ein Steg von der etwas höher gelegenen Straße zur bisher ungenutzten Eingangstür. Das Haus ist auch eine Geschichte der Aneignung durch die Nutzer und umgekehrt für die Architekten eine Übung im Loslassen.

Überhaupt ist das Haus auf eine eigentümliche Art komplex. Das Kernhaus ist funktional kompakt geschnitten: Der Wohn- und der Küchenbereich sind zum Gartenraum hin orientiert, dahinter befinden sich der Schlafraum und ein Bad. Im Obergeschoss sind aktuell lediglich ein weiteres Bad und zwei nutzungsneutrale Zimmer untergebracht; die angrenzende offene Terrasse kann zu weiteren Innenräumen ausgebaut werden. Weil das Kernhaus nur in Größe S, die Hülle aber in L ausgeführt wurde, kam es nicht nur zu dem großen Gartenraum in der Halle, sondern es haben sich auch schmale Zwischenräume entlang der Längsseite (die Kinder finden das großartig) und zwei kleine Gartenzimmer ergeben. Funktional sind sie nicht zu fassen, es sind unbestimmte Bereiche im Dazwischen: nicht mehr im Kernhaus, aber auch nicht draußen; umgrenzt, aber nach oben hin weiter und höher als die Räume im Kern, im Winter deutlich kühler, aber doch geschützt. Was diese Räume sind oder werden – ob Schmollecke oder Schattengarten –, hängt von den Bewohnern ab. Das gilt umso mehr für den Gartenraum. Er ist irgendwie alles: Sommerwohnzimmer, Spielplatz, Indoor-Garten – und vielleicht irgendwann auch Kletterzimmer für die Kinder. Die beiden großen Tore öffnen sich nach Süden und Westen; das ist schön, um im Frühjahr die noch tief stehende Mittagssonne und im Herbst das Abendrot einzufangen. Erst tief im Winter ist dann die Zeit, sich in das Kernhaus zurückzuziehen. RUUUMMP. Tor zu.

The hall house is more of a building concept than a detailed design. It has a certain vagueness to it, with an openness to finding ad hoc solutions. What would otherwise be a more or less successful bricolage is part of the concept here: a house that you can largely build yourself. It gradually became apparent that the timber construction in particular offers great potential for the owners to easily expand it on their own. Initially there was only one sliding door and a second, equally large opening. The building owners then built the timber framework and the panelling of the second door themselves according to the architect's plans. In the meantime, they have covered the ground between the residential core and the shell with gravel, sown shady lawns in the large garden area of the hall, and stained parts of the framework structure in amber yellow. The next project is a walkway from the slightly higher street to the previously unused front door. The house is also a story of appropriation by the users and, conversely, an exercise in letting go for the architects.

Altogether, the house is complex in a peculiar way. The core house is functionally compact: the living and kitchen areas are oriented towards the garden, with the bedroom and a bathroom behind them. The upper floor currently has only one other bathroom and two neutral rooms; the adjoining open terrace can be expanded into further interior spaces. Because the core house is small within the large shell, there is not only a large garden space in the hall, but also narrow spaces along the long side (the children think this is great) and two small garden rooms. It is not possible to understand these areas functionally. They are undefined areas in between: no longer in the core building, but also not outside; surrounded, but further and higher up than the rooms in the core. They are much cooler in winter, but still protected. What these rooms are or will be – whether a private corner to get away from it all or a shaded garden – depends on the residents. This applies all the more to the garden room. It is kind of everything: a summer living room, a playground, an indoor garden, and maybe one day a playroom with a climbing frame for the kids. The two large doors open to the south and west, which is nice for capturing the low midday sun in spring and the sunset in autumn. It is not until late winter that it is time to retire to the core house. RUUMMP. The sliding door closes.

Der große nutzungsneutrale Raum vor dem Kernhaus kann Sommerwohnzimmer und Indoor-Garten, aber auch Sport- oder Fahrradhalle sein.
The large space in front of the main house is flexible and may be used as a living room and indoor garden in the summer or as an exercise or bicycle storage area.

Ein Haus mit Zwischenraum: das kleine Kernhaus in der Hallenhülle.
A house with space: the small core house inside the exterior shell.

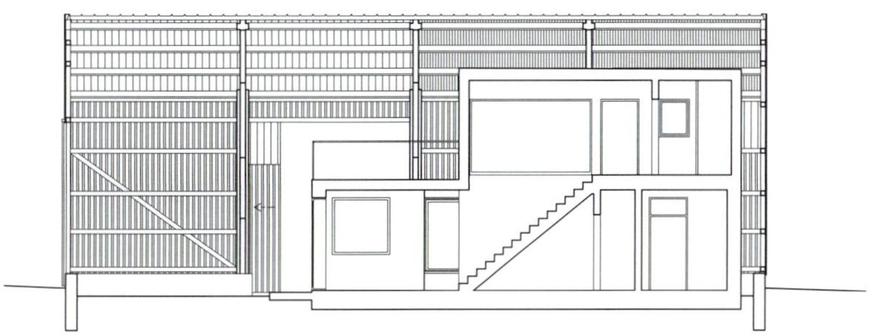

Längsschnitt
Longitudinal section

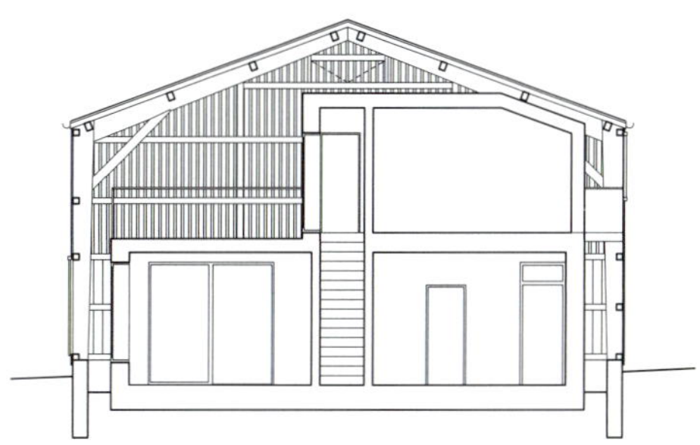

Querschnitt
Cross section

David Chipperfield Architects
Grundinstandsetzung Neue Nationalgalerie, Berlin

Kritik **Jürgen Tietz**

08

Architekten / Architects
David Chipperfield Architects Berlin
Joachimstraße 11
10119 Berlin
www.davidchipperfield.com
media@davidchipperfield.de
mit
BAL Bauplanungs und Steuerungs GmbH, Berlin

Projektteam / Project team
David Chipperfield, Partner
Martin Reichert, Partner
Alexander Schwarz, Partner
Michael Freytag, Projektleitung
Daniel Wendler, Projektleitung
Kerstin Rohrbach, Projektleitung BAL
Ulrike Küpper-Sommer, Partnerin BAL

Bauherren / Clients
Stiftung Preußischer Kulturbesitz vertreten durch das Bundesamt für Bauwesen und Raumordnung, Berlin
Projektleitung: Arne Maibohm

Projektsteuerung / Project management
KVL Bauconsult GmbH, Berlin

Tragwerksplanung / Structural engineering
GSE Ingenieurgesellschaft mbH Saar, Enseleit und Partner, Berlin

Haustechnik / Building services engineering
Ingenieurgesellschaft W33 mbH mit Domann Beratende Ingenieure GmbH, Berlin

Heizung, Sanitär / Plumbing and heating
Ingenieurgesellschaft W33 mbH mit Domann Beratende Ingenieure GmbH, Berlin

Elektro / Electrical engineering
Ingenieurgesellschaft W33 mbH, Berlin

Bauphysik / Building physics
Müller-BBM GmbH, Berlin

Akustik / Acoustics
Akustik-Ingenieurbüro Moll GmbH, Berlin

Lichtplanung / Lighting design
Arup Deutschland GmbH, Berlin

Brandschutz / Fire prevention
HHP West Beratende Ingenieure GmbH, Bielefeld

Landschaftsarchitektur / Landscape architecture
TOPOS Stadtplanung Landschaftsplanung Stadtforschung, Berlin

Fassadenplanung / Façade planning
DS-Plan, Stuttgart

Fachplanung und Fachbauleitung Restaurierung / Specialist planning and specialist site management for restorations
ProDenkmal GmbH, Berlin

Standort / Location
Potsdamer Straße 50
10785 Berlin

Fertigstellung / Completion
April 2021

Fotografie / Photography
Archiv Neue Nationalgalerie, Nationalgalerie, Staatliche Museen zu Berlin, Reinhard Friedrich (S. 96)
Simon Menges, Berlin (S. 97, S. 99 oben/top)
Simon Menges / VG Bildkunst, Bonn (S. 99 unten / bottom, S. 100)
Ute Zscharnt für David Chipperfield Architects, Berlin (S. 98 mittig/centre)
Christian Martin für David Chipperfield Architects, Berlin (S. 98 unten/bottom)

Die Neue Nationalgalerie 1968.
The New National Gallery 1968.

Trotz der umfassenden Sanierung und Instandsetzung hat sich am vertrauten Bild der Neuen Nationalgalerie nichts geändert.
Despite an extensive refurbishment and repair project, nothing has changed in the familiar image of the New National Gallery.

Kann die Sanierung einer Ikone der Klassischen Moderne selbst klassisch werden? Die Auffrischung, der David Chipperfield Architects (DCA) die Neue Nationalgalerie in Berlin von Ludwig Mies van der Rohe unterzogen haben, hat in jedem Fall das Potenzial dafür. Nach rund 50 Jahren intensiver Ausstellungsnutzung hatte sich dort ein Sanierungsstau aufgebaut. 1968 eröffnet, war die Neue Nationalgalerie stets mehr als ein Museum. Sie war Wiedergutmachung an Mies, der gleich um die Ecke einst sein Büro hatte, und ein kulturpolitisches Statement im Westteil des geteilten Berlins. Ein heiter-strenger Tempel aus Stahl und Glas, den Mies der expressiven Philharmonie (1963) von Hans Scharoun entgegensetzte. Noch lassen sich diese beiden Antipoden der späten Klassischen Moderne im Blickwechsel erleben, ehe die »Scheune«, das peinlich-fatale Museum des 21. Jahrhunderts von Herzog & de Meuron, das Gegenüber verstellen wird.

Wer die Neue Nationalgalerie nach der Sanierung wieder betritt, schaut überrascht, denn auf den ersten Blick ist alles ganz vertraut. Dabei ist kaum ein Stein auf dem anderen geblieben. Vor der aufwändigen Betonsanierung und kompletten Erneuerung der

Can the refurbishment of an icon of classical modernism itself become a classic? The refurbishment project undertaken by David Chipperfield Architects (DCA) on Ludwig Mies van der Rohe's New National Gallery in Berlin certainly has the potential to do so. After almost 50 years of intensive use, the building required a comprehensive refurbishment. Opened in 1968, the New National Gallery has always been more than a museum. It was a form of restitution to Mies, who once had his office just around the corner, and a cultural and political statement in the Western sector of divided Berlin. It is a cheerful, austere temple made of steel and glass, which Mies contrasted with Hans Scharoun's expressive Philharmonic concert hall (1963). These two antipodes of late classical modernism can still be experienced together visually before the embarrassingly dire barn-like structure of the Museum of the 21st Century by Herzog & de Meuron blocks the view.

Those entering the New National Gallery after the renovation will look surprised, because at first glance, everything looks very familiar. In fact, hardly one stone was left unturned. Before the complex repair of the concrete and complete renewal of the technical building

Haustechnik wurden sämtliche originalen Wand- und Bodenverkleidungen akribisch nummeriert, demontiert und ausgelagert, um am Ende behutsam repariert samt Patina wieder an ihren Platz zurückzukehren. Das Konzept von DCA war es, bei der Sanierung (Gesamtkosten rund 140 Millionen Euro) »so viel Mies wie möglich« zu erhalten, schreibt Martin Reichert, Partner im Büro Chipperfield, in einer der Begleitpublikationen. Man habe sich selbst als einen »unsichtbaren Architekten« begriffen. Wer genauer hinsieht, der erkennt, dass die rostige Stahlkonstruktion der Glashalle nun repariert und von einem schwarzen Anstrich überzogen ist, in dem die Spuren eines Pinselstrichs von Hand erkennbar bleiben. Sehr fein! Ohnehin die Glasfront der Ausstellungshalle: Kaum vorstellbar, was hier alles technisch und klimatisch passieren musste, um sie in diesen Zustand (zurück) zu versetzen, die Kondensatbildung an den Scheiben bei größeren Unterschieden von Außen- und Innentemperatur zu verringern und das anfallende Kondenswasser abzuführen. Jeder dritte Pfosten der Fassade wurde zudem als sogenannter Dehnpfosten erneuert. Dadurch besitzt die Fassade jenes Spiel, das sie benötigt, um Wind- und Schneelasten zu trotzen, ohne dass bei nun endlich wieder ungeteilten Scheiben aus Verbundsicherheitsglas (2 × 12 Millimeter) die Gefahr des Glasbruchs droht. Bei den gewaltigen, 3,43 auf 5,50 Meter messenden Glasflächen galt es einen Kompromiss zwischen widerstreitenden Ansprüchen einer energetischen Aufwertung des Hauses, den hohen klimatechnischen Ansprüchen des Museumsbetriebs und dem Substanzerhalt auszuloten.

services, all of the original wall and floor coverings were meticulously numbered, dismantled, and put into storage in order to be carefully repaired and later returned to their rightful place, with their patina. DCA's concept was to get 'as much Mies as possible' out of the refurbishment (total costs of around 140 million euros), writes Martin Reichert, Partner at David Chipperfield Architects, in one of the accompanying publications. They saw themselves as an 'invisible architect'. A closer look reveals that the rusty steel structure of the glass hall has now been repaired and coated with a coat of black paint that still shows the traces of brushstrokes made by hand. How delicate! In any case, looking at the glass front of the exhibition hall, it is hard to imagine what had to happen here in terms of technology and climate in order to bring it (back) into this condition – reducing the formation of condensation on the panes when the outside and inside temperatures differ significantly and draining off the condensation that accumulates. Every third pillar of the façade was also renewed as a so-called expansion pillar. As a result, the façade has the allowance it needs to withstand wind and snow loads without the risk of any glass breakage with what are now undivided panes of laminated safety glass (2 × 12 millimetres). With the huge glass panes measuring 3.43 by 5.5 metres, it was necessary to find a compromise between the conflicting demands regarding the energy-efficient upgrade of the building, the high air-conditioning requirements for operating the museum, and the preservation of the service life.

Rückbau der zwei Garderoben in der oberen Halle während der Grundinstandsetzung.
Dismantling the two cloakrooms in the upper hall during the refurbishment process.

Um den Rohbau freizulegen, wurden 35.000 Bauteile demontiert, restauriert und an ihre ursprüngliche Position zurückgebracht.
To reveal the shell construction, 35,000 components were dismantled, restored, and returned to their original positions.

Grundriss Untergeschoss
Basement plan

Die gewaltigen Glasscheiben sind wieder ungeteilt und erfüllen dennoch alle Sicherheits- und klimatischen Anforderungen.
The huge panes of glass are once again undivided and still satisfy all safety and climate requirements.

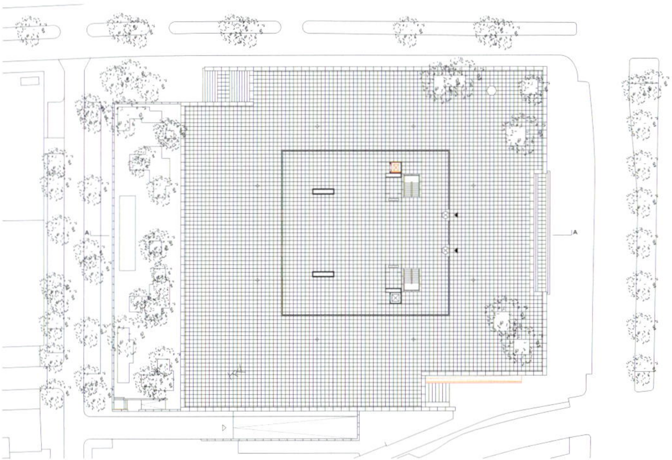

Grundriss obere Halle
Upper hall plan

Die obere Halle mit wieder eingebauten Garderoben nach Abschluss der Arbeiten.
The upper hall with cloakrooms reinstalled after the work was completed.

Die Garderobe im Untergeschoss mit freigelegter Betonkassettendecke und -stütze gehört zu den drei neu erschlossenen Räumen.
The cloakroom in the basement with an exposed concrete coffered ceiling and exposed concrete columns is one of the three newly developed rooms.

Der Blick von der unteren Ausstellungsebene in den Skulpturengarten.
The view from the lower exhibition level into the sculpture garden.

Die Treppenhalle mit Kassenfoyer im Untergeschoss.
The stairwell with the ticket desk in the basement foyer.

So altvertraut der erste Eindruck ist, gibt es dennoch sinnvolle Ergänzungen. Neu hinzugekommen ist ein Fahrstuhl für die barrierefreie Erschließung des Untergeschosses. Er wurde auf der Rückseite einer der beiden aufgearbeiteten historischen Garderoben in der Podiumsebene eingefügt. Im zentralen Verteilersaal im Untergeschoss entstand ein neuer Tresen für den Eintrittskartenverkauf. Sehr DCA im reduzierten Stil von Mies. Die deutlichsten Veränderungen in dieser Ebene sind drei neue Räume. Das neue Magazin unter dem Podium ist im Alltagsgeschäft naturgemäß nicht öffentlich zugänglich. Für den Buchladen und die neue, große Garderobe wurden zwei zuvor unzugängliche Räume geöffnet. DCA haben sich entschieden, ihren Eingriff gleichermaßen ablesbar wie zurückhaltend zu gestalten. Wer mag, der erkennt an den unverkleideten Kassetten der Sichtbetondecke, dass hier etwas anders ist als am übrigen Haus. Alle anderen werden künftig ihre Mäntel und Taschen abgeben, ohne den behutsamen Wechsel der Zeitschichten zu bemerken. In der Garderobe mit der gewaltigen historischen Betonstütze, die in eine stumpfe umgedrehte Pyramide ausläuft, wurde ein eindrucksvoller konstruktiver Blickfang freigelegt.

Es spricht für die intensive Archivrecherche und Detailleidenschaft von Architekten und Bauherren, dass in den Ausstellungsräumen dieser beispielhaften Sanierung Firmen hinzugezogen werden konnten, die schon an der Erstausstattung der Neuen Nationalgalerie beteiligt waren. So bei dem grau-flirrenden Teppich der Ausstellungsräume, der die Anmutung des Granits in der Halle und auf dem Podium in ein weiches Material übersetzt. Die historischen Strahler wurden auf LED umgerüstet und die liebevoll sanierten Waschräume beglücken mit ihrem schönen Lichtkonzept. Zu den Glanzstücken des neuen alten Hauses gehört der Skulpturenhof, der seine Struktur und Bepflanzung nach historischen Plänen zurückerhalten hat.

Gleichwohl wirft die gelungene Sanierung auch grundsätzliche Fragen auf. Etwa nach der Alterungsfähigkeit von Bauten der Moderne oder der Nachhaltigkeit bei einer immer komplexeren technischen Gebäudeausstattung (nicht nur) in Museen, die meist als erstes Bauteil komplett ausgewechselt werden muss.

As familiar as the first impression may be, useful additions have been made all the same. One example is the new elevator providing barrier-free access to the basement. It was integrated to the rear of one of the two refurbished historical cloakrooms on the podium level. A new ticket counter was installed in the central hall in the basement. It is very much DCA in the reduced style of Mies. The most noticeable changes on this level are the three new rooms. The new storeroom under the podium is, of course, not publicly accessible in day-to-day business. Two previously inaccessible rooms were opened for the bookshop and the new, large cloakroom. DCA decided to make their intervention here both recognisable and reserved. It is possible for anyone to see from the unclad coffers of the exposed concrete ceiling that something is different here than in the rest of the building. In the future, everyone will be able to give up their coats and bags without noticing the careful change in the layers of time. An impressive, constructive eye-catcher was uncovered in the cloakroom with the huge historic concrete column that ends in a blunt inverted pyramid.

It is a tribute to the intensive archival research and passion for detail on the part of the architects and clients that companies that were involved in the initial furnishing of the Neue National Galerie were consulted in the exhibition rooms of this exemplary refurbishment. This is the case with the grey, shimmering carpet in the exhibition rooms, which translates the appearance of the granite in the hall and on the podium into a soft material. The historic spotlights have been converted into LEDs, and the lovingly renovated bathrooms delight visitors with their beautiful lighting concept. One of the highlights of the new-yet-old building is the sculpture courtyard, which has been given back its original structure and planting according to historical plans.

Nevertheless, the successful refurbishment project also raises fundamental questions, such as, the longevity of modern buildings and the sustainability of increasingly complex technical building equipment (not only) in museums, which is usually the first component to be completely replaced.

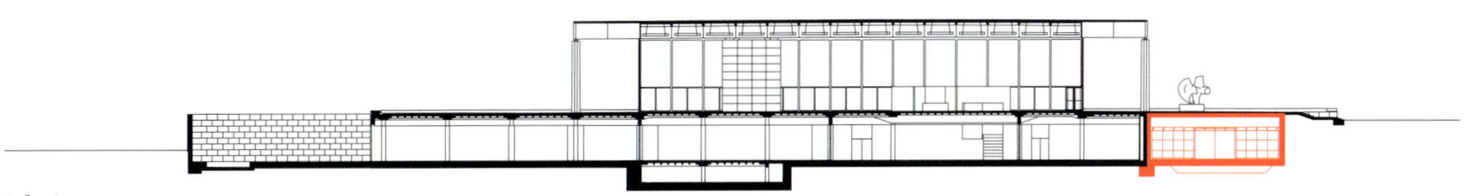

Schnitt
Section

Fthenakis Ropee Architektenkooperative
Sanierung und Erweiterung Justizgebäude Aschaffenburg

Kritik **Christian Holl**

09

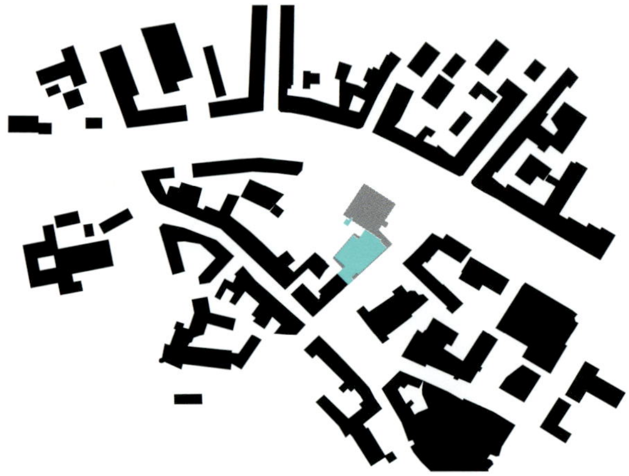

Architekten / Architects
Fthenakis Ropee Architektenkooperative
Müllerstraße 43
80469 München
www.fthenakisropee.com
fthenakis@fthenakisropee.com

Projektteam / Project team
Alexander Fthenakis, Inhaber
Rolf Berninger, Inhaber
Stefan Aschbichler, Projektleiter
Benedikt Bührle, Projektarchitekt
Beatrice Crescenti, Projektarchitektin
Laura Augustin, Projektarchitektin
Valentina Rossa, Projektarchitektin
Walter Schabmüller, Projektarchitekt

Bauherren / Clients
Freistaat Bayern vertreten durch das Staatliche Bauamt Aschaffenburg

Tragwerksplanung / Structural engineering
OSD GmbH, Frankfurt am Main

Heizung, Sanitär / Plumbing and heating
pinovaplan Ingenieurgesellschaft mbH, Düsseldorf / Würzburg

Elektro / Electrical engineering
Dess + Falk GmbH, Nürnberg

Bauphysik / Building physics
Wolfgang Sorge Ingenieurbüro für Bauphysik GmbH & Co. KG, Nürnberg

Brandschutz / Fire prevention
FMP design engineering GmbH, Schweinfurt / Friedrichshafen

Sonstige / Others
Baurconsult Architekten Ingenieure (Objektüberwachung), Haßfurt

Standort / Location
Erthalstraße 3
63739 Aschaffenburg

Fertigstellung / Completion
Dezember 2021 (1. Bauabschnitt)

Fotografie / Photography
Alexander Fthenakis, München

Zustand vor den Baumaßnahmen.
Situation before construction work began.

Der Sitzungssaaltrakt mit neuer Aufstockung, rechts angeschnitten der Verwaltungsbau.
The courtroom wing with a new vertical extension. The administration building is visible to the right.

Als das neue Justizgebäude in Aschaffenburg als Ersatz des im Krieg beschädigten Vorgängerbaus 1960 fertiggestellt war, galt es als das modernste seiner Art in Bayern. Seine Räume sorgten für strukturierte Abläufe, die Architektur (Architekt im Staatlichen Hochbauamt: Eberhard Eiser) war ebenfalls auf der Höhe der Zeit. Zwei Baukörper, einer für Verwaltung, einer für die Verhandlungssäle, der eine sechs-, der andere zweigeschossig, sind in einem stumpfen Winkel aneinandergefügt und so an der Ecke zurückgesetzt, dass sich ein freier Platz ergibt, über den man die Gebäude betritt. Genauso zeittypisch sind auch die Fassaden gestaltet. Die eine, hohe, ist mit hellen Jurakalk verkleidet, die andere ist überwiegend verputzt, der Jurakalk wird hier sparsam als Schmuckelement eingesetzt. Im Inneren strahlen die Räume eine Offenheit aus, die jegliche Form repräsentativer Einschüchterung vermissen lässt. Handwerkliche Sorgfalt, Kunst am Bau (unter anderem von Christian Schad) und sorgfältig ausbalancierte Proportionen verbinden sich vorzüglich miteinander und sorgten dafür, dass das Gebäude 2012 unter Denkmalschutz gestellt wurde.

When the new courthouse in Aschaffenburg was completed in 1960 to replace the previous building that had been damaged during the war, it was considered the most modern of its kind in Bavaria. Its rooms ensured structured processes, while the architecture (architect in the State Building Office: Eberhard Eiser) was also state of the art. Two buildings, one for administration and one for the courtrooms, one with six floors and the other with two floors, are joined together at an obtuse angle and set back at the corner so that there is an open space through which to enter the buildings. The façades are also typical of the time. One high façade is covered in light Jura limestone, while the other is mostly plastered, with the Jura limestone used sparingly as a decorative element. Inside, the rooms radiate an openness that lacks any form of representative intimidation. Careful craftsmanship, artworks (by Christian Schad, among others), and carefully balanced proportions are excellently combined and ensured that the building was listed as a historical monument in 2012.

Der gewachsene und geänderte Raumbedarf war ein Grund, 2015 in einem VOF-Verfahren ein Planungsbüro für Umbau und Erweiterung zu suchen. Der Freistaat Bayern hatte entschieden, den Standort zu erhalten, was nur durch Nachverdichtung möglich war. Aber die Gebäude mussten dafür auch einer grundlegenden Sanierung unterzogen werden, die den Denkmalwert gebührend berücksichtigen sollte. Den Auftrag erhielt das Münchener Büro Fthenakis Ropee Architektenkooperative. Inzwischen ist der erste Bauabschnitt abgeschlossen. 2021 wurde der niedrigere Trakt wieder bezogen, er war um ein Geschoss mit sechs neuen Verhandlungssälen aufgestockt worden. Direkt danach wurde begonnen, als zweiten Bauabschnitt den Verwaltungstrakt zu sanieren, Ende 2023 sollen auch diese Arbeiten beendet sein.

Die deutlichste Veränderung am Saalbau für die Verhandlungen ist die neue Aufstockung. Sie ist so zurückgesetzt, dass die ursprünglichen Gebäudeproportionen lesbar bleiben. In den Farbtönen ist die Fassade mit großformatigen Fenstern und grauem Blech dem Bestand angepasst, ohne ihn zu imitieren. Die Feingliedrigkeit des Neuen fügt sich dabei sehr gut in die Sprache der Nachkriegsmoderne. Markisen in einem rostbraunen Ton sind neu eingesetzt worden, die Fassade wurde saniert.

Der neue Aufbau ist als Stahlkonstruktion ausgeführt. Dabei wurde auf das bestehende Dach ein Stahlgerüst gelegt, das die Last in die tragenden Wände leitet. Neu ist auch das an das Nachbargebäude grenzende Treppenhaus. Es ersetzt ein Gebäude mit Hausmeisterwohnungen. In seiner eigenständigen, vom Justizgebäude abgesetzten Formgebung ist das Treppengebäude am Vorgängerbau orientiert, zeigt mit der großen mehrgeschossigen Verglasung aber auch deutlich die neue Nutzung. Die Verhandlungssäle können dadurch von zwei Seiten erreicht werden, so dass sich die Wege von Publikum oder Klägern und Angeklagten nicht mehr kreuzen müssen. Weitere Neuerungen sind ein Servicebereich und ein Saal im Erdgeschoss anstatt des nun ausgelagerten Grundbuchamts; das erweiterte Treppenhaus wurde aus Brandschutzgründen durch eine Verglasung vom Flurbereich abgetrennt. Dass schon zuvor aus Sicherheitsgründen die Offenheit zwischen Verwaltungstrakt und Sitzungssälen durch Schleusen eingeschränkt worden war, konnte nicht mehr rückgängig gemacht werden.

Growing and changing space requirements were one of the reasons behind the decision to search for a planning office for a conversion and expansion in a VOF procedure in 2015. The Free State of Bavaria decided to keep the site, which was only possible through densification. However, the buildings also had to undergo a thorough refurbishment process, which needed to take the building's heritage value into account. The Munich firm Fthenakis Ropee Architektenkooperative was awarded the contract. The first phase of construction has now been completed. The lower wing, which was occupied again in 2021, was increased by one floor with six new court rooms. Work began on refurbishing the administration wing in a second construction phase immediately after the first, and this work is set to be completed by the end of 2023.

The most obvious change in the building with the courtrooms for proceedings is the new vertical extension. It is set back in such a way that the original building proportions remain legible. The colour tones of the façade with its large-format windows and grey sheet metal match the existing building without imitating it. The subtlety of the new structure fits very well into the language of post-war modernism. Rust-brown awnings have been newly installed, while the façade has been refurbished.

The new structure is designed as a steel construction. A steel framework placed on the existing roof transfers the load to the load-bearing walls. The stairwell adjacent to the neighbouring building is also new. It replaces a building with apartments for caretakers. In its independent design, which is set apart from the courthouse, the stairwell building is based on the previous building, but also clearly shows its new use thanks to large, multistorey glazing. As a result, the courtrooms can be reached from two sides, so that the paths of the public or the plaintiff and the accused no longer have to cross. Other innovations include a new service area and a new hall on the ground floor instead of the now relocated land registry office; the extended staircase was separated from the corridor area by glazing for fire safety reasons. It was no longer possible to undo the fact that the openness between the administration wing and the meeting rooms had already been restricted by airlocks for security reasons.

Das neue Treppenhaus ...
The new staircase ...

... steckt in einem schmalen Neubau, der ein Gebäude mit der Hausmeisterwohnung ersetzt.
... is in a narrow new building that replaces a building with apartments for caretakers.

Die Aufstockung ist zurückgesetzt, die Proportionen des ursprünglichen Hauses bleiben ablesbar.
The vertical extension is set back, and the proportions of the original building remain legible.

Im Inneren ist aber sonst viel getan worden, um die ursprüngliche Qualität der Räume wieder zur Geltung kommen zu lassen und zugleich zeitgemäßen Komfort zu bieten. Es wurden beispielsweise tiefere Tische notwendig, um die gleichzeitige Verwendung von Akten und Computern möglich zu machen, Raumbelegungen sollen zukünftig auf Displays angezeigt werden. Aufwändig war es, die neue Haustechnik für eine zuverlässige Raumtemperierung zu integrieren. All dies wurde wunderbar dezent erledigt – und das heißt auch, dass viel Planung investiert werden musste. Beeindruckend ist die Sorgfalt, mit der der Bestand aufpoliert wurde. Vor der Sanierung war er in allen Details aufgenommen worden; es wurde behutsam vorgegangen, bestehende Stuckelemente wurden gereinigt, die Möbel neu aufgearbeitet, die neue Beleuchtung wieder deutlicher als zuletzt an die ursprüngliche angelehnt.

Im neuen Obergeschoss, das wegen unterschiedlicher Raumhöhen im Stockwerk darunter einen Versprung aufnehmen musste, überspielen Sanitärräume in der Mittelzone die unterschiedlichen Niveaus. Sie sind in kräftigem Violett gehalten und korrespondieren mit den den neuen Sitzungssälen vorgelagerten Besprechungsräumen, deren abgerundete Formen zur Unterscheidung Alt-Neu beitragen. In Farbgebung und Möblierung sind sowohl größere als auch kleinere Säle denen in den unteren Geschossen angepasst, ohne sie zu kopieren.

Die vermeintliche Selbstverständlichkeit, mit der Alt und Neu eine gelungene Liaison eingehen, zeigt sich exemplarisch an der ausgeklappten Fensterfront an der Stirnseite des Mittelflurs der Aufstockung. In Diskussionen mit Bauherrschaft und Denkmalpflege und in vielen Entwurfsvarianten entwickelt, nimmt sie die Fassadenachse des zum Saalbau verdrehten Verwaltungsgebäudes auf und belebt so den Aufsatz entscheidend: Es erhebt ihn über eine pragmatische Aufstockung und zeigt, dass hier weit mehr geleistet wurde, als den Bestand lediglich fortzuschreiben – er wurde nicht nur räumlich, sondern auch hinsichtlich des architektonischen Vokabulars erweitert. In dieser Mischung aus Respekt vor dem Bestand und selbstbewusster Fortschreibung taugt das Justizgebäude 2022 erneut als Vorbild – nicht nur in Bayern.

Inside, however, a lot has been done to bring out the original quality of the rooms and offer a contemporary level of comfort at the same time. For example, deeper desks were necessary in order to make it possible to use files and computers at the same time, and room occupancy is to be shown on displays in the future. It proved time-consuming to integrate the new building technology for reliable room temperature control. All of this was done in a wonderfully discreet manner, which also means that a great deal of planning work had to be invested to this end. An impressive degree of care has been taken in refurbishing the existing building. Every detail was recorded beforehand, and it was a cautious process. Existing stucco elements were cleaned, the furniture was refurbished, and the new lighting was more clearly based on the original lighting than it has been before.

The new upper floor had to accommodate an offset due to different room heights on the floor below. Sanitary facilities in the middle zone hide the different levels. They are decorated in strong violet and correspond to the session rooms in front of the new meeting rooms, whose rounded shapes help to distinguish between old and new. In terms of colour and furnishings, both larger and smaller halls are aligned with those on the lower floors without copying them.

The supposed naturalness with which old and new enter into a successful liaison can be seen in the folded-out window front on the front side of the central corridor of the vertical extension. Developed in discussions with the client and monument preservation authorities and in many design alternatives, it takes up the façade axis of the administration building, which is twisted into the hall construction, and thereby decisively enlivens the extension. It elevates it to a pragmatic addition and shows that far more has been achieved here than just updating the existing building. It has not only been expanded spatially, but also in terms of its architectural vocabulary. In this mixture of respect for the existing building and self-confident updating, the courthouse will serve as a role model again in 2022 – and not only in Bavaria.

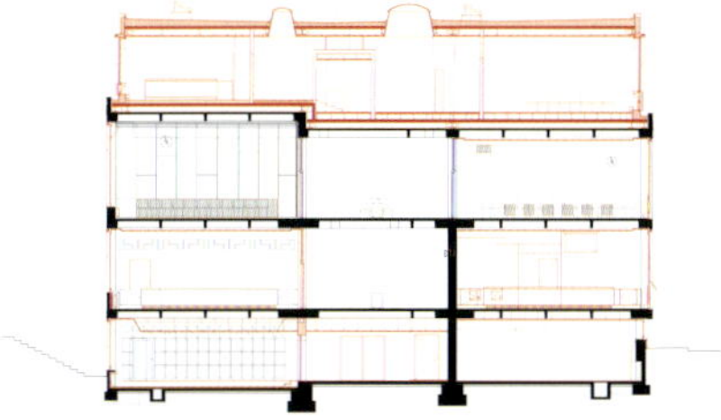

Schnitt
Section

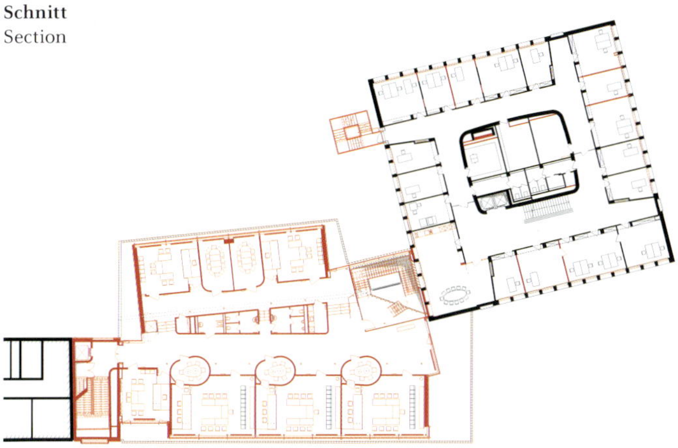

Grundriss 2. Obergeschoss
Second floor plan

Die Flure vor den neuen Sitzungssälen in der Aufstockung bleiben in der Gestaltung nahe am Bestand.
The design of the corridors in front of the new courtrooms in the extension is close to the design in the existing building.

Flur vor den historischen Sitzungssälen im Bestand (1. OG) nach der Sanierung.
Corridor in front of the old meeting rooms in the existing building (1st floor) after the renovation.

Einer der sechs neuen Sitzungssäle in der Aufstockung.
One of the six new courtrooms in the extension.

gmp • Architekten von Gerkan, Marg und Partner
Isarphilharmonie Gasteig HP8, München

Kritik **Andrea Jürges und Yannick Fiedler**

10

Architekten / Architects
gmp · Architekten von Gerkan, Marg und Partner
Hardenbergstraße 4–5
10623 Berlin
www.gmp.de
public.relations@gmp.de

Projektteam / Project team
Meinhard von Gerkan, Gründungspartner (Entwurf)
Stephan Schütz, Executive Partner (Entwurf)
Christian Hellmund, Associate Partner (Entwurf)
Annette Löber, Architektin (Projektleitung Philharmonie)
Michael Scholz, Architekt (Projektleitung Halle E)
Christian Dorndorf, Architekt (Projektleitung Halle E)

Bauherr / Client
Gasteig München GmbH, München

Beteiligtes Architekturbüro / Other architects involved
CL MAP GmbH
Ridlerstraße 55
80339 München
www.clmap.de
Claudia Hupfloher, Planung
Udo Fricke, Planung
Andreas Schmidt, Oberbauleitung (Halle E)

Tragwerksplanung / Structural engineering
schlaich bergermann partner sbp / IB Aster (Halle E), Stuttgart

Haustechnik, Heizung, Sanitär / Building services engineering, Plumbing and heating
Ingenieurbüro Hausladen, Kirchheim b. München

Elektro / Electrical engineering
Raible + Partner, Reutlingen, mit Schmidt König Lichtplaner, München

Bauphysik / Building physics
Müller-BBM, Planegg

Akustik / Acoustics
Nagata Acoustics, Tokio

Lichtplanung / Lighting design
Schmidt König Lichtplaner, München

Brandschutz / Fire prevention
imKONTEXT.berlin GmbH, Berlin

Landschaftsarchitektur / Landscape architecture
realgrün Landschaftsarchitekten, München

Fassadenplanung / Façade planning
Nüssli AG, Hüttwilen

Sonstige / Others
Generalübernehmer Philharmonie: Nüssli AG, Hüttwilen

Bühnentechnik Isarphilharmonie: Kunkel Consulting International, Bürstadt

Standort / Location
Hans-Preißinger-Straße 8
81379 München

Fertigstellung
Oktober 2021

Fotografie / Photography
HGEsch Photography, Hennef

Im Bauch des Konzertsaals: Blick auf die Bühne.
Inside the concert hall: the view of the stage.

Die Isarphilharmonie ist eine glückliche Fügung auf allen Ebenen, nicht nur für die beiden Orchester – die Münchner Philharmoniker sowie das Symphonieorchester des Bayerischen Rundfunks –, die bis Ende 2021 im Gasteig auf dem Isarhochufer in Haidhausen spielten. Fünf Jahre sind für die Generalsanierung des Kulturzentrums veranschlagt. Währenddessen gastiert das Kulturzentrum mit seinem gesamten Angebot unter dem etwas umständlichen Namen »Isarphilharmonie Gasteig HP8« auf dem Areal des ehemaligen Heizkraftwerks Süd in Sendling. Auf dem Gelände an der Hans-Preißinger-Straße 8 (HP8) befindet sich damit nicht nur eine Konzerthalle, sondern auch die Münchner Stadtbibliothek, die Volkshochschule sowie die Hochschule für Musik und Theater München. Neben Konzerten, Vorträgen und Lesungen gibt es Ausstellungen und die Bibliothek selbst als Angebot. Ein Restaurant und ein Lese-Café in der ehemaligen Trafohalle sowie ein obligatorischer Biergarten mit Blick auf die Isar bilden das gastronomische Programm; der Gasteig HP8 ist täglich für den Publikumsverkehr geöffnet.

The Isar Philharmonie concert hall is a happy coincidence on all levels, not just for the two orchestras – the Munich Philharmonic Orchestra and the Bavarian Radio Symphony Orchestra – that played in the Gasteig cultural centre on the banks of the Isar in Haidhausen until the end of 2021. It is estimated that the refurbishment of the centre will take five years. Meanwhile, the cultural centre and all its offerings is now a guest under the somewhat awkwardly named Isar Philharmonie Gasteig HP8 on the site of the former Heizkraftwerk Süd power station in the Sendling district. The site at Hans-Preissinger-Strasse 8 (HP8) is not only home to a concert hall, but also the Munich City Library, an adult education centre, and the University of Music and Performing Arts Munich. In addition to concerts, lectures, and readings, there are also exhibitions as well as the library itself. A restaurant and reading café in the former transformer hall as well as an obligatory beer garden with a view of the Isar cater to the culinary needs of guests. Gasteig HP8 is open to the public every day.

Der Innenraum von Halle E. Mit Foyer, Ausstellungsflächen und weiteren Funktionen ist diese ein durchgängig zugängliches öffentliches Gebäude.
The interior of Hall E. With a foyer, exhibition areas, and other functions, this building is fully open to the public.

Ebenfalls in der Halle E untergebracht ist die Stadtbibliothek.
The city library is also housed in Hall E.

Die historische Trafohalle (Halle E) wurde denkmalgerecht saniert.
The historic transformer hall (Hall E) was renovated in accordance with monument protection requirements.

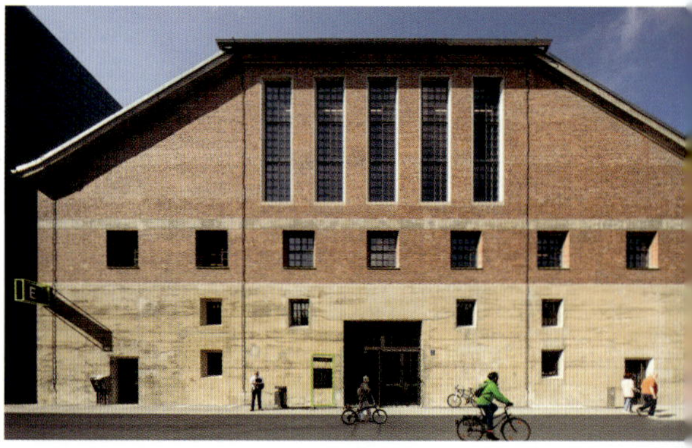

Die Fuge zwischen Alt- und Neubau mit »Himmelsleitern«.
The gap between the old and the new with Jacob's ladders.

Das neue Areal liegt nur vier Kilometer südlich des alten Standorts, am gegenüberliegenden Ufer der Isar. Trotz aller Befürchtungen, Abonnenten während des Interims zu verlieren, kommt der Gasteig HP8 gut an. Die Halle E sowie der neue Konzertsaal wurden begeistert aufgenommen und haben mit dem vielfältigen Programm neue Besucher angezogen. Dafür wurde die bestehende Anbindung an den ÖPNV durch einen zusätzlichen Expressbus ergänzt. Gäste des Gasteig HP8 können auch die Parkplätze des Großmarkts nutzen; während der Spielzeit verkehrt ein Shuttlebus zwischen dem Parkplatz und dem Kulturzentrums-Interim.

Der Standort ist das Ergebnis einer langen Suche. 35 Ausweichstätten waren bereits begutachtet worden, als der Ort durch eine glückliche Fügung fast auf Zuruf gefunden wurde: Anlässlich des Antrittsbesuchs des damals neuen Geschäftsführers der städtischen Gasteig München GmbH, Max Wagner, bei den Stadtwerken München kam das Gespräch auf das Areal in Sendling. Es folgte ein öffentliches Ausschreibungsverfahren, das Büro gmp • Architekten von Gerkan, Marg und Partner erhielt den Zuschlag für den Bau der Isarphilharmonie in der Hans-Preißinger-Straße.

Die denkmalgeschützte Trafohalle E fungiert als das fast rund um die Uhr geöffnete Empfangsgebäude des Gasteig HP8: Hier ist die Stadtbibliothek untergebracht, die Halle ist zudem Ausstellungsraum sowie Foyer und Pausenraum für die Spielstätte. Das Café und das Restaurant haben hier ebenfalls ihren Platz – dazu kommen die Nebenfunktionen wie Garderobe und Sanitäranlagen. Daneben befindet sich der Baukörper der Isarphilharmonie, der vor allem ein Konzertsaal ist. Eine Fuge mit Dachverglasung bildet den Übergang zwischen dem Alt- und dem Neubau; hier befindet sich die Erschließung mit »Himmelsleitern« zu den einzelnen Ebenen des Auditoriums.

The new space is only four kilometres south of the old location, on the opposite bank of the Isar. Despite fears of losing the orchestra's subscribers during the interim, Gasteig HP8 has been well received. Hall E and the new concert hall were enthusiastically received and have attracted new visitors thanks to the varied programme. To this end, the existing public transport connections were supplemented by an additional express bus. Guests at Gasteig HP8 can also use the car park at the nearby wholesale market; a shuttle bus runs between the car park and the interim cultural centre during the season.

The location came as the result of a long search. Some 35 alternative sites had already been examined when the site for the interim centre was found by a stroke of luck at short notice. When Max Wagner, the then new managing director of the municipal Gasteig München GmbH, made his inaugural visit to the Stadtwerke München utilities company, the conversation turned to the Sendling site. A public tender process followed, and the firm gmp • Architekten von Gerkan, Marg und Partner was awarded the contract for the construction of the Isar Philharmonie on Hans-Preissinger-Strasse.

The listed transformer hall E functions as the reception building of Gasteig HP8, which is open almost around the clock. The city library is located here, and the hall is an exhibition space as well as a foyer and break area for the venue. The café and restaurant are also here, as well as the ancillary functions such as the cloakroom and sanitary facilities. Next to this is the building of the Isar Philharmonie, which is primarily a concert hall. A joint with roof glazing forms the transition between the buildings. Here, access to the individual levels of the auditorium is achieved via Jacob's ladders.

Das Areal des ehemaligen Heizkraftwerks. Im Vordergrund die alte Trafohalle, dahinter der Neubau der Isarphilharmonie.
The area of the former power station. The old transformer hall is visible in the foreground, with the new building of the Isarphilharmonie concert hall behind it.

Die fünfgeschossige Konstruktion der Isarphilharmonie besteht aus einer Stahlhülle aus Systemelementen sowie vorgefertigten Holzmodulen für den Innenausbau. Günstig und leicht wieder abbaubar zu sein, war die Voraussetzung für das gesamte Gebäude. Die Brettsperrholzkonstruktion erlaubt große Abmessungen und variable Wandstärken, ist einfach und schnell in der Montage, erfüllt die akustischen Ansprüche und unterstützt ein gutes Raumklima. Der 60.000 Kubikmeter große, dunkel gehaltene Konzertsaal bietet Platz für etwa 1.800 Personen. Die dunkle Holzverkleidung der Wände und der helle Boden vermitteln das Bild schlichter Eleganz. Nur 36 Meter ist der am weitesten entfernte Sitzplatz von der Bühne entfernt. Diese Nähe ergibt eine gute »gefühlte Akustik« – die Musiker sind einerseits vom Zuschauer gut zu erkennen. Andersherum ist das Publikum für das Orchester ebenfalls keine anonyme Menschenmenge. Die Balkone sind mit industriellem Drahtgeflecht ausgestattet; diese Durchlässigkeit ermöglicht den freien Blick auf die Bühne und unterstützt zudem das Klangerlebnis.

Die kurze Bauzeit von nur zweieinhalb Jahren und die vergleichsweise geringen Kosten von rund 41 Millionen Euro waren eine Überraschung – aber auch das Ergebnis eines perfekten Zusammenspiels aller Akteure. Denn die Gasteig München GmbH ist nicht nur Nutzer des Kulturzentrums, sondern fungiert auch als Bauherr. Das sorgte für kurze Entscheidungswege und sparte Zeit. Weil sich das Unternehmen vier Architekten als Bauleitung ins Haus holte, hatte es eigene Sachverständige. Hinzu kam die Expertise von gmp, die durch den Umbau und die Sanierung des Kulturpalastes Dresden (2019 mit dem DAM Preis ausgezeichnet)[1] genaue Vorstellungen von den Anforderungen an ein innerstädtisches Kulturzentrum mit Konzert-, Bibliotheks- und Ausstellungsbetrieb hatten. Dies wurde ergänzt durch das Know-how des Schweizer Fertigbauers Nüssli als führender Anbieter von temporären Bauten für Sport und Kultur. Auch die Zusammenarbeit mit Yasuhisa Toyota von Nagata Acoustics stellte eine weitere glückliche Fügung dar: Gasteig-Chef Wagner, selbst Sänger, weiß um die Notwendigkeit des perfekten Klangs und stand persönlich in Kontakt mit dem exzeptionellen Akustiker.

Bereits vor dem Beschluss, das Areal als Interim des Gasteigs zu nutzen, entwickelte sich das Gelände zu einem gemischten Quartier mit Künstlern und Kreativen neben Autowerkstatt und anderen Gewerben. Nach anfänglicher Skepsis gegenüber dem »großen Kulturapparat« herrscht heute eine gute Nachbarschaft, die in einem ersten gemeinsamen Sommerfest gefeiert wurde. Ein Arrangement, das hoffentlich auch nach dem Rückzug in den Gasteig weiterbestehen kann. Es lebe das Interim!

1 Siehe: Deutsches Architektur Jahrbuch 2019: Peter Cachola Schmal: »Umbau und Sanierung Kulturpalast Dresden«, S. 12.

The five-storey construction of the Isar Philharmonie consists of a steel shell made of system elements and prefabricated timber modules for the interior design. It was a requirement for the entire building to be cheap and easy to dismantle. The cross-laminated timber construction enables large dimensions and variable wall thicknesses and is quick and easy to assemble. It also meets the acoustic requirements and ensures a comfortable indoor climate. The 60,000-cubic-metre, dark concert hall can accommodate around 1,800 people. The dark wood panelling of the walls and the light floor are the image of simple elegance. The furthest seat is just 36 metres from the stage. This proximity results in a good acoustic feel. The audience can clearly see the musicians and at the same time, the audience is not an anonymous crowd to the orchestra either. The balconies are fitted with industrial wire mesh, and this permeability enables a clear view of the stage and also supports the audio experience.

The short construction time of just two and a half years and the comparatively low cost of around 41 million euros came as a surprise but were also the result of the excellent cooperation between all parties involved. Because Gasteig München GmbH is not only the user of the cultural centre, but also acted as the developer, this ensured short decision-making processes and saved time. The company hired four architects to supervise the construction, so it had its own experts. In addition, gmp drew on the expertise gained from the conversion and refurbishment of the Kulturpalast Dresden (Dresden Palace of Culture; awarded the DAM Preis in 2019)[1], which gave the firm clear ideas about the requirements of an inner-city cultural centre with a concert hall, library, and exhibition facilities. What's more, the Swiss prefabricated construction provider Nüssli contributed its knowledge as a leading provider of temporary structures for sports and culture. The cooperation with acoustician Yasuhisa Toyota from Nagata Acoustics was another fortunate coincidence. Gasteig managing director Wagner, himself a singer, understands the need for perfect sound and was in personal contact with the exceptional acoustician.

Even before the decision was made to use the area as an interim Gasteig, the area had developed into a mixed quarter with artists and creative professionals working alongside car repair shops and other businesses. After some initial scepticism about the 'big cultural apparatus', there are good neighbourly relations today. This was celebrated in a first joint summer party – an arrangement that can hopefully continue in the future, even after the move back to the refurbished Gasteig cultural centre. Let's enjoy the intervening time!

1 See: *German Architecture Annual 2019*: Peter Cachola Schmal: 'Umbau und Sanierung Kulturpalast Dresden', p. 12.

Der neue Konzertsaal wurde in Holzmodulbauweise errichtet.
The new concert hall was built as a modular timber construction.

Puppenhausoptik: der Konzertsaal links, der Übergang mittig, die Halle E rechts.
Overview: the concert hall on the left, the transition in the middle, and Hall E on the right.

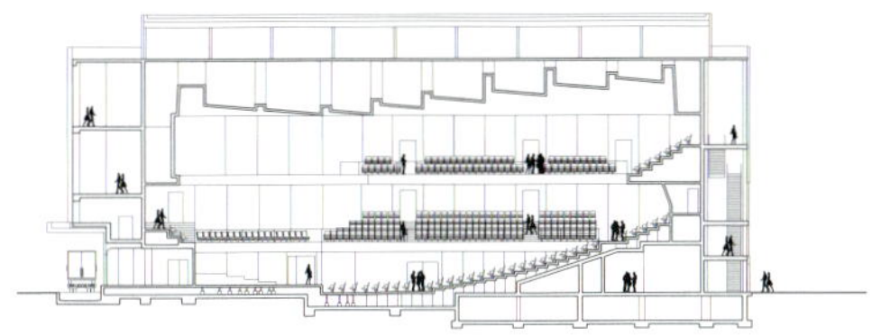

Schnitt Konzertsaal
Section concert hall

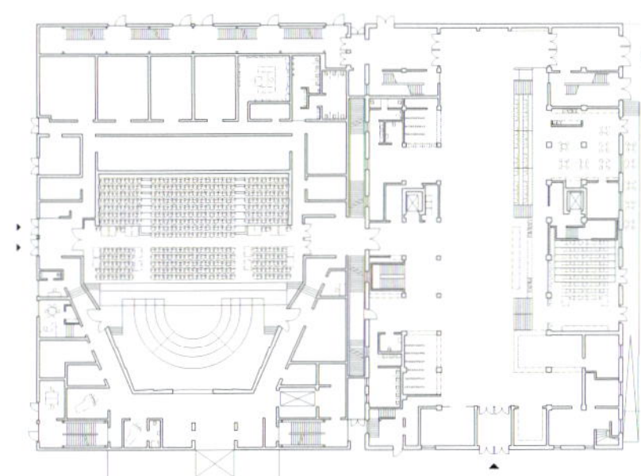

Grundriss Erdgeschoss
Ground floor plan

Konzertsaal: Blick von der Bühne in den Zuschauerraum.
Concert hall: View from the stage into the auditorium.

Grüntuch Ernst Architekten

Hotel Wilmina, Restaurant Lovis und Amtsalon, Berlin

Kritik **Oliver G. Hamm**

11

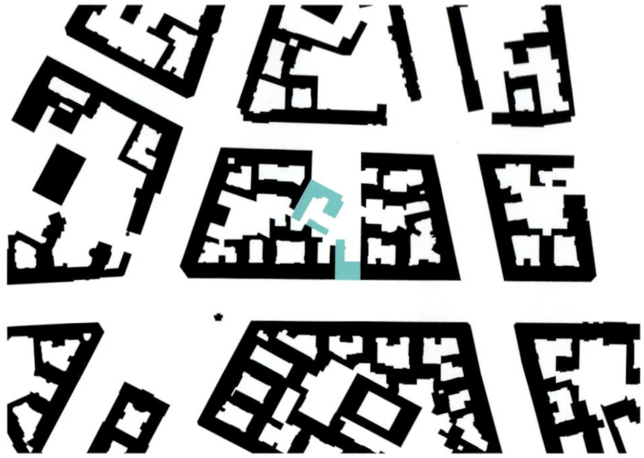

Architekten / Architects
Grüntuch Ernst Architekten
Auguststraße 51
10119 Berlin
www.gruentuchernst.de
pr@gruentuchernst.de

Projektteam / Project team
Armand Grüntuch, Partner
Almut Grüntuch-Ernst, Partnerin
Florian Fels, Ulrike Gardeler,
Olaf Menk, Matthias Grabe,
Maike Bodenbender, Chris Leeuw,
Diane Böhringer, Rainer Klein

Bauherr / Client
Wilmina GmbH, Berlin

Tragwerksplanung / Structural engineering
GTB-Berlin Gesellschaft für Technik am Bau mbH (Tragwerk), Berlin
StudioC Nicole Zahner (Tragwerk / Anbau Küche), Berlin
Ingenieurbüro Dr.-Ing. Stefan Bergmann (Prüfingenieur Tragwerk), Berlin, Rüdersdorf

Haustechnik / Building services engineering
Ingenieurbüro Weltzer, Berlin

Bauphysik / Building physics
Müller-BBM GmbH, Berlin

Brandschutz / Fire prevention
hhpberlin, Berlin

Landschaftsarchitektur / Landscape architecture
atelier le balto (Marc Pouzol), Berlin
Christian Meyer (Beratung Freianlagen, Gartengestaltung) mit Grüntuch Ernst Architekten, Berlin

Standort / Location
Kantstraße 79
10627 Berlin

Fertigstellung / Completion
April 2022

Fotografie / Photography
Wilmina, Berlin (S. 114)
Patricia Parinejad, Berlin (S. 115, S. 117 unten / bottom, S. 119 oben / top)
Robert Rieger, Berlin (S. 117 oben links / top left, S. 119 unten / bottom)
Grüntuch Ernst Architekten (S. 117 oben rechts / top right)

Das Gerichtsgebäude von 1896/97 stand noch auf freiem Feld.
The former courthouse from 1896/1897 was still in an open area.

Das einstige Frauengefängnis ist heute ein Hotel, der ehemals versiegelte, inzwischen überwucherte Hof wurde mit einem Staudengarten erweitert.
The former women's prison is now a hotel. The formerly sealed courtyard, which is now overgrown, has been expanded with a perennial garden.

Mitten in der eng bebauten Stadt und dennoch in einer grünen Oase: ein Ort, der zum Ausruhen, zur Kontemplation und zum angeregten Gespräch einlädt, aber auch zur Reflexion über seine bedrückende Vorgeschichte. Denn vor Kate Winslet (beim Dreh für *Der Vorleser* Ende der Nullerjahre) sowie vor den zahlreichen Hotel- und Restaurantgästen seit Frühjahr 2022 waren bis 1985 Tausende inhaftierter Frauen hier.

Wie kommt man bloß auf die Idee, in einem ehemaligen Frauengefängnis ein Hotel einzurichten – und ein vorgelagertes früheres Strafgerichtsgebäude als »Amtsalon« genannte Plattform für Ausstellungen und Events zu nutzen? Die Berliner Architekten Almut Grüntuch-Ernst und Armand Grüntuch, die 2012 mit der »minimalinvasiven Instandsetzung und Umnutzung« der ehemaligen Jüdischen Mädchenschule (1927/28) in Berlin-Mitte zu einem Ort der Kunst und Kulinarik nach eigener Aussage ihr »Gesellenstück« abgeliefert hatten, waren ursprünglich von einem Bauherrn beauftragt worden, auf dem Freiraum zwischen den beiden Gebäuden etwas zu planen. Daraus wurde jedoch nichts. Schließlich erwarben die Architekten selbst das Grundstück mit dem völlig überwucherten

It is in the centre of the densely built-up city, yet in a green oasis: a place that invites you to rest, contemplate, and engage in lively conversation, but also to reflect on its depressing history. Thousands of women were imprisoned here until 1985, long before Kate Winslet filmed *The Reader* here in the late noughties and numerous hotel and restaurant guests began arriving since the spring of 2022.

How does the idea of setting up a hotel in a former women's prison even come about? And using the former criminal court building in front of it as a platform for exhibitions and events called Amtsalon? Berlin architects Almut Grüntuch-Ernst and Armand Grüntuch, who in their own words delivered their 'journeyman's piece' in 2012 with the 'minimally invasive repair and renovation' of the Jüdische Mädchenschule, a former Jewish school for girls (1927/1928) in Berlin's Mitte district, into an arts and dining centre, were originally commissioned by a client to plan something on the space between the two buildings. However, nothing came of this idea. Finally, the architects acquired the property themselves. It consisted of a completely overgrown inner courtyard and the two very different buildings that had been erected in

Innenhof und den zwei so unterschiedlichen Bauwerken, die 1896/97 von Adolf Bürckner und Eduard Fürstenau auf freiem Feld in Charlottenburg errichtet worden waren. Sie wollten dem historisch aufgeladenen Ort neues Leben einhauchen, was ihnen – inzwischen auch in der Rolle von Hoteliers (dank der Mitwirkung einiger ihrer Kinder) – zweifelsohne gelungen ist.

Die stadträumliche Visitenkarte und zugleich das Entree des Hotels Wilmina ist das ehemalige Gerichtsgebäude an der hochfrequentierten Kantstraße. Mit seiner Putzfassade im Stil des Augsburger Barock ist es noch weitgehend in dem Zustand, wie ihn das Grundbuchamt Charlottenburg-Wilmersdorf und die Designmanufaktur Bocci als letzte Nutzer hinterlassen hatten. Imposante Leuchtskulpturen von Omer Arbel prägen das Treppenhaus und auch einige der gelegentlich für Kulturveranstaltungen genutzten großzügigen vormaligen Gerichtssäle und Amtsstuben. So wie früher von hier Verurteilte gleich ins Frauengefängnis – auf dem von außen nicht einsehbaren rückwärtigen Grundstücksteil – überführt wurden, so werden heute Hotelgäste von der Rezeption im Erdgeschoss auf einem langen Weg durch einen neu gepflasterten, üppig begrünten Hof zu dem Backsteingebäude mit seinen 44 Zimmern in ehemaligen Gefängniszellen geleitet.

Die über Jahrzehnte wild entstandene Begrünung des hinteren Gartenhofs mit zwei hochgewachsenen Bäumen sowie Sträuchern, Hecken und Kletterpflanzen wurde behutsam zurückgeschnitten und durch einen Staudengarten auf zuvor versiegelten Flächen ergänzt. Der grüne Hof filtert den Blick auf den weitgehend schmucklosen u-förmigen früheren Zellentrakt, der feinfühlig transformiert wurde. In Abstimmung mit der Denkmalpflege wurden zwar viele Fenster vergrößert, die eingemauerten Gitter sind jedoch in der ursprünglichen Höhe erhalten. Auch die Zellentüren und die langen Erschließungsgalerien mit ihren Eisengeländern blieben weitgehend unverändert. Lediglich die Fanggitter im viergeschossigen Luftraum wurden entfernt und durch eine Kaskade von abgehängten runden Glasleuchten (wiederum von Omer Arbel) ersetzt, die dem umlaufenden Erschließungsraum zusammen mit der weißen Wandtünche eine neue, lichte Atmosphäre verschaffen – von Bedrückung ist heute keine Spur (mehr).

1896/1897 by Adolf Bürckner and Eduard Fürstenau in an open field in Charlottenburg. They wanted to breathe new life into the historically charged site, which they have undoubtedly succeeded in doing, now also in the role of hoteliers (thanks to the support of some of their children).

The former courthouse on busy Kantstrasse is both the urban calling card and the entrance to Hotel Wilmina. With its plaster façade in the Augsburg baroque style, it remains largely in the condition in which it was left by the Charlottenburg-Wilmersdorf land registry office and the design manufacturer Bocci, the last users. Imposing illuminated sculptures by Omer Arbel characterise the stairwell and some of the spacious former courtrooms and offices, which are occasionally used for cultural events. Just as those convicted from here were taken straight to the women's prison, which is on the rear part of the property that cannot be seen from the outside, so hotel guests are now taken from the reception on the ground floor along a long path through a newly paved and lushly green courtyard to the brick building with its 44 rooms in former prison cells.

The greening of the rear garden courtyard with two tall trees, shrubs, hedges, and climbing plants that had grown wild over the decades was carefully cut back and supplemented by a perennial garden on a previously closed off area. The green courtyard filters the view of the largely unadorned, U-shaped former cell block, which has been transformed with sensitivity. Many windows were enlarged in coordination with the monument preservation office, but the walled-in lattice remained at the original height. The cell doors and long access galleries with their iron railings also remain largely unchanged. Only the gratings in the four-storey air space were removed and replaced with a cascade of suspended round glass lights (again by Omer Arbel), which, together with the whitewash on the walls, give the surrounding access area a new, light atmosphere. There is no longer any trace of oppression today.

Links das Restaurant im ehemaligen Schleusenhof, rechts das Hotel.
The restaurant in the former Schleusenhof is visible on the left. The hotel is on the right.

Blick in das Treppenauge mit Leuchten von Bocci. Das Geländer wurde durch eingesetzte Eisenstäbe auf das heutige Maß erhöht.
View of the stairwell with lights by Bocci. The railing was increased to today's level by inserting iron rods.

Das über fünf Geschosse reichende Atrium im ehemaligen Zellentrakt wird durch ein Oberlichtband erhellt.
The atrium in the former cell wing, which extends over five floors, is illuminated by a skylight.

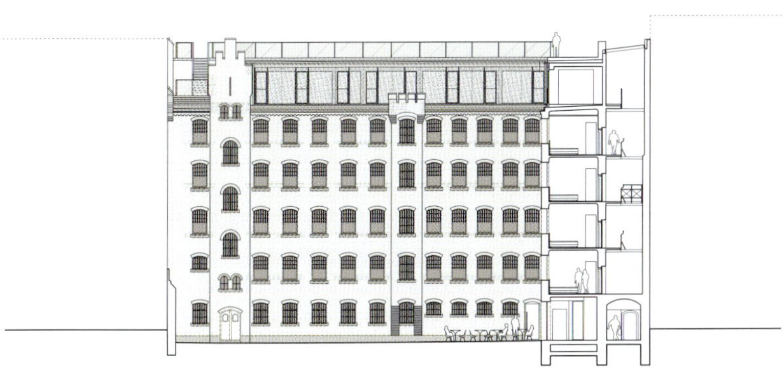

Ansicht / Schnitt Treppenhaus
Elevation / section of stairwell

Auch in den Hotelzimmern dominiert die Farbe Weiß. Sie sind sparsam, aber geschmackvoll möbliert und mit individuellen Kunstwerken (getrocknete Pflanzen in Holzrahmen mit Glasscheibe) geschmückt. In den kleinsten Zimmern – sie umfassen zwei zusammengelegte Zellen – ist die eine Hälfte gerade mal so breit, dass ein (nur von vorn zugängliches) Doppelbett hineinpasst; es ist auf ein Podest gestellt, damit die Gäste durch das hoch angesetzte Zellenfenster einen Blick in den begrünten Außenbereich werfen können. Die größeren Zimmer sind freier möbliert und großzügiger belichtet, aber auch in ihnen ist noch die Struktur der früheren Zellen erkennbar – und mancherorts sogar noch eine Inschrift einer früheren Insassin lesbar. Im Dachgeschoss wurden vier Penthouse-Apartments eingerichtet. Vor die großflächigen Glasfassaden dieser Suiten sind durch Federn gespannte Metallketten als eine visuelle Hüllschicht gezogen. Der silbrig schimmernde Aufbau verleiht dem kompakten, backsteinschweren Gebäude auch von außen eine ganz neue Note.

Alles andere als gewöhnlich sind auch die zahlreichen Gemeinschaftsräume: Neben den beiden Höfen zählen dazu die an ein kleines Foyer angrenzende Frühstücksgalerie, die zugleich als Bibliothek dient, und mehrere zum zwanglosen Gespräch oder zur sportlichen Betätigung animierende und dezent mit Kunstwerken geschmückte Räume. Letztlich kann auch das Restaurant Lovis – im früheren Schleusenhof, der mit einem Gründach überdeckt wurde, und in einem neu eingefügten Zwischenbau mit Altziegeln und umschlossenem Garten – als solch ein besonderer Ort verstanden werden.

Das Hotel Wilmina ist eine überraschende und versöhnliche Metamorphose einer alten preußischen Haftanstalt. Der bedrückende Alltag und die unendliche Tristesse dieser Einrichtungen lassen sich vis-à-vis dem Berliner Hauptbahnhof in der Dokumentation zum Geschichtspark Zellengefängnis Moabit erahnen.

The colour white also dominates in the hotel rooms. They are sparsely but tastefully furnished and adorned with individual artworks (dried plants in wooden frames with a glass panel). In the smallest rooms, formed by joining two cells together, one half is just wide enough to fit a double bed (only accessible from the front); it is placed on a pedestal so that guests can see the landscaped outdoor area through the high cell window. The larger rooms are furnished more freely and have more generous lighting, but the structure of the earlier cells is still recognisable here – in some places, inscriptions by former inmates are still legible. Four penthouse apartments were set up on the top floor. Metal chains tensioned by springs are drawn as a visual enveloping layer in front of the extensive glass façades of these suites. The silvery shimmering structure also gives the compact, brick-heavy building a completely new look from the outside.

The numerous communal areas are also anything but ordinary. In addition to the two courtyards, there is a breakfast gallery adjacent to a small foyer, which also serves as a library, and several rooms that are discreetly decorated with works of art and encourage casual conversations or physical activity. Ultimately, the Lovis Restaurant is also a special place. It is located in the former prison yard, which was covered with a green roof, in a newly inserted intermediate building with old bricks and an enclosed garden.

Hotel Wilmina is a surprising and forgiving metamorphosis of a dreary old Prussian prison. The oppressive nature of everyday life and the endless sadness of these institutions is documented in the Moabit Prison Historical Park opposite the Berlin Central Station.

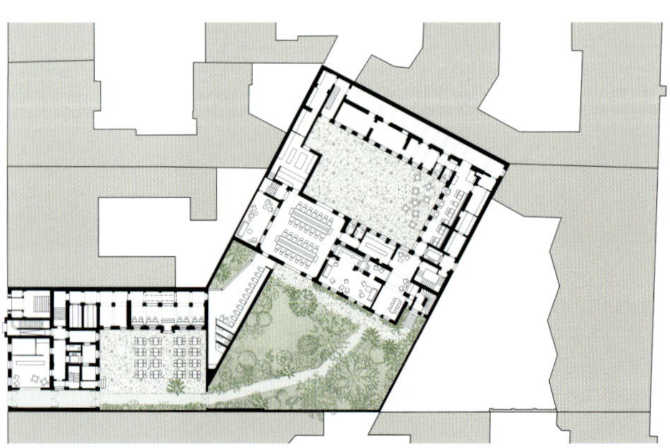

Grundriss Erdgeschoss
Ground floor plan

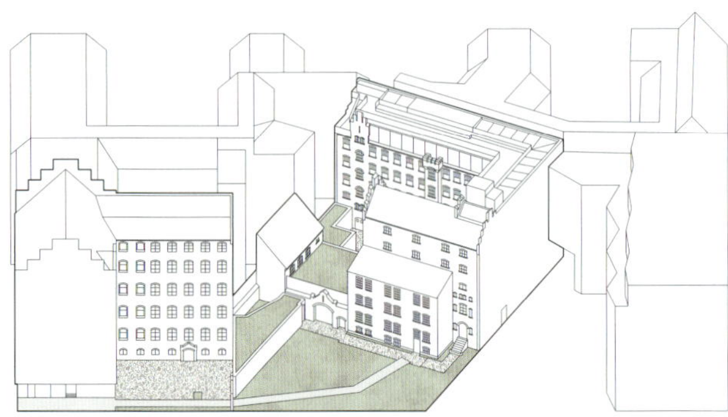

Isometrie
Isometry

Die Anzahl der zusammen-gefassten ehemaligen Zellen bestimmt heute die Zimmergröße.
The number of combined former cells determines the size of the rooms today.

Der Zellentrakt wurde um ein Geschoss mit Penthouse-Suiten aufgestockt und mit einem Vorhang aus filigranen Metallketten versehen.
The cell wing was extended vertically by one floor with penthouse suites and provided with a curtain made of filigree metal chains.

Der Blick durch die Lobby.
The view through the lobby.

Heide & von Beckerath
Spiegelfabrik, Fürth

Kritik **Katharina Matzig**

12

Architekten / Architects
Heide & von Beckerath
Kantstraße 152
10963 Berlin
www.heidevonbeckerath.com
mail@heidevonbeckerath.com

Projektteam / Project team
Dörte Böschemeyer, Projektarchitektin
Daniel Bruns, Projektarchitekt
Giulia Maniscalco, Projektarchitektin
Anahit Meliksetyan, Projektarchitektin
Patrick Zamojski, Projektarchitekt

Bauherr / Client
Spiegelfabrik GbR, Fürth

Tragwerksplanung / Structural engineering
PICHLER Ingenieure GmbH, Berlin

Haustechnik / Building services engineering
IBP Ingenieure GmbH & Co. KG, München

Bauphysik / Building physics
Andreas Wilke Ingenieurbüro für Bauphysik und Baukonstruktion GmbH, Potsdam

Brandschutz / Fire prevention
brandkontrolle Andreas Flock GmbH, Berlin

Sonstige / Others
Hahn-Muno-Ingenieurgesellschaft mbH (Bauleitung), Baunach

Standort / Location
Lange Straße 53
90762 Fürth

Fertigstellung / Completion
März 2021

Fotografie / Photography
Andrew Alberts, Berlin (S. 121, S. 123 unten / bottom, S. 125)
Xaver von Beckerath, Berlin (S. 123 oben / top)

Die Straßenansicht. Klappbare Sonnenschutzelemente, Balkone und Rücksprünge schaffen eine lebendige Fassade.
Street view: Hinged sun protection elements, balconies, and recesses create a lively façade.

»Leise, langsam, libefol« und »Stal öfnen nur mit einem erwachsenen«. Das sind die »Wichtigen Regeln«, die die Kinder aus der Langen Straße 53 und der Dr.-Mack-Straße 42 unübersehbar am Meerschweinchenstall ausgehängt haben. Zum Dienst, ist dort ebenso zu lesen, gehören »Ausmisten«, »Heu / Stroh besorgen« und der »Dienstwechsel, 1 x pro Woche«. Schließlich teilen sich die Kinder die Verantwortung für die Betreuung der Tiere. Auch die Erwachsenen teilen hier: Waschmaschinen, Lastenfahrräder, Autos, Akkuschrauber oder Auberginen. Vor allem aber teilt die Gemeinschaft aus der Fürther Spiegelfabrik den hohen Anspruch an ihre Wohn- und somit Lebensqualität. Er schließt die Architektur mit ein, die das gute Leben räumlich erst ermöglicht.

Entsprechend sorgfältig hatte sich die Kerntruppe der heutigen Bewohnerschaft einst auf die Suche nach einem geeigneten Grundstück und den richtigen Architekten für ihre Wohnutopie, die seit Frühjahr 2021 Lebensrealität ist, gemacht. Der Ort war relativ schnell gefunden: das Gelände der Autoglaserei Stiegler, eine ehemalige Spiegelfabrik, wie es sie in Fürth – die erste wurde 1604 erwähnt – zahlreich gab. Das Firmengelände entsprach nicht mehr den heutigen Ansprüchen, die

'Quietly, slowly, and lovingly' and 'Only open the door with an adult'. These are the 'Important Rules' that the children from Lange Strasse 53 and Dr. Mack Strasse 42 clearly posted on the guinea pig hutch. Duties also include 'mucking out', 'getting hay/straw', and 'changing shifts – once per week'. After all, the children share the responsibility for taking care of the guinea pigs and keeping them healthy. The adults also do their fair share, whether it be to do with washing machines, cargo bikes, cars, cordless screwdrivers, or aubergines. Above all else, however, the community at the former Fürth mirror factory shares the high standard of their living and thereby high quality of life, which includes the architecture – the very thing that makes the good life spatially possible in the first place.

To this end, the core group of today's residents searched for a suitable plot of land and the right architect for their residential utopia, which has been a reality since spring 2021. They found the location relatively quickly: the former site of the Stiegler car glass workshop, a former mirror factory. There were numerous factories like this in Fürth, with the first mentioned in 1604. The premises no longer satisfied modern requirements, and the owner family had imagined a conversion into a bouldering

Eigentümerfamilie stellte sich eine Umwidmung in eine Boulderhalle vor. Aus einer »Laune« heraus wurde dann ein Mehrgenerationenprojekt diskutiert. Heute gehören einige der Familienmitglieder der Baugenossenschaft Spiegelfabrik an, und in den 57 Wohnungen für etwa 100 Erwachsene und rund 45 Kinder sowie im Quartiersbüro treffen nicht nur Generationen aufeinander, sondern auch Nationalitäten und Menschen mit unterschiedlichem Gehalt und Vermögen. Die Suche nach den richtigen Planern, denen es gelingen würde, »Begegnungen selbstverständlich zu machen« und »demokratisch zu bauen«, dauerte. So beschreiben es Brigitte Neumann und Martina Oertel, beide von Beginn an dabei, die eine heute als Geschäftsführerin der Spiegelfabrik Planungs-GbR engagiert und für den Bauprozess zuständig, die andere Vorständin im Spiegelfabrik e. V., der das Quartiersbüro betreibt. An die 20 Projekte wurden besichtigt, bis die Wahl auf sechs Architekturbüros fiel, die aufgefordert wurden, sich an der Ausschreibung zu beteiligen. Vier Entwürfe wurden abgegeben. Der Vorschlag des Berliner Büros von Tim Heide und Verena von Beckerath polarisierte – und erhielt trotzdem den Auftrag. Oder gerade deswegen, so Brigitte Neumann.

Sie ist tatsächlich »stark«, die Architektur, die das um etwa fünf Meter abfallende, gut 3.300 Quadratmeter große straßenverbindende Grundstück unweit von Fürths Zentrum und 15 U-Bahn-Minuten vom Nürnberger Hauptbahnhof entfernt mit zwei gleichgeschossigen, jedoch unterschiedlich hohen Kopfbauten besetzt. Das Ensemble ist punktgespiegelt: Im dritten Geschoss des zwischen den Kopfbauten aufgespannten Riegels liegt das Drehmoment und erinnert charmant an die ehemalige Nutzung als Spiegelfabrik.

Der fünfgeschossige Riegel beherbergt die durchgesteckten Wohnungen; sie öffnen sich am Drehpunkt wechselnd zu drei Meter breiten Galerien, auf denen nicht nur der Meerschweinchenstall großzügigen Platz findet, sondern auch Tische, Liegestühle, Wäscheständer, Kunst und Gemüse. Denn abgesehen von der Maßgabe, individuelle Wohnungen – genossenschaftliche, private sowie Sozialmietwohnungen und Wohnungen für Geflüchtete – zu planen, ging es der Baugemeinschaft auch und vor allem darum, Begegnungen zu befördern und zugleich individuelle Räume zu ermöglichen. »Komplex ja, kompliziert nein«, zitiert Brigitte Neumann den Architekten Tim Heide und ist stolz darauf, dass sich heute keine zwei Wohnungen gleichen: Ein System aus etwa 27 Quadratmeter Nutzfläche messenden Modulen lässt diverse Variationen zu. Sechs Module umfasst die größte Wohnung, die dank der Stahlbetonkonstruktion, die sich statisch auf Stützen und Schächte beschränkt, variabel bleibt. Ein Legomodell klärte damals die entscheidenden Fragen: Wer will wo wohnen, braucht wie viele Module, eingeschossig oder als Maisonette organisiert?

centre. A multi-generational project ended up being discussed on a whim. Today, some of the family members are part of the mirror factory building cooperative. The 57 apartments for approximately 100 adults and around 45 children and the district office are a meeting place not only for generations, but also nationalities and people with different salaries and assets. The search for the right planners who would succeed in 'making encounters a matter of course' and 'building democratically' took a long time. This is how Brigitte Neumann and Martina Oertel describe this situation. Both have been on board from the start, with one now being the managing director of Spiegelfabrik Planungs-GbR and responsible for the construction process and the other a board member of Spiegelfabrik e. V., which runs the district office. Some 20 projects were viewed before the choice fell on six architectural firms, which were invited to participate in the competition. Four designs were submitted. The proposal put forward by the Berlin office of Tim Heide and Verena von Beckerath polarised people, but it was commissioned, nonetheless. Perhaps precisely for that reason, according to Brigitte Neumann.

The architecture that occupies the approximately five-metre sloping, 3,300-square-metre roadside property not far from the centre of Fürth and 15 minutes by metro from Nuremberg main station is indeed 'strong', with two end buildings of different heights but made up of the same number of storeys. The ensemble is a point reflection: the torque is on the third floor of the block stretched between the head buildings and is a charming reminder of its former use as a mirror factory.

The five-storey block houses the apartments. At the pivot point, they alternately open onto galleries three metres wide that offer plenty of space for the guinea pig hutch as well as tables, deck chairs, drying racks, art, and vegetable gardens. Aside from the requirement to plan individual apartments – whether they be cooperatively owned, private, social rental apartments, or apartments for refugees – the building community mainly wanted to promote encounters and at the same time enable individual spaces. 'Complex? Yes. Complicated? No,' says Brigitte Neumann, quoting architect Tim Heide. She is proud of the fact that no two apartments are the same. A system of modules measuring around 27 square metres of floor space allows for numerous variations. The largest apartment comprises six modules, which remains flexible thanks to the reinforced concrete construction, which is statically limited to supports and shafts. A Lego model clarified the key questions at the time: Who wants to live where? How many modules do people need? Single-storey or maisonette?

Die Gesamtanlage in der Vogelperspektive.
Bird's eye view of the entire structure.

Die Wohnungsgrößen und -zuschnitte basieren auf Modulen und sind alle unterschiedlich.
The apartment sizes and layouts are based on modules and are all different.

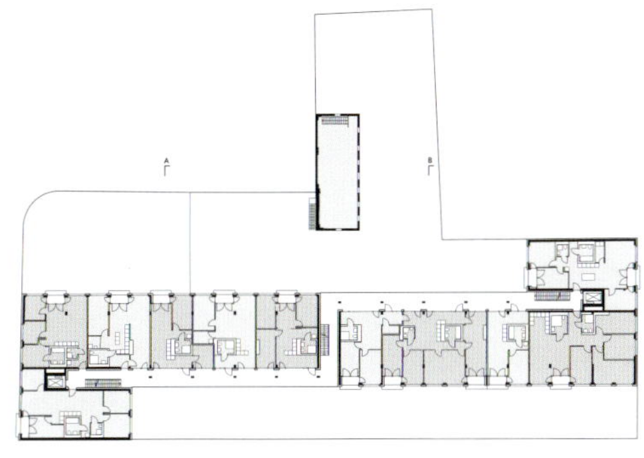

Grundriss 2. Obergeschoss
Second floor plan

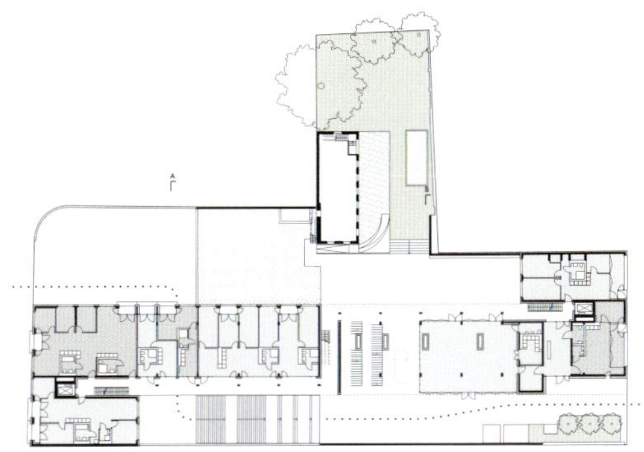

Grundriss Erdgeschoss
Ground floor plan

Schnitt
Section

Die historischen Bauten der Spiegelfabrik hätten eine solche Bandbreite an Grundrissen sicher nicht ermöglicht. Eine Machbarkeitsstudie überzeugte denn auch den Stadtrat vom Abriss. Die Sanierung und Umnutzung der feuchten und belasteten Altbausubstanz wäre für ein so ambitioniertes Wohnprojekt weder sinnvoll noch finanziell überhaupt möglich gewesen. Einzig die alte Schmiede von 1889 steht heute noch. Ihr Dach ist neu gedeckt, das zweigeschossige Volumen statisch gesichert, ein Großteil der Fugen wurde in Eigenarbeit originalgetreu neu verfüllt. Eine außenliegende Wendeltreppe fehlt noch; es wird dauern, bis die Werkstatt allen zur Verfügung stehen wird. Raum für alle gibt es aber bereits jetzt, und das nicht nur auf den Galerien: Im Erdgeschoss lässt sich der »Spiegelsaal« komplett zu den Freiflächen zum Hof und Garten öffnen, eine kleine Profiküche ist eingerichtet. Der Dachgarten steht allen zur Verfügung, eine Gästewohnung verschlankt die Wohnungen.

Der Geländeversprung wurde nicht nur für die natürlich belichtete und belüftete Tiefgarage genutzt – die Stadt Fürth zeigte sich aufgrund des städtischen wie hauseigenen Carsharing kooperativ und verzichtete auf einen Teil der üblicherweise geforderten Stellplätze –, sondern im Außenbereich auch als Freitreppe gestaltet. Dass die Durchwegung der Anlage öffentlich ist, versteht sich von selbst. Dass sie sich trotz der robusten Architektur aus verzinkten Brüstungen und des Sichtbetons der Konstruktion in die heterogene Wohnumgebung aus der Gründerzeit bis in die Postmoderne einpasst, ebenso: Das elegante Graugrün der Schwingfenster aus Holz, auf die trotz Kostensteigerung nicht verzichtet wurde, entspricht wie auch der Besenstrichputz an den vorgefertigten Holzpaneelfassaden der gewachsenen Umgebung. Spiegelbildlich ist das Abbild der Gesellschaft und des Ortes in der neuen Spiegelfabrik nicht. Es ist vorbildlich.

The historic buildings that made up the mirror factory would have made such a wide range of floor plans impossible. A feasibility study convinced the city council to opt for demolition. Refurbishment and conversion of the damp and fraught old buildings would have been neither sensible nor financially possible for such an ambitious residential project. Only the old forge from 1889 is still standing today. Its roof has been replaced, the two-storey volume is statically secured, and most of the joints have been re-filled in a manner true to the original. An external spiral staircase is still missing; it will take some time before the workshop will be available to everyone. But there is already room for everyone, and not just in the galleries: on the ground floor, the 'mirror room' can be completely opened up to the courtyard and garden, and a small professional kitchen has been set up. The roof garden is also available to everyone, and a guest apartment sits alongside the apartments.

The difference in levels of the terrain was used for the naturally lit and ventilated underground car park and also designed as an outdoor staircase in the outdoor area. The city of Fürth proved to be cooperative on account of the municipal and in-house car sharing scheme and reduced the number of parking spaces usually required. It goes without saying that the site's outdoor thoroughfare is public. Despite the robust architecture of galvanised parapets and the exposed concrete of the construction, it fits into the heterogeneous living environment that spans from the *Gründerzeit* (Wilhelminian) era to the postmodern. The elegant grey-green of the timber horizontally pivoted sash windows, which were not dispensed with despite the increase in costs, corresponds to the existing environment, as does the brushed plaster on the prefabricated timber panel façades. The image of society and place in the new mirror factory is not a mirror image. It is exemplary.

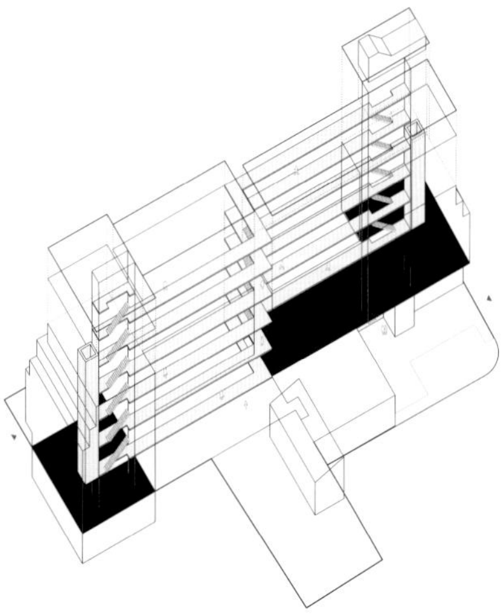

Axonometrie Erschließung
Axonometry of access

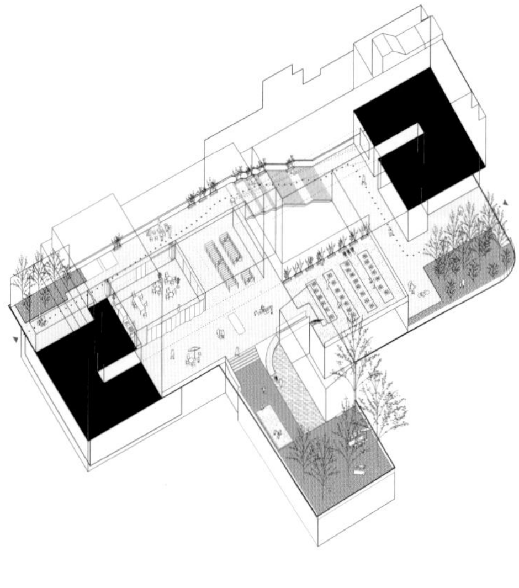

Axonometrie Freiflächen
Axonometry of open spaces

Die gemeinschaftliche Dachterrasse.
The shared roof terrace.

Galeriegang an der südöstlichen Fassade, im Hintergrund die alte Schmiede.
Gallery corridor on the south-eastern façade with the old forge in the background.

Die Freitreppe ist Teil der öffentlichen Durchwegung.
The staircase is part of the public thoroughfare.

Der gemeinschaftlich genutzte »Spiegelsaal« lässt sich zu zwei Seiten vollständig öffnen.
The shared 'mirror room' can be fully opened on two sides.

Heim Balp Architekten

Gutshof Güldenhof, Stechlin

Kritik **Christina Gräwe**

13

Architekten / Architects
Heim Balp Architekten GmbH
Lindower Straße 22
13347 Berlin
www.heimbalp.com
contact@heimbalp.com

Projektteam / Project team
Simone Martini, Architekt
Claudia Große-Hartlage, Architektin
Michael Cradock, Architekt
Michael Heim, Architekt
Pietro Balp, Architekt
Federica Carletto, Architektin

Bauherr / Client
Privat

Tragwerksplanung / Structural engineering
Ingenieurbüro Mühler, Berlin

Haustechnik / Building services engineering
oikotec Ingenieur*innen GmbH, Berlin

Standort / Location
Güldenhof
16775 Stechlin

Fertigstellung / Completion
März 2021

Fotografie / Photography
Francesca Ióvene, Berlin / Mailand (S. 127, S. 129 oben / top, S. 131 oben rechts und unten / top right and bottom)
Nick Ash, Berlin (S. 129 unten / bottom, S. 131 oben und mittig links / top and centre left)
Heim Balp Architekten (S. 126)

Zustand vor Beginn des Umbaus, Blick auf das Wohnhaus.
The situation before the conversion: view of the residential building.

Das Wohnhaus als Herzstück der 5.000 Quadratmeter umfassenden Anlage nach dem Umbau.
The residential building as the heart of the 5,000-square-metre complex after the conversion.

Es sind die hässlichen Entlein in abgelegenen Dörfern, die Pietro Balp und Michael Heim besonders interessieren. Die schnörkellosen Wirtschaftsgebäude, die einfach nur dastehen, vernachlässigt oder ganz verlassen werden. Und weiter dastehen, bis sie jemand aufspürt, um ihnen eine neue Funktion und Daseinsberechtigung zu geben. Nach den vorhandenen Qualitäten zu schauen und sie zu stärken, ist dabei die Methode der Architekten, die sich vehement gegen Abriss und identitätslosen Neubau aussprechen (und das nicht erst seit den jüngsten Appellen Bauschaffender an die Politik).

Da traf es sich gut, dass sie mit Danh Võ, dessen Atelier und Wohnung in Berlin sie bereits umgebaut hatten, genau solch ein Projekt angehen konnten. Der international ebenso bekannte wie umtriebige Künstler entdeckte 2016 im Internet einen großen Vierseithof im brandenburgischen Güldenhof, einem Ortsteil von Stechlin. Das Ensemble aus Wohnhaus, Ställen, Scheunen und anderen Nebengebäuden, erbaut um die vorletzte Jahrhundertwende, befand sich größtenteils in ruinösem Zustand, lediglich die westliche Scheune war gut erhalten. Was es nicht gab, war ein herrschaftliches Gutshaus, das schlösschenhaft wiederauferstehen

It is the ugly ducklings in remote villages that really interest Pietro Balp and Michael Heim – the no-frills farm buildings that just stand there, neglected, or even abandoned. And they keep standing there until someone tracks them down to give them a new function and reason for being. The architects' approach is to look at the existing qualities and invigorate them. They vehemently oppose demolition and new constructions without any identity (and not only since the most recent appeals to politicians by professionals in the construction sector).

It was quite fitting that they were able to tackle a project like this with Danh Võ, whose studio and apartment in Berlin they had already renovated. The internationally known, busy artist found the Güldenhof property online in 2016. It was a large farm with buildings grouped together around a courtyard in Stechlin in the state of Brandenburg. The ensemble made up of the residential house, stables, barns, and other outbuildings was built around the turn of the nineteenth century and was largely in a state of ruin, with only the western barn well preserved. There was no stately manor house to be resurrected like a castle. The plan was to gradually create a place for community living and working and for

wollte. Sukzessive sollte in der weitläufigen Anlage auf 5.000 Quadratmetern ein Ort für gemeinschaftliches Leben und Arbeiten, für Werkstätten und Kultur entstehen. Vieles davon ist inzwischen umgesetzt; dass ein solches Projekt sich aber immer weiterentwickeln kann, ist vielleicht die beste Bestätigung der Ausgangsidee. »This is all work in progress«, sagt Danh Võ dazu. Die Bewohnerschaft besteht aus einer kleinen Gruppe, die dauerhaft dort lebt, darunter Danh Võ selbst, die Studio-Managerin, die Gärtnerin und der Tischler, sowie Gästen, die unterschiedlich lange bleiben und auf dem Hof mitarbeiten.

Die Architekten und der Bauherr folgten der Strategie, den Charakter des Vorgefundenen durch abstrahierende Eingriffe herauszuarbeiten. Das geschah etwa mit der bestechend einfachen Entscheidung, alle stark veränderten Anteile schwarz zu streichen. Der Rundumblick ist heute durch das Wechselspiel aus dunklen Wänden und historischen Bruch- oder Backsteinmauern rhythmisiert. Wo geflickt werden musste, tritt das offen zutage.

Das Wohnhaus mit dem dreigeschossigen giebelständigen Mittelrisalit und zwei niedrigeren traufständigen Flügeln bildet das Zentrum des Ensembles. Es wurde fast vollständig bis auf die Außenmauern umgebaut. Die Architekten setzten ihm ein knapp überstehendes Dach aus Trapezblech auf. Das Haus hat mehrere Eingänge. Im Erdgeschoss des Ostflügels befinden sich vor allem Gästezimmer. Das Obergeschoss mit einem langen Atelierraum wird über das alte Treppenhaus im Mittelrisalit und eine neue Spindeltreppe erschlossen. Im rückwärtigen, zum Garten orientierten Bereich des Mittelteils ist, wie ein Scharnier, die Küche mit einer langen Esstafel platziert. Sie zieht sich bis in den großen, bis zum Dachgiebel offenen Wohnraum, der den gesamten Westflügel einnimmt. Das bestimmende Gestaltungselement ist neben dem Sichtbeton der tiefblau gestrichene Lehmofen mit Kamin- und Ofenklappe auf der einen und einem integrierten Sitzbereich auf der raumzugewandten Seite. Ein übergroßes festverglastes Fenster lässt die Gartenlandschaft draußen wie ein gerahmtes Bild erscheinen. Es ist die (nahezu) einzige natürliche Lichtquelle und verleiht dem Raum einen starken Kontrast aus hellen und dunklen Bereichen. Diese Art der Inszenierung von Materialien und der Licht- beziehungsweise Blickregie ist ein durchgängiges Thema im Güldenhof. So auch im östlichen Flügel, wo der Atelierraum mit Sperrholztafeln ausgekleidet ist. Von dort führt eine breite Treppe unter den hausartigen Dachaufsatz in den oberen Wohnbereich. Die hölzernen Stufen haben Bühnenqualität; ihre Unterseite ist in Barragán-Pink gestrichen – Danh Võ, der auch einen Wohnsitz in Mexiko hat, schätzt den Architekten sehr.

workshops and culture on the extensive 5,000-square-metre site. Much of this has now been implemented, but the fact that a project like this can always be further developed is perhaps the best confirmation of the original idea. 'This is all a work in progress,' says Danh Võ. The residents are a small group who live there permanently, including Danh Võ himself, the studio manager, the gardener, the carpenter, and guests who stay for varying lengths of time and help out on the farm.

The architects and client followed a strategy of working out the character of what was found on the site through abstract interventions. An example of this is the deceptively simple decision to paint all the heavily modified parts in black. The 360-degree view now has a rhythm thanks to the interplay of dark walls and historic broken or brick walls. It is clear to see where there was a need for repair.

The residential building with the three-story central projection and two lower eaves wings forms the centre of the ensemble and was almost completely rebuilt down to the outer walls. The architects gave it with a slightly overhanging roof made of trapezoidal sheet metal. The house has several entrances. The ground floor of the east wing mainly contains guest rooms. The upper floor with a long studio space is accessed via the old staircase in the central projection and a new spiral staircase. The kitchen with a long dining table is placed like a hinge in the rear part of the middle section, which is oriented towards the garden. It extends into the large living room, which is open up to the roof gable and occupies the entire west wing. In addition to the exposed concrete, the defining design element is the clay stove, painted deep blue, with a chimney and stove door on one side and an integrated seating area on the side facing the room. An oversized fixed glass window results in the garden landscape outside appearing like a framed picture. The window is (almost) the only natural light source and gives the room a strong contrast between the light and dark areas. This type of staging of materials and the lighting and visual direction is a consistent theme at Güldenhof. It is also the case in the eastern wing, where the studio space is lined with plywood panels. From there, a wide staircase leads under the house-like roof attachment to the upper living area. The wooden steps are of stage quality; their underside is painted Barragán pink. Danh Võ, who also has a residence in Mexico, holds the architects in high regard.

Die Treppe vom Atelierraum in den Dachspitz des Haupthauses.
The staircase from the studio room to the attic of the main house.

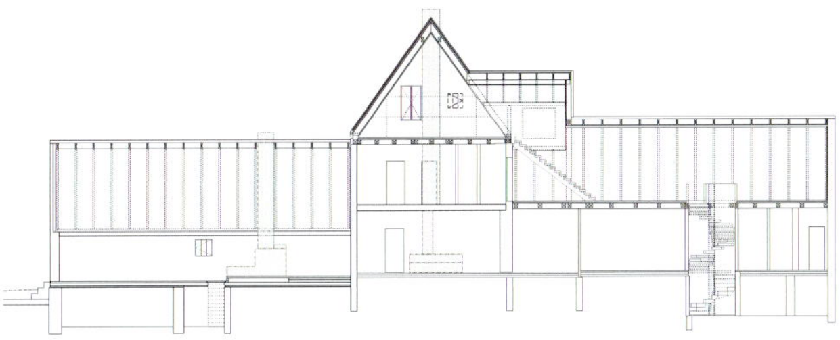

Schnitt
Section

Der tiefblau eingefärbte Lehmofen mit Sitzbereich im Wohnraum. Geheizt wird ausschließlich mit Holz.
The deep-blue-coloured clay stove with seating area in the living room. It is heated exclusively with wood.

Vorm Mitteltrakt des Wohnhauses von Norden. Später wurde noch ein Windfang ergänzt.
The front of the middle section of the residential building from the north. A porch was added later.

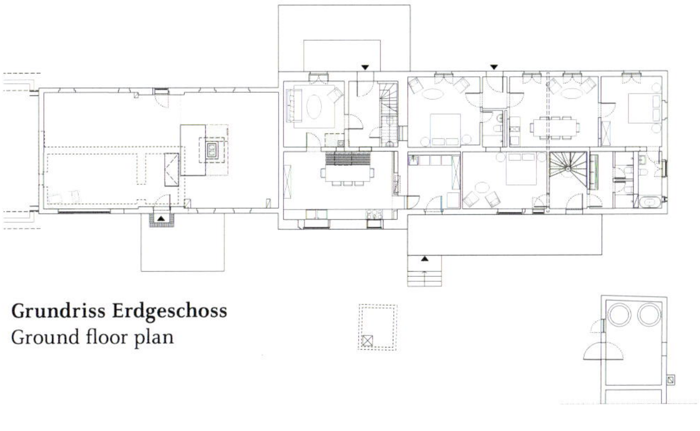

Grundriss Erdgeschoss
Ground floor plan

Große, offene Räume prägen auch die anderen Teile des Ensembles. Da ist die ehemalige Scheune im Osten, die auch als Stall genutzt wurde und heute im unteren Teil ein bestens ausgestattetes Archiv birgt sowie darüber eine (Veranstaltungs-)Fläche mit Blick in die eigenwillige, x-mal mit simpelsten Mitteln ausgebesserte Dachkonstruktion aus DDR-Zeiten bereithält. Oder, gegenüber dem Wohnhaus, ein weiterer ehemaliger Stall: Darüber spannt sich nun ein neues, leichtes Dach mit transluzenter Eindeckung. So ist ein lichtes Gewächshaus entstanden, eine Art Filter zwischen den Innenräumen und dem üppig wachsenden Garten, der alles umgibt und teils auch durchdringt. Überhaupt ist der Garten einer der Hauptdarsteller im Güldenhof. Die spätsommerliche Farbenpracht und das vermeintlich unkontrollierte Wuchern erzählen von viel Arbeit und Hinwendung. Hier und da haben Künstler ihre skulpturalen Spuren hinterlassen, und wenn eine morsche Weide umknickt, hat Danh Võ sofort die Idee, die toten Äste mit ein paar Stahlstangen zur Hühnervoliere umzufunktionieren.

Im Güldenhof ist wenig festgelegt, die Grenzen zwischen Atelier und Wohnen, Kunst und Alltag sind fließend, überall finden sich Artefakte, von denen man nicht recht weiß: Sind es zu kleinen Installationen arrangierte Gebrauchsgegenstände oder einfach Küchenutensilien? So sind auch die Räume flexibel, ihre Funktion und Bedeutung wird immer wieder neu in dieser Praxis aus Leben, Natur und Kunst ausgehandelt. This is all work in progress.

Large, open spaces also characterise the other parts of the ensemble. Take the former barn in the east that was also used as a stable and is now used for the well-managed archive in the lower part. Above it is an (event) space with a view of the idiosyncratic roof construction from the GDR era, which has been repaired several times with the simplest of means. Or what about another former stable opposite the house: a new, light roof with a translucent covering now stretches over it. This has created a bright greenhouse – a kind of filter between the interior and the lush garden that surrounds and sometimes penetrates everything. The garden is actually one of the main players at Güldenhof. The late summer colours and the supposedly uncontrolled growth speak of a great deal of work and devotion. Artists have left their sculptural traces here and there, and when a rotten willow branch snaps, Danh Võ immediately has the idea of converting the dead branches into a chicken aviary using a few steel poles.

Little is defined at Güldenhof. The boundaries between studio and living and art and everyday life are fluid. There are artefacts everywhere about which you do not really know. Are they commodities arranged into small installations or are they just kitchen utensils? The rooms are also flexible. Their functions and meaning are constantly being re-negotiated in this practice of life, nature, and art. This is all work in progress.

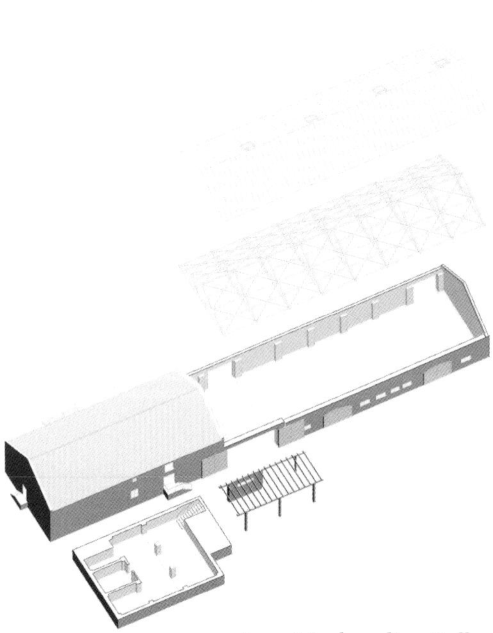

Isometrie ehemaliger Stall, jetzt Gewächshaus
Isometry of the former barn, now a greenhouse

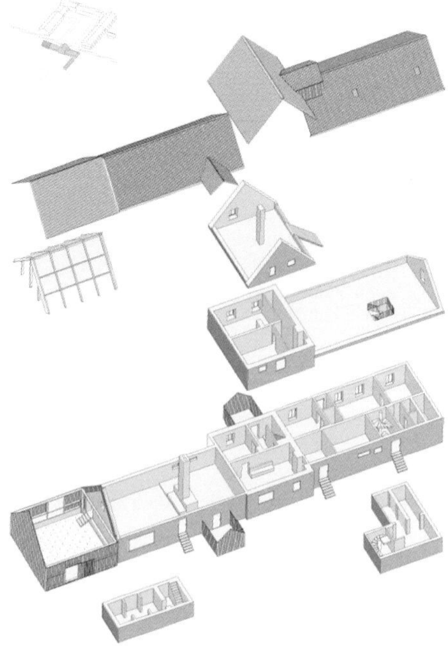

Isometrie Wohnhaus
Isometry of the residential building

Ein üppig wuchernder Garten umgibt das Haus.
A lush garden surrounds the house.

Blick aus dem Gewächshaus. Rechts die Mobile Soup Kitchen von Oliver Prestel / Cocolo Ramen. Im Hintergrund die Play Sculpture von Isamu Noguchi.
View from the greenhouse. The mobile soup kitchen by Oliver Prestel / Cocolo Ramen is visible on the right, while the *Play Sculpture* by Isamu Noguchi can be seen in the background.

Blick aus dem Gewächshaus auf das Haupthaus im Süden.
View from the greenhouse to the main house in the south.

Das Gewächshaus mit transluzenter Eindeckung im Nordosten der Anlage.
The greenhouse with its translucent roof in the north-east of the complex.

Herzog & de Meuron
Erweiterung MKM Museum Küppersmühle, Duisburg

Kritik **Uta Winterhager**

14

Architekten / Architects
Herzog & de Meuron
Rheinschanze 6
4056 Basel
www.herzogdemeuron.com
communications@herzogdemeuron.com

Projektteam / Project team
Jacques Herzog, Partner
Pierre de Meuron, Partner
Robert Hösl, Partner
Roland Schreiber, Projektleiter
Mikolaj Bazaczek, Juliane Brantner, Teodor-Octavian Cuciureanu, Florian Hartmann, Sebastian Hefti, Māra Igaune, Susanne Kozlowski, Hannah Reusser, Daniel Schürer

Bauherr / Client
Stiftung für Kunst und Kultur e. V., Bonn

Beteiligtes Architekturbüro / Other architects involved
Diete + Siepmann Ingenieurgesellschaft mbH
Rathausstraße 3
41564 Kaarst
www-diete-siepmann.de

Tragwerksplanung, Haustechnik / Structural engineering / Building services engineering
Drees & Sommer Advanced Building Systems, Stuttgart

Projektsteuerung / Project management
Drees & Sommer, Basel

Brandschutz / Fire prevention
hhpberlin, Hamburg

Landschaftsarchitektur / Landscape architecture
Vogt Landschaftsarchitekten AG, Zürich

Standort / Location
Philosophenweg 55
47051 Duisburg

Fertigstellung / Completion
Mai 2021

Fotografie / Photography
MKM Duisburg / Herzog & de Meuron / Fotos: Simon Menges, Berlin

Das MKM Museum Küppersmühle vom Innenhafen aus gesehen. Bis 1972 lief in dem heutigen Industriedenkmal der Mühlenbetrieb.
The MKM Museum Küppersmühle seen from the inner harbour. Milling continued until 1972 in what we now consider to be an industrial monument.

Es hätte auch ganz anders kommen können, aber der ungeheuerliche Kraftakt, die Landmarke mit Signalwirkung zum Weglaufen, scheiterte. Herzog & de Meuron sind mit ihrem Erweiterungsbau für das MKM Museum Küppersmühle am Duisburger Innenhafen doch am Boden geblieben. Dem Schicksal oder der Schwerkraft sei es gedankt.

Die im September 2021 eröffnete Museumserweiterung, ein ziegelverkleideter Kopfbau als schlüssige Fortführung einer Gebäudereihe und eines Gedankens, ist um vieles besser zu verstehen, wenn man am anderen Ende mit der Betrachtung beginnt. Dort steht ein Komplex historischer Mühlen- und Speichergebäude, die den Duisburger Innenhafen einst zum Brotkorb des Ruhrgebiets machten. Hätte mit der IBA Emscher Park (1989–1999) nicht ein Umdenken eingesetzt, wären die Industriedenkmäler dem forcierten Strukturwandel geopfert worden. Der Duisburger Immobilienentwickler Hans Grothe erkannte deren ideellen Wert und beauftragte 1997 Herzog & de Meuron, das ebenso sperrige wie kuriose Konglomerat zu einem Museum für moderne Kunst umzubauen. Die Eingriffe waren massiv, doch erscheinen sie subtil: Decken wurden

It could have turned out very differently, but the tremendous feat, the landmark with a signal effect to run away, failed. Herzog & de Meuron have remained on the ground with their extension of the MKM Museum Küppersmühle in Duisburg's inner harbour. It is thanks to either fate or gravity.

The museum's extension opened in September 2021. The brick-clad front building as a coherent continuation of a row of buildings and a basic thought, is much better understood if you start looking at the ensemble from the other end, where there is a complex of historic mill and storage buildings that once made Duisburg's inner harbour the 'breadbasket of the Ruhr region'. Had there not been a change in mentality with the IBA Emscher Park (1989–1999), the industrial monuments would have been sacrificed as part of the forced structural change. The Duisburg real estate developer Hans Grothe recognised their intangible value and commissioned Herzog & de Meuron in 1997 to convert the bulky and curious conglomerate into a museum for modern art. Massive interventions were made, yet they appear subtle. Ceilings were removed and windows were bricked up to create a seemingly endless succession of white halls

herausgebrochen und Fenster vermauert, um eine schier endlose Folge weißer Säle zu erzeugen, in die das Licht durch präzise in die Hülle geschnittene vertikale Fensterschlitze fällt. Legendär wurde der neue Turm mit der roten Betontreppe, die wie ein Bauchraum die weißen Ausstellungsetagen verbindet. Rund 3.600 Quadratmeter Ausstellungsfläche erhielt Grothe für seine beeindruckende Kunstsammlung. Anselm Kiefer, Gerhard Richter oder Sigmar Polke konnte er ganze Räume widmen.

Als seine Sammlung 2005 von Sylvia und Ulrich Ströher gekauft und mit ihren eigenen Beständen zur umfangreichsten privaten Kollektion deutscher Nachkriegskunst zusammengeführt wurde, reichten die Kapazitäten des Museums nicht mehr aus. Als Public-private-Partnership sollte schnell viel Fläche entstehen und, getrieben von der Euphorie der Kulturhauptstadt RUHR.2010, viel Wirbel gemacht werden. Herzog & de Meuron lieferten 2006 den Entwurf einer von den historischen Silos hochgestemmten, nach Norden und Süden weit auskragenden, transluzent leuchtenden Kunstbox – und scheiterten, denn das mangelhaft hergestellte Stahlskelett kam nie auf die Höhe. In finanzieller Bedrängnis verkaufte die städtische Wohnungsbaugesellschaft GEBAG das in ihrem Immobilien-Portfolio fremde Konversions- und Kulturprojekt an das Sammlerpaar Ströher. Gemeinsam mit der Stiftung für Kunst und Kultur e. V. Bonn unternahm man 2013 einen erneuten Anlauf. Wieder mit Herzog & de Meuron, doch gewünscht war nun ein Bau mit einer angemessenen Haltung, die vor allem der Kunst gerecht werden sollte. »Wenn du an etwas klebst, hast du verloren«, kommentierte Jacques Herzog die konzeptionelle Kehrtwende und die daraus resultierende, fast bescheiden zu nennende Haltung der schließlich realisierten Erweiterung.

Der Bauplatz fand sich am nördlichen Kopf des Konglomerats, dessen Abschluss bis dahin die markanten Stahlsilos gebildet hatten. Die Fläche ist keilförmig beschnitten, ein »Spickel«, so die Schweizer, denn auf der anderen Seite galt es 40 Meter Abstand zu der in der Höhe vorbeirauschenden Autobahn einzuhalten. Der Erweiterungsbau mit 4.900 Quadratmeter Geschossfläche, davon 2.500 Quadratmeter Ausstellungsfläche, besteht aus drei Elementen: zwei viergeschossigen Quadern unterschiedlicher Tiefe und Breite für die neuen Ausstellungssäle und einem Kopfstück aus zwei Dreiecken für alle untergeordneten Nutzungen. Nähert man sich dem Komplex aus der Stadt oder von der gegenüberliegenden Seite des Hafenbeckens, beeindruckt heute die Kontinuität, nicht das Spektakel. Denn es bleibt beim Ziegel, alles wird eins, ganz solide. Jeder Schritt näher heran zeigt, wie virtuos Herzog & de Meuron mit den wenigen Mitteln, die

filled with light from vertical window slits precisely cut into the building envelope. The new tower with the red concrete staircase, which connects the white exhibition floors like an abdomen, has become legendary. Grothe gained around 3,600 square metres of exhibition space for his impressive art collection. He has been able to devote entire rooms to Anselm Kiefer, Gerhard Richter, and Sigmar Polke.

When his collection was bought by Sylvia and Ulrich Ströher in 2005 and combined with their own holdings to form the most extensive private collection of German post-war art, the museum's capacities were no longer sufficient. As a public-private partnership, a great deal of space had to be created quickly and a lot of fuss was made driven by the euphoria of the Capital of Culture RUHR.2010. In 2006, Herzog & de Meuron submitted a design for a translucent, luminous art box hoisted up from the historic silos, protruding far to the north and south. It failed because the poorly manufactured steel skeleton never reached the top. In financial distress, the GEBAG municipal housing association sold the conversion and culture project, which was not part of its real estate portfolio, to the Ströher couple. A new attempt was made in 2013 together with the Stiftung Kunst und Kultur e. V. Bonn. Herzog & de Meuron were once again on board, but the desire now was for a building with an appropriate attitude that would do justice to the art above all else. 'When you stick with something, you lose,' said Jacques Herzog, commenting on the conceptual about-face and the resulting, almost modest attitude towards the expansion that was finally implemented.

The building site was located at the northern end of the site, which until then had ended with the prominent steel silos. The area is wedge shaped – a trick, according to the Swiss, because on the other side it was necessary to maintain a distance of 40 metres to the autobahn rushing past at high altitude. The extension provides 4,900 square metres of floor space, of which 2,500 square metres is exhibition space. It consists of three elements: two four-storey cuboids of different depths and widths for the new exhibition spaces and a head structure made up of two triangles for all other functions. Approaching the complex from the city or from the opposite side of the harbour basin, it is the continuity, not the spectacle, that is impressive today. Because it continues with bricks, everything becomes one solid mass. Each step closer reveals how skilfully Herzog & de Meuron handled the few resources they discovered and further developed. The entire extension has a brick façade that is closed except for a few vertical window slits. The many nuances of this individual element lend substance to the building envelope. The components are distinguished by their texture, which is conceptual and not related to decoration. Strict pilaster strips are used where the exhibition rooms are,

Der Neubau mündet in einen Platz mit 35 neu gepflanzten Platanen.
The new building opens onto a square with 35 newly planted sycamore trees.

Der neue Kopfbau nimmt mit diagonal vermauerten Ziegeln die Materialität des Bestands auf.
The new front building takes up the materiality of the existing building with bricks laid diagonally.

Das neue Treppenhaus mit seinen markanten Rundungen ist ein Raumerlebnis für sich.
The new staircase with its striking curves is a spatial experience in itself.

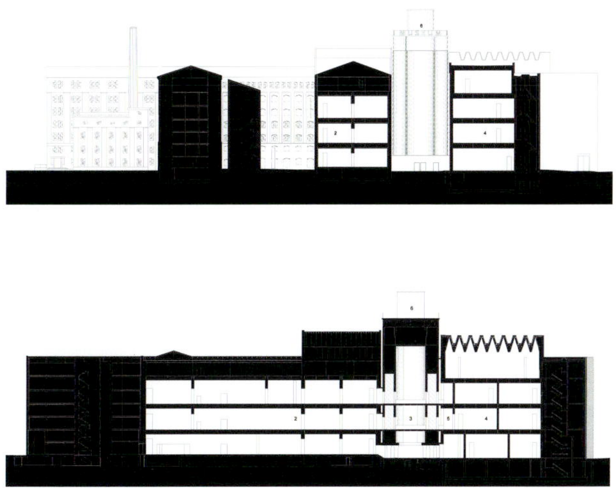

Schnitte
Sections

Einer der 36 neuen Ausstellungssäle ist der große Oberlichtsaal.
One of the 36 new exhibition spaces is the large skylight hall.

Durch zwei der Silos führen Stege Alt und Neu zusammen.
Walkways bring old and new together through two of the silos.

Die stählernen Silos bilden den Übergang zwischen Bestand und Erweiterungsbau.
The steel silos form the transition between the existing building and the extension.

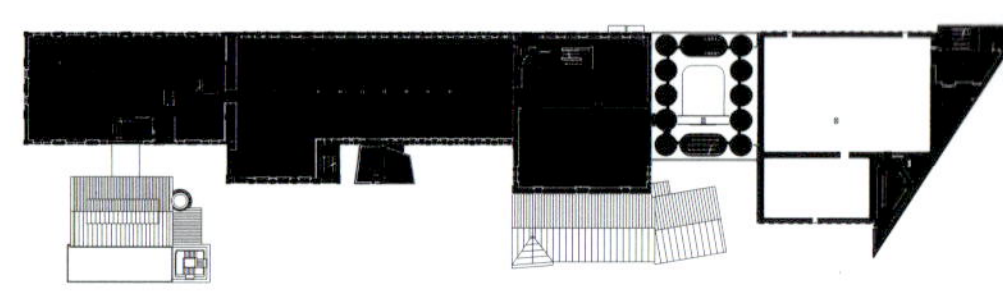

Grundriss 3. Obergeschoss
Third floor plan

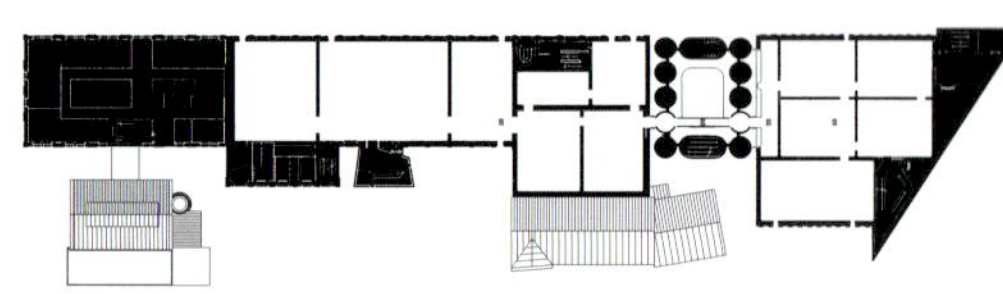

Grundriss 2. Obergeschoss
Second floor plan

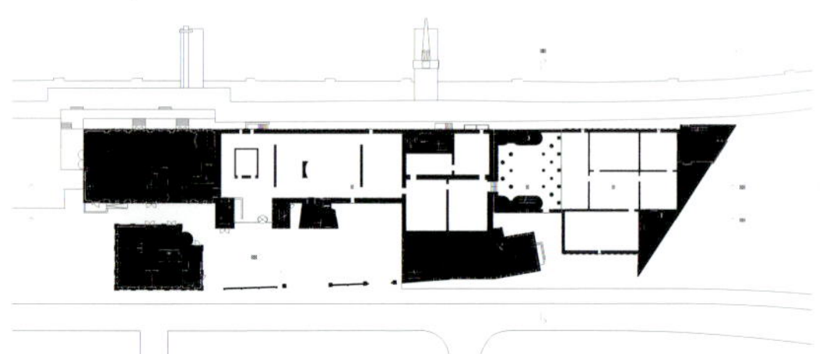

Grundriss Erdgeschoss
Ground floor plan

sie vorgefunden und weiterentwickelt haben, umgegangen sind. Die gesamte Erweiterung hat eine bis auf wenige, auch hier wieder vertikale, Fensterschlitze geschlossene Ziegelfassade. Die vielen Nuancen dieses einen Elements verleihen der Hülle Substanz. Die Bauteile unterscheidet ihre – konzeptionell, nicht dekorativ bedingte – Textur. Strenge Lisenen dort, wo die Ausstellungsräume liegen, darauf sitzt bündig eine Krone; ihre Zacken formt das Sheddach des Großen Saals. Die Haut des Kopfstücks erhält durch die diagonal vermauerten gebrochenen Steine eine fast textile Anmutung. In der Höhe wird es deutlich: KÜPPERSMÜHLE steht dort meterhoch eingemauert, nicht aufgesetzt. Mehr braucht es nicht, es bleibt bei dem, was war: Materialität, Höhe, Name.

Erschlossen wird die Erweiterung über den Altbau, dazwischen sitzen die stählernen Silos als Scharnier. Sechs davon wurden entfernt, zwei zu Durchgängen gemacht, wo schmale Stege in der Höhe und ein Wald massiver Sichtbetonstützen auf dem Grund Alt und Neu zusammenführen. Hier soll die Substanz gesehen werden, eine Bespielung mit Kunst, vielleicht Musik, ist denkbar, aber nicht zwingend. Die 36 neuen Ausstellungsräume dagegen ordnen sich der Kunst vollkommen unter, es sind saubere white cubes in unterschiedlichen Größen für kleine oder große Werke, Solitäre oder Konstellationen. Höhepunkt und Wendepunkt des Rundgangs ist der große Oberlichtsaal mit schmalen Schlitzen in den massiven Wänden als Türen und Fenster. Letztere sind, so Herzog, nur Zugeständnisse an die Gewohnheit der Menschen, die Kunst brauche das nicht.

Im kleineren der beiden Dreiecke des Kopfbaus füllt eine Neuauflage des prominenten Treppenhauses von 1999 die Ecke mit organischen Rundungen in ziegelrot gefärbtem Beton, die eine wohltuend warme Körperlichkeit ausstrahlen. Weiterdenken, weiterbauen – das ist die Aufgabe heute, die so alt ist wie das Bauen selbst und doch immer wieder neu gefunden werden muss. Manchmal auch über Umwege.

on top of which sits a crown – its spikes forming the shed roof of the great hall. The skin of the head structure has an almost textile appearance thanks to the broken stones laid diagonally. Higher up, it becomes clear: the word KÜPPERSMÜHLE stretches metres high and is bricked into the structure rather than sitting on top of the bricks. It does not need any more; it sticks with materiality, height, and name.

The extension is accessed via the old building, with the steel silos sitting between them as hinges. Six of the silos have been removed, with two made into passages where high, narrow walkways and a forest of massive exposed concrete columns on the ground bring old and new together. Here the substance should be seen: an application with art, maybe music, is conceivable, but not mandatory. The 36 new exhibition rooms, on the other hand, are completely subordinate to art. They are clean white cubes in different sizes for small or large works, alone or in groups. The highlight and turning point of the tour is the large skylight hall with narrow slits in the massive walls as doors and windows. According to Herzog, the latter are just concessions to people's habits; art does not need them.

In the smaller of the two triangles of the head building, a new edition of the prominent staircase from 1999 fills the corner with organic curves in brick-red coloured concrete that radiates a pleasantly warm physicality. Thinking ahead and continuing to build – that is the task today. It is as old as building itself and yet has to be rediscovered again and again, sometimes by taking detours.

Wenige Fensterschlitze in den Ausstellungssälen erlauben den Blick nach draußen.
A few window slits in the exhibition halls offer views outside.

Hild und K

Wohnen am Hohentorsplatz, Bremen

Kritik **Jörn Walter**

15

Architekten / Architects
Hild und K Berlin
Kärntener Straße 8
10827 Berlin
www.hildundk.de
presse@hildundk.de

Projektteam / Project team
Matthias Haber, Geschäftsführer
Andreas Hild, Geschäftsführer
Dionys Ottl, Geschäftsführer
Sérgio de Sá, Projektleiter
Pablo Tena, Anna Schork

Bauherren / Clients
GEWOBA Aktiengesellschaft Wohnen und Bauen, Bremen
Johann Christian Plagemann, Projektleiter Planung
Nils Sattler, Projektleiter Bau

Beteiligtes Architekturbüro / Other architects involved
FRENZ_SCHWANEWEDEL_BOLLMANN Architekten BDA
Am Wall 162
28195 Bremen
www.architekten-fsb.de
Christian Bollmann, Geschäftsführer
Lars Ehm, Projektleiter

Tragwerksplanung / Structural engineering
ibu+ ingenieurbüro uhden, Hoch- und Ingenieurbau, Bremen

Haustechnik / Building services engineering
HESA-PLANUNG Marcus Werth, Ingenieurbüro für Haus- und Versorgungstechnik, Bremen

Brandschutz / Fire prevention
BRAIN Brandschutz-Ingenieurgesellschaft, Hildesheim

Standort / Location
Am Hohentorsplatz 2
28199 Bremen

Fertigstellung / Completion
November 2021

Fotografie / Photography
Michael Heinrich, München

Der Wohnturm mit sechseckigem Grundriss markiert den Auftakt zu Bremens Stadtteil Alte Neustadt.
The residential tower with a hexagonal floor plan marks the beginning of Bremen's Alte Neustadt district.

Bedenkt man, dass im Jahr 2021 immerhin fast 300.000 Wohnungen in Deutschland fertiggestellt wurden, ist die architektonische Ausbeute an bemerkenswerten und herausragenden zeitgenössischen Lösungen doch erstaunlich gering. Noch viel seltener trifft man auf solche, wenn es um den sozialen Wohnungsbau geht, obwohl nun seit Jahren das Scheinwerferlicht auf dieses Segment gerichtet ist. Da ist es schon ein Ereignis, wenn eine städtische Wohnungsbaugesellschaft wie die GEWOBA in Bremen ein qualitativ so hochwertiges und in vielerlei Hinsicht besonderes Mietwohnhaus im Rahmen des sozialen Wohnungsbaus errichtet wie jenes des Berliner Büros Hild und K am Hohentorsplatz.

Das Baugrundstück hatte es so eigentlich gar nicht gegeben. Halb Straßenkreuzung, halb Parkplatz mit dahinter liegender Feuerwache und Kleingewerbe, lag es in einer der für unsere Städte typischen Übergangszonen. Allerdings boten sich besondere Standortqualitäten zwischen den grünen Wallanlagen und der erfolgreich sanierten Neustadt. Die Hansestadt mobilisierte die Fläche im Zuge einer ihrer Initiativen zur Förderung des Wohnungsneubaus und stellte sie

If you consider that close to 300,000 apartments were completed in Germany in 2021, the architectural yield of remarkable and outstanding contemporary solutions is surprisingly small. It is even rarer to find when it comes to social housing, although there has been a spotlight on this segment for many years now. So, it is quite an occasion when a municipal housing association like GEWOBA in Bremen builds such a high-quality and in many ways special rental apartment building as part of a social housing scheme, like that completed by Berlin firm Hild und K on Hohentorsplatz.

The plot of land actually did not even exist. Part crossroads and part car park with a fire station and small businesses behind it, it was in one of those typical transition zones we find in our cities. However, there were special site qualities between the green ramparts and the successfully renovated Neustadt district. The Hanseatic city mobilised the area as part of one of its initiatives to promote new housing construction and made it available to GEWOBA directly on the basis of a concept award for development. Hild und K then won the limited competition, which was a condition of the award.

Durch dezente Rücksprünge nimmt das Haus Bezug auf die umgebende Bebauung.
The building uses subtle recesses to refer to the surrounding buildings.

Statt Balkonen gibt es große französische Fenster.
There are large French windows instead of balconies.

der städtischen GEWOBA direkt auf Basis einer Konzeptvergabe zur Bebauung zur Verfügung. Die darin enthaltene Auflage zur Durchführung eines beschränkten Wettbewerbs konnte dann das Büro Hild und K für sich entscheiden.

Die Architekten schlugen an der fünfarmigen Kreuzung ein schon in der Grundrissfigur sehr originelles sechseckiges Gebäude mit acht Geschossen als Auftakt zur Neustadt vor, das dem ehemals in unmittelbarer Nachbarschaft gelegenen Hohentor, das im Zuge der Entfestigung Bremens 1823 abgetragen worden war, eine gedankliche Reverenz erweist. Aufgrund der guten Proportionen des Entwurfs gelingt aber auch ein überzeugend ausbalanciertes Zeichen: einerseits dazugehörig, andererseits unabhängig und ein neues Gesicht in dem vielseitigen Quartier. Die ambivalente Bedeutung des Standorts wird in der Fassade durch die auskragenden Gesimse und Rücksprünge, den Wechsel von scharfkantigen zu runden Ecken und vor allem natürlich die diskreten und dennoch auffälligen, dunkelgrün glasierten Ziegel betont: irgendwie changierend zwischen Bekanntem und doch ganz Neuem. Und damit vermittelt schon das Äußere die Kernbotschaft des Projekts, sich nämlich beim innerstädtischen Wohnungsbau in heutiger Zeit von den althergebrachten Mustern lösen zu müssen und ihnen ein neues Bild entgegenzusetzen. Insbesondere für den sozialen Wohnungsbau ist es somit eigentlich ein Projekt der Sezession.

At the five-way intersection, they proposed an eight-storey hexagonal building, which was very original in terms of its floor plan, as a prelude to the Neustadt district, which makes a mental reference to the Hohentor, which used to be in the immediate vicinity and was demolished in 1823 during the course of the defortification of Bremen. However, the good proportions of the design result in a well-balanced figure, on the one hand belonging and on the other hand, independent and a new face in the versatile district. The ambivalent meaning of the location is emphasised in the façade by the cantilevered cornices and recesses, the change from sharp-edged to rounded corners and, above all, of course, the discreet yet striking dark green glazed bricks – somehow oscillating between the familiar and yet completely new. With that, the exterior already conveys the actual core message of the project, namely, the need to break away from traditional patterns in inner-city housing construction in this day and age and counter them with a new image. For social housing in particular, it is actually a project of secession.

Grundriss 4. Obergeschoss
Fourth floor plan

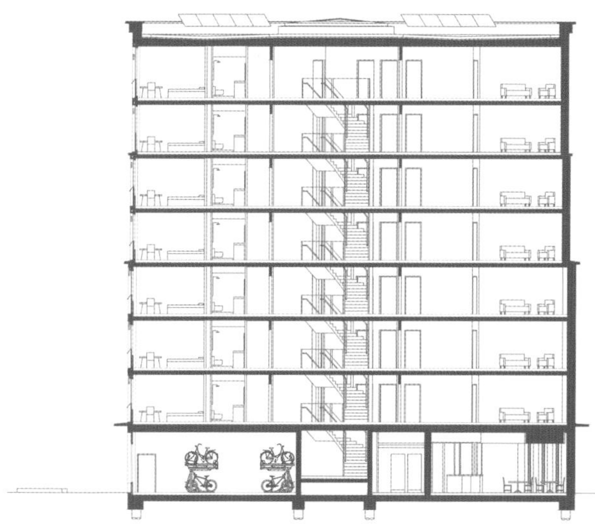

Schnitt
Section

Weil das Grundstück zur Hälfte von alten Leitungstrassen belegt ist, gibt es keinen Keller; es gibt nur vier oberirdische Stellplätze auf der Rückseite und keine Tiefgarage, weil das viel zu teuer für bezahlbare Mieten und bei einer guten Straßenbahnerschließung unverhältnismäßig ist. Es gibt ein Erdgeschoss nur für Gastronomie und Fahrräder, weil man direkt an der Kreuzung nicht gut wohnen kann, es gibt keine Balkone, aber stattdessen großzügige französische Fenster, weil die Lärmeinwirkung von allen Seiten viel zu hoch ist. Es gibt 52 überwiegend kleine Wohnungen, weil der Bedarf daran in der Nachbarschaft der Hochschule Bremen und aufgrund der allgemeinen Haushaltsgrößenentwicklung besonders groß ist, es gibt keinen Unterschied zwischen den Grundrissen der geförderten und der wenigen frei finanzierten Wohnungen in der obersten Etage, weil es den generell nicht geben sollte. Und es gibt eine insgesamt hochwertige Architektur, weil der soziale Wohnungsbau in unserer Gesellschaft wieder Vorbild und nicht Schmuddelkind sein sollte – ganz so, wie es uns die Pioniere in den Zwanziger- und Fünfzigerjahren vorgemacht haben.

Die Durchblicke von der Eingangstür zu den Fenstern, die die Wohnungen größer erscheinen lassen, sind eine Anleihe bei Alvar Aalto. Das generöse innenliegende Treppenhaus mit durch das gesamte Treppenauge laufender raumprägender Lichtstele und weitgespannter Lichtkuppel sorgt bei aller Wertigkeit für eine wirtschaftliche Erschließung des Acht- beziehungsweise Siebenspänners. Wiederverwendbare Baumaterialien, Insektenhotels und Solarpanels auf dem Gründach stellen eine gute Öko- und Energiebilanz im KfW-55-Standard sicher, und selbst die edlen Ziegel rechnen sich im Vergleich zum Wärmedämmputz, wenn man nicht nur über Investitions-, sondern auch über Unterhaltungskosten spricht.

Also: Nicht durchnormierte und überkommene Gleichförmigkeit, sondern angepasste und anspruchsvolle Lösungen für völlig unterschiedliche Aufgaben und Situationen – das ist die Botschaft, die das »Grüne Haus« am Hohentorsplatz an die Wohnungswirtschaft richtet. Sie umzusetzen bedarf es nicht nur guter Architekten, sondern auch ambitionierter Persönlichkeiten an den Spitzen der kommunalen Wohnungsunternehmen und Verwaltungsbehörden. Glücklich und beneidenswert deshalb Städte wie Bremen, in denen das alles zusammenkommt.

There is no basement because half of the property is occupied by old power line routes. There are only four above-ground parking spaces at the rear and no underground car park, as it would have been far too expensive for affordable rents and would be disproportionate considering the good tram connections. The ground floor is intended for gastronomy and bicycles only because it is not easy to live directly at the intersection. There are large French windows instead of balconies because the noise exposure from all sides would be far too high. There are 52 mainly small apartments because the need for them is particularly high in the vicinity of the City University of Applied Sciences and on account of the general trend in household sizes. There is no difference in the floor plans of the subsidised and the few privately financed apartments on the top floor, nor should there be. Overall, the quality of the architecture is high because social housing in our society should be a role model and not a pariah – just like the pioneers showed us in the 1920s and 1950s.

The views from the front door to the windows, which make the apartments appear larger, are inspired by Alvar Aalto. The generous, interior staircase with a space-defining luminous stele running through the entire stairwell and a wide-spanning dome light ensures efficient access to the floors, each of which has seven or eight units. Reusable building materials, insect hotels, and solar panels on the green roof ensure a good environmental and energy balance in accordance with the KfW 55 Standard. Even the humble bricks are economical compared to the heat insulation plaster, if you consider the maintenance costs rather than just the investment.

So, the 'Green House' at Hohentorsplatz is sending out a message to the housing industry about moving away from standardised and outdated uniformity and towards adapted and sophisticated solutions for completely different tasks and situations. It takes more than just good architects to implement them. This requires ambitious personalities at the top of municipal housing associations and administrative authorities. Cities like Bremen, where all this comes together, end up happy and envied.

Das Luftbild lässt das Gründach und Solarzellen erkennen.
The aerial photo shows the green roof and solar panels.

Die Fassade ist mit graugrün glasierten Ziegeln verkleidet.
The façade is clad in grey-green glazed bricks.

Das zentrale Treppenhaus mit offenem Treppenauge ist durch ein Oberlicht sehr hell.
The central stairwell with an open staircase is very bright thanks to a skylight.

Krekeler Architekten
Sanierung Audimax TU Braunschweig

Kritik **Florian Summa**

16

Architekten / Architects
Krekeler Architekten Generalplaner GmbH
Husarenstraße 74
38102 Braunschweig
www.krekeler-architekten.de
info@krekeler-architekten.de

Projektteam / Project team
Markus Loschinsky, Projektleitung
Barbara Haßelmann, stellv. Projektleitung
Oskar Schwarz, Bauleitung
Mario Junghans, Bestandsaufnahme
Susanne Schilling, Planung
Moritz Krekeler, Planung

Bauherr / Client
Technische Universität Braunschweig

Tragwerksplanung / Structural engineering
martens + puller Ingenieurgesellschaft mbH, Braunschweig

Haustechnik / Building services engineering
pi Passau Ingenieure GmbH, Braunschweig

Bauphysik / Building physics
BBS Ingenieurbüro, Wolfenbüttel

Akustik / Acoustics
Peter Karsten Akustik-Analyse-Service, Braunschweig

Brandschutz / Fire prevention
hhpberlin, Braunschweig

Sonstige / Others
keydel bock ingenieure gmbh, Göttingen
Ingenieurbüro Ulf Kausche, Braunschweig

Standort / Location
Universitätsplatz 3
38106 Braunschweig

Fertigstellung / Completion
Januar 2021

Fotografie / Photography
Stefan Melchior, Berlin (S. 145, S. 147 unten / bottom, S. 148)
Thomas Spier, Berlin (S. 147 oben und mittig / top and centre, S. 149)

Die Westfassade des Audimax schmückt eine (ebenfalls restaurierte) Wolkenskulptur von Hans Arp.
The west façade of the Audimax lecture hall is decorated with an (also restored) cloud sculpture by Hans Arp.

Üblicherweise erwarten wir von Architekturpreisen etwas Neues: neue Räume, neue Gebäude, mindestens aber Umbauten von etwas Altem in etwas Neues. Meist erwarten wir dabei auch eine bildliche Differenz: Was vorher leer / überholt / unvollkommen war, sieht nun auf preiswürdige Weise irgendwie besser, schöner, frischer aus. Schwer haben es solche Projekte, die bildlich eigentlich gar nichts machen – außer auf preiswürdige Weise vorbildhaft zu reparieren. So geschehen im Fall des Audimax der Technischen Universität Braunschweig. Das von Friedrich Wilhelm Kraemer in den späten Fünfzigerjahren geplante Gebäude ist mittlerweile rund 60 Jahre alt und rief laut danach, umsorgt zu werden. Es hätte schlecht für das Bauwerk ausgehen können, wenn dieses Umsorgen in eine klassische Sanierung gemündet hätte. Dann wäre nicht nur repariert, ertüchtigt und instand gesetzt, sondern auch verbessert, verschönert – kurzum: modernisiert worden.

Ein Glück, dass die Bauherrin und die Generalplaner Krekeler Architekten diesem Druck widerstanden. Nun muss man genau hinschauen, um die Pflegemaßnahmen am Gebäude zu erkennen. Allein anhand von Fotos ist dies fast nicht möglich, zu gering sind

We usually expect something new from architecture awards: new rooms, new buildings, or at least conversions from something old into something new. We usually also expect a visual difference: What used to be empty / outdated / imperfect now somehow looks better, more beautiful, and fresher in a commendable way. It is difficult for projects that do not actually do anything visually, apart from just being repaired in an exemplary and praiseworthy manner. This is what happened with the Audimax lecture hall at the Technical University of Braunschweig. The building was designed by Friedrich Wilhelm Kraemer in the late 1950s and is now around 60 years old. It was crying out for some care and attention. It could have ended badly for the building if this care and attention had resulted in a traditional renovation. In that case, it would not only have been overhauled, refurbished, and repaired, but also improved and embellished or in short, modernised.

Luckily, the client and the general planners, Krekeler Architekten, withstood this pressure. Now it is necessary to look closely to see the maintenance measures undertaken on the building. This is almost impossible to do with photos alone, as the visible differences between

die sichtbaren Unterschiede zwischen Vorher und Nachher. Etwa bei der dominanten Lamellendecke im Erdgeschoss: Aus Brandschutzgründen wurde hier ein Stoffwechsel von brennbaren Holz- zu nichtbrennbaren Kalziumsilikatleisten mit Holzdekor-Laminierung (!) vollzogen, mithin ein technisch-funktionaler Mangel behoben. »Autsch«, mag man zunächst denken. Der Verlust des echten Holzes wiegt allerdings nicht schwer, denn er ist fast nicht erkennbar. Das Laminat-Substitut ist vielmehr das logische Resultat einer Reparaturstrategie, bei der es keine moralischen Vorbehalte gibt – wohl aber gestalterische. Interessanterweise setzt sich die gleiche Lamellendecke im Außenbereich tatsächlich aus echtem Holz fort. Man mag daran die Pragmatik des Reparierens erkennen, vielleicht aber auch eine heimliche Freude am feinen Spiel mit der bildlichen Differenz beim Reparieren. Im Inneren des Hörsaals wurde vor allem die Bestuhlung instand gesetzt. Im fast gleichen Rot wie vorher, nur noch ein bisschen näher am Zeiger-Rot der Hörsaal-Uhr.

Repariert wurden auch die großen Glas-Aluminium-Fassaden des Hörsaalvolumens. Dafür mussten die neun Meter hohen und hochkomplex gefalteten Aluminiumpfosten zunächst demontiert werden. Auf keinen Fall durften die Profile beim Abnehmen zerknicken, was bei einem unachtsamen Unternehmer schnell geschehen wäre. Bauleitung und Handwerker entwickelten eine pragmatische Lösung: händische Demontage, auf jedem Gerüstniveau eine Person und beim Schwenken in die Horizontale darauf achten, das Profil immer auf seiner statisch höheren Achse zu belasten. Der Plan ging auf. Nach dem Wiedereinbau der gereinigten Profile standen jedoch plötzlich dicke Dachableitungsdrähte auf den Profilen für den Blitzschutz zur Diskussion. Man befürchtete, dass ein verdeckter Einbau innerhalb des Profilquerschnitts im Fall eines Blitzeinschlags zum statischen Versagen der Fassade führen könnte. Nur äußerst hartnäckiges Nachfragen und schließlich mehrmaliges Nachrechnen ermöglichten letztlich doch eine unsichtbare Lösung innerhalb des Pfostenquerschnitts. Das Auge dankt.

before and after are too minor. Take the dominant slat roof on the ground floor, for example. For fire protection reasons, the combustible timber was upgraded to non-combustible calcium silicate strips with timber decor lamination(!), thereby eliminating a technical and functional deficiency. 'Ouch,' you might think. However, the loss of the real timber does not weigh heavily because it is almost impossible to detect. The laminate substitute is the logical result of a repair strategy in which there are no moral reservations – but there are creative ones. Interestingly, the same slat roof actually continues outdoors, made of real timber. One may recognise the pragmatism behind repairing here, but perhaps also a secret joy in the subtle interplay with the pictorial difference during repairing. Inside the lecture hall, the main focus was placed on repairing the seating. It is now almost the same red as before, just a bit closer to the red hands of the lecture hall's clock.

The large glass and aluminium façades of the lecture hall space were also repaired. To do so, it was first necessary to dismantle the nine-metre-high and highly complex folded aluminium posts. Under no circumstances were the profiles to be crease when removed, which could quickly have happened with a careless contractor. The construction management team and craftsmen developed a pragmatic solution: dismantle manually, with one person at each scaffolding level and when swivelling to the horizontal, ensuring that the profile is always loaded on its statically higher axis. The plan worked. After reinstalling the cleaned profiles, however, the topic of thick roof conductor wires on the profiles for lightning protection suddenly came up for discussion. It was feared that concealed installation within the profile cross-section could lead to the structural failure of the façade in the event of a lightning strike. It was only through extremely persistent questioning and repeated calculations that it was finally possible to find an invisible solution within the post cross-section. Our eyes are grateful.

Die Sanierung der Aluminium-Glas-Fassade bedeutete eine besondere Herausforderung.
Refurbishing the aluminium-glass façade presented a special challenge.

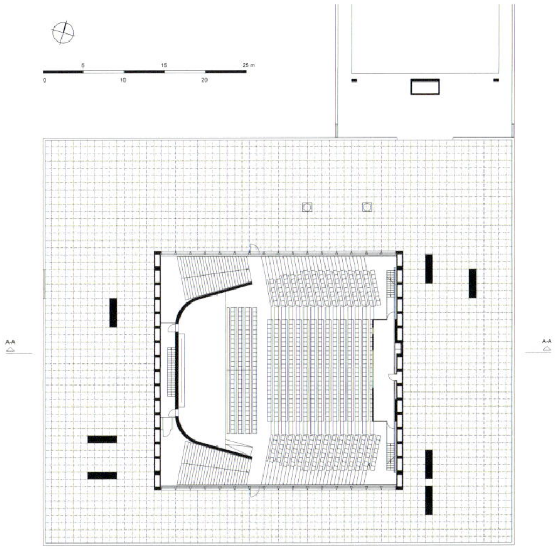

Grundriss 2. Obergeschoss
Second floor plan

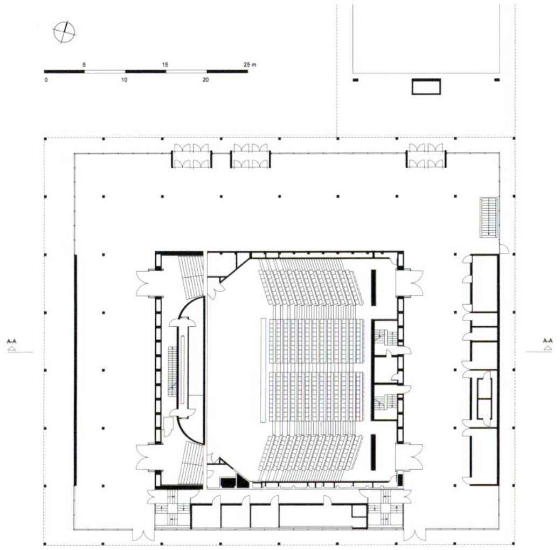

Grundriss Erdgeschoss
Ground floor plan

Die Lamellendecke aus dem Foyer setzt sich im Arkadengang draußen fort.
The slatted ceiling from the foyer continues outside in the arcade.

Das Foyer und der Aufgang zum großen Hörsaal.
The foyer and staircase to the large lecture hall.

Der große Hörsaal. Blick auf das Podium ...
The large lecture hall. View of the podium ...

... und umgekehrt auf die Stuhlreihen. Sie wurden instand gesetzt und neu bezogen.
... and the reverse view of the rows of seats. They have been repaired and reupholstered.

Nun könnte man mutmaßen, dass die Aufgabe der Planenden bei diesem Bauvorhaben vor allem im Verhindern von Dingen lag. Und tatsächlich war dies in großen Teilen der Fall: Verhindert wurden A4-Blatt-große Signalblätter an Sicherheitsleuchten, die nun durch einen dezenten roten Ring am Leuchtkörper markiert sind. Verhindert wurden kaffeegedeckgroße Brandmelder, die stattdessen als Rauchansaugsystem mit nur zigarettengroßen Ansaugröhrchen realisiert wurden. Verhindert wurde der Austausch ganzer Bauteile, wenn mit kleinen Vierungsstücken lokal repariert werden konnte. Kurz und gut: Verhindert wurde alles, was das Bestehende in irgendeiner Weise herabgewürdigt hätte.

Neben dem Verhindern verlangte die Sanierung von den Architekten aber auch eine andere Qualifikation: das Mitschwingen. Denn oftmals mussten eben doch neue Bauteile hinzugefügt werden, etwa Stahlbrüstungen oder Notabläufe. Letztere sind nun optisch als Deckenleuchten ausgeführt, die die Deckenuntersichten des Kolonnadenumgangs gliedern. Sie fallen nicht auf, weil ihre Funktion kein neues Gestaltungselement nach sich zieht, sondern sie sich als Lampen tarnen. Lampenkörper, die entwässern – was für ein Bild!

Und plötzlich verliert das Reparieren und Sanieren all seine drögen Attribute und wird zu einem Feld höchst kreativen Entwerfens und lustvollen Gestaltens. Für den Genuss dieser Freude müssen wir nur dazu bereit sein, genau hinzuschauen.

Now one could assume that the task of the planners in this construction project was primarily to prevent things from happening. And in fact, to a large extent, this was the case. A4-sized signal sheets on safety lights, which are now marked by a discreet red ring on the light body, were prevented. Fire alarms the size of a coffee set were prevented. These were implemented as a smoke suction system with suction tubes the size of cigarettes instead. The process of exchanging entire components was prevented if small crossing pieces could be used for local repairs. In short: Anything that would have degraded the status quo in any way was prevented.

In addition to prevention, the renovation also required another qualification from the architects: resonating with the existing building. After all, new components often had to be added, such as steel parapets or emergency drains. The latter are now optically designed as ceiling lights that structure the ceiling soffits of the colonnades. They do not attract attention because their function does not result in a new design element; rather, they are camouflaged as lamps. Lighting bodies that drain – what a picture!

Quite suddenly, the job of repairing and refurbishing loses all of its boring attributes and becomes a field of highly creative and fun design. To enjoy it, all we have to do is be willing to look closely.

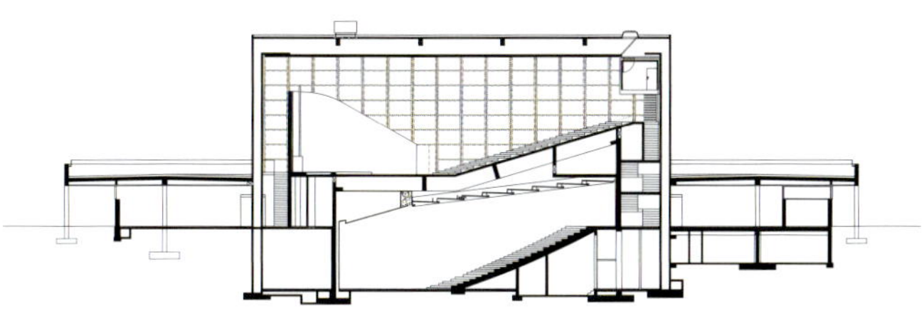

Schnitt
Section

Treffpunkt und Eingangsebene zum Audimax.
Meeting point and entrance level to the Audimax.

mehr* architekten

Brauereihalle, Kirchheim unter Teck

Kritik **Uwe Bresan**

17

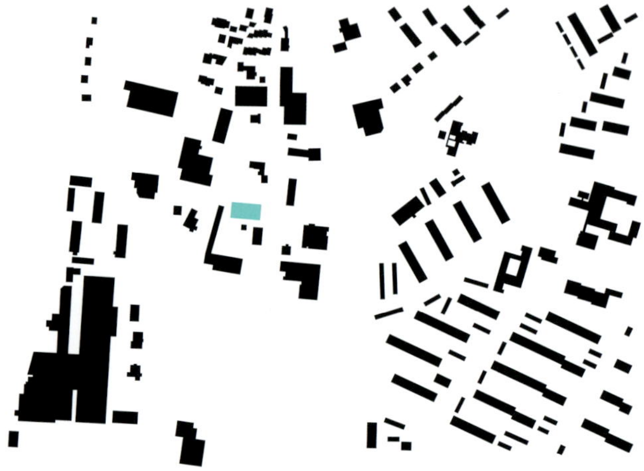

Architekten / Architects
mehr* architekten brodbeck, rössler, van het hekke
Gerberstraße 7
73230 Kirchheim unter Teck
www.mehrarchitekten.de
info@mehrarchitekten.de

Projektteam / Project team
David Brodbeck, Projektleitung Entwurf
Jens Rössler, Bauleitung
Dennis Miller, Projektarchitekt
Sabine Häcker, Projektarchitektin

Bauherr / Client
Wagner Vermögensverwaltung GmbH & Co.KG, Kirchheim unter Teck

Tragwerksplanung / Structural engineering
bb-baustatik GmbH, Kirchheim unter Teck

Bauphysik / Building physics
Jürgen Rieschl, Energieeffizienz-Experte, Lenningen

Haustechnik / Building services engineering
Hans Klein, Schlierbach

Standort / Location
Faberweg 24 / 1
73230 Kirchheim unter Teck

Fertigstellung / Completion
Februar 2021

Fotografie / Photography
Sebastian Schels, München

Die Seitenansicht der Brauereihalle lässt das breite Lichtband und die Profilglasverkleidung der Stahlbauhalle erkennen.
The side view of the brewery reveals the wide light band and the profiled glass cladding of the steel construction hall.

Aufruhr, Revolte, Randale und Meuterei sind Begriffe, die man nicht unbedingt mit dem schwäbischen Gemüt verbindet. Aber hier geht es um eine echte Revolution: eine Braurevolution. Die haben Felix Ungerer und Marc Schmidt 2015 ausgerufen. Die beiden Bierbrauer und Start-up-Gründer aus Kirchheim unter Teck auf der Schwäbischen Alb wollen dem anhaltenden Craftbier-Trend in Deutschland etwas entgegensetzen und verzichten bei ihrer Arbeit explizit auf alles, was dem traditionellen Reinheitsgebot zuwiderläuft. In »Aufruhr«, »Revolte«, »Randale« und »Meuterei«, wie die »Braurevoluzzer« ihre Biere genannt haben, stecken deshalb auch wirklich nur Wasser, Malz, Hopfen und Hefe. Das Beimischen von Aromen, Gewürzen und Früchten, wie es viele Craftbier-Brauereien tun, ist tabu. Diese traditionsbewusste Zurückhaltung kommt im Schwäbischen gut an, und so stieß das erste Hauptquartier der Revolution, eine ehemalige Filiale der Drogeriekette Schlecker, schon bald an seine räumlichen Grenzen. Seit Mitte 2021 residiert die Braurevolution nun in einem Neubau im südlichen Speckgürtel von Kirchheim unter Teck. Hier ist seit Generationen auch das Bauunternehmen Wagner beheimatet. Der Juniorchef ist ein großer Fan der beiden

Aufruhr, Revolte, Randale, and *Meuterei*: These German terms mean riot, revolt, rampage, and mutiny and are not necessarily associated with the Swabian mentality, but we are talking about a real revolution here: a brewing revolution. Felix Ungerer and Marc Schmidt announced it in 2015. The two brewers and start-up founders from Kirchheim unter Teck in the Swabian Jura want to counteract the ongoing craft beer trend in Germany. They explicitly refrain from doing anything in their work that runs counter to the traditional Beer Purity Law. The 'brewing revolutionaries' named their beers *Aufruhr* ('Riot'), *Revolte* ('Revolt'), *Randale* ('Rampage'), and *Meuterei* ('Mutiny') – and they really are nothing more than water, malt, hops, and yeast. Blending in flavours, spices, and fruits, like many craft beer breweries do, is considered taboo. This tradition-conscious restraint has been well received in Swabia, and the first headquarters of the revolution, a former branch of the Schlecker drugstore chain, soon reached its spatial limits. The brewing revolution has been based in a new building in the suburbs of Kirchheim unter Teck since mid-2021. The construction company Wagner has also been based here for generations. The junior manager was a big fan of the two dedicated young brewers and realised the new

Die Giebelfront ist delikat asymmetrisch komponiert.
The gable front is asymmetrically composed in a delicate manner.

Die Seitenansicht erinnert an die Mendelsohn´sche Hutfabrik in Luckenwalde.
The side view is reminiscent of the Mendelsohn hat factory in Luckenwalde.

engagierten Jungbrauer und hat für Ungerer und Schmidt den Gewerbeneubau auf einem Teil seines Betriebsgeländes als Bauherr realisiert. Die Umzugskosten und die Anschaffung neuer, größerer Maschinen wurden wiederum per Crowdfunding finanziert, was für den starken Rückhalt der Braurevolution unter einheimischen Biertrinkern spricht.

Fehlte nur noch der Architekturentwurf. Den lieferten die Architekten David Brodbeck, Jens Rössler und Florian van het Hekke, die schon das Logo der Braurevolution als Freundschaftsdienst gestaltet hatten. Alle drei kommen aus der Region und lernten sich in den frühen Nullerjahren im Architekturstudium an der Hochschule für Technik in Stuttgart kennen. Nachdem sie auf unterschiedlichen Wegen Arbeits-, Lehr- und Auslandserfahrungen gesammelt hatten, hoben sie 2013 in Kirchheim ihr gemeinsames Büro mehr* architekten aus der Taufe. Seither sind sie vor allem im Wohnungsbau aktiv; die Brauereihalle war so auch eine willkommene Abwechslung.

Die große Herausforderung bestand darin, dem von gesichtslosen Industriehallen und Gewerbebauten geprägten Ort eine Identität zu verleihen. Denn im Faberweg 24 sollte von Anfang an nicht nur Bier gebraut werden, sondern auch ein Ausschank und ein großer Biergarten entstehen. Letzterer fand seinen Platz unter einer weit ausladenden Baumkrone vor der östlichen Giebelfront. Sie ist die Hauptfassade des Gebäudes und das eigentliche Kunststück der Architekten. Angeregt von den Industriebau-Fotografien von Bernd und Hilla Becher, suchten sie nach einer ausdrucksvollen Form der Fassade, die über den notwendigen Satteldach-Querschnitt der sich anschließenden standardisierten Stahlbauhalle hinausgehen sollte. Intensiv beschäftigten sich die Architekten in der Folge mit ikonischen Industriebauten des 20. Jahrhunderts – unter anderem mit dem Werk des württembergischen Industriebau-Pioniers Philipp Jakob Manz und den Arbeiten von Erich Mendelsohn, etwa der berühmten Luckenwalder Hutfabrik aus dem Jahr 1923. So entstand letztlich der Umriss einer asymmetrischen Satteldachkonstruktion mit aufgesetztem Kamin.

commercial building for Ungerer and Schmidt on part of his company premises. The relocation costs and the purchase of new, larger machines were in turn financed by crowdfunding, which speaks to the strong support for the brewing revolution among local beer drinkers.

All that was missing was the architectural design. This was provided by architects David Brodbeck, Jens Rössler, and Florian van het Hekke, who had already designed the brewing revolution logo as a token of friendship. All three architects are from the region and met in the early noughties while studying architecture at Stuttgart Technology University of Applied Sciences. After taking different routes and gaining work, teaching, and international experience, they founded their joint firm, mehr* architekten, in Kirchheim in 2013. They have mainly been active in housing construction since then, with the brewery building making a welcome change.

The key challenge was to give the site, which is characterised by faceless industrial warehouses and commercial buildings, an identity. The plan right from the start was to not only brew beer at Faberweg 24, but also to have a bar and large beer garden. Space for the latter was found under a wide canopy of trees in front of the eastern gable front. It is the main façade of the building and the architects' greatest feat. Inspired by the industrial building photographs by Bernd and Hilla Becher, they looked for an expressive form of the façade to go beyond the necessary pitched roof cross-section of the adjoining, standardised steel structure. The architects focused intensively on iconic industrial buildings of the twentieth century, including the work of the Württemberg industrial construction pioneer Philipp Jakob Manz and those of Erich Mendelsohn, such as the famous Luckenwalde hat factory from 1923. This ultimately resulted in the outline of an asymmetrical gable roof construction with a chimney on top.

Ausgeführt wurde die östliche Giebelseite wie auch ihr Pendant im Westen in Sichtbetonqualität. Eine pastellgrüne Doppelflügel-Tür mit kurzem Betonvordach in der Fassadenmitte sowie ein links davon platziertes übergroßes Rundfenster verleihen der Hauptfassade zusätzlich Charakter und Eigenständigkeit. Funktional begründet wird die aufgesetzte Kaminform der beiden Schmalseiten durch eine Oberlicht-Konstruktion, die in der gesamten Hallenlänge auf die Stahlkonstruktion montiert wurde. Nordseitig verglast, dient sie der zusätzlichen Belichtung. Auf der Südseite wiederum sorgen Öffnungsklappen für eine natürliche Entlüftung der knapp 750 Quadratmeter großen Halle. Die Hauptbelichtung des Innenraums erfolgt über die vollständig mit Profilbauglas abgeschlossene Nordseite. Die in das Glas eingebrachte transluzente Wärmedämmung erzeugt ein angenehm gleichmäßiges Licht und damit ideale Arbeitsbedingungen. Unterstützt wird die lichte Atmosphäre des Innenraums durch eine entsprechende Farbgebung. So erhielten die sichtbaren Stahlbau-Elemente eine weiße Lackierung; der Boden ist mit einem hellen Estrich beschichtet. Um den Hallenraum auch akustisch zu beruhigen, wurden die Giebelwände mit naturfarbenen Holzwolleplatten verkleidet. Der einzige feste, nicht reversible Einbau im Inneren ist ein frei in den Raum eingestellter Betonkubus, der die WCs, eine Küche sowie die Haustechnik aufnimmt. Zusätzliche Vorrats-, Kühl-, Mitarbeiter- und Büroräume entstanden, teilweise auf Stahlstützen um ein Geschoss angehoben, als leichte Holzkonstruktionen. So ist die Halle möglichst flexibel auch für zukünftige Nutzungen.

Entstanden ist damit ein Industrie- und Gewerbebau, dem der Spagat zwischen ambitionierter Ästhetik, Funktionalität und Wirtschaftlichkeit vorbildhaft gelingt. Auch das eine kleine Revolution!

The eastern gable end and its counterpart in the west were executed in exposed concrete. A pastel green double-leaf door with a short concrete canopy in the middle of the façade and an oversized round window to the left give the main façade additional character and originality. The chimney shape on the two narrow sides is functionally justified by a skylight construction that was mounted on the steel structure along the entire length of the building. Glazed on the north side, it provides additional exposure. On the south side, openings ensure natural ventilation of the almost 750-square-metre space. The main interior lighting comes from the north side, which is completely closed off with profiled glass. The translucent thermal insulation incorporated into the glass creates a pleasantly even light and thereby ideal working conditions. The light atmosphere of the interior is supported by a corresponding colour scheme. The visible steel construction elements were painted white; the floor is covered with a light screed. The gable walls were clad with natural-coloured wood wool panels in order to make the space acoustically calm. The only fixed, non-reversible installation inside is a concrete cube placed freely in the space and accommodating the toilets, a kitchen, and the building services. Additional storage, cooling, staff, and office rooms were created, some of which were raised by one floor on steel supports as light timber constructions. This makes the hall as flexible as possible, including for any future uses.

The result is an industrial and commercial building that manages the balancing act between ambitious aesthetics, functionality, and economic efficiency in an exemplary manner. That, too, is a small revolution!

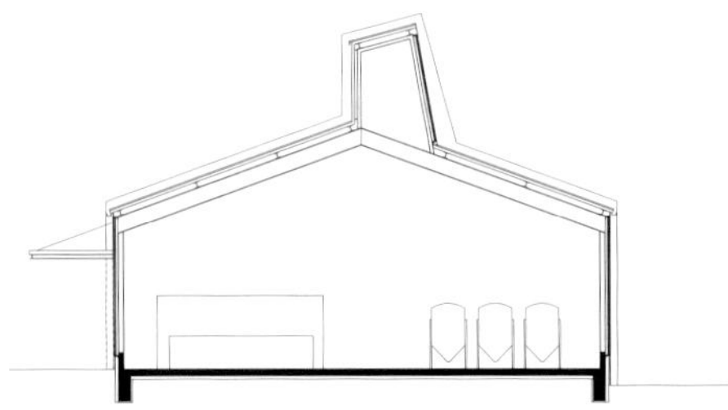

Schnitt
Section

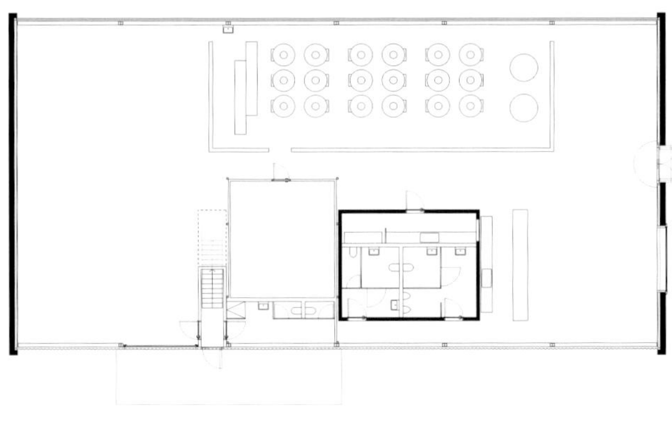

Grundriss Erdgeschoss
Ground floor plan

Das Halleninnere gleicht einem Schaulager. Bis auf den Betonkubus sind alle Einbauten reversibel.
The interior of the building resembles a show warehouse. All of the fixtures are reversible except for the concrete cube.

Die Halle strahlt abends in die Nachbarschaft aus.
The building radiates into the neighbourhood in the evenings.

MONO Architekten

Tank- und Rastanlage Leubinger Fürstenhügel, Sömmerda

Kritik **Elina Potratz**

18

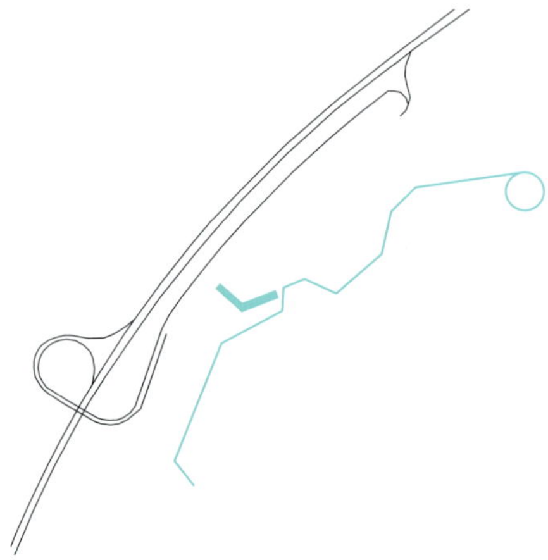

Architekten / Architects
MONO Architekten
Glogauer Straße 6
10999 Berlin
www.monoarchitekten.de
info@monoarchitekten.de

Projektteam / Project team
Jonas Greubel, Projektleiter
Daniel Schilp, André Schmidt,
Peter Heckeroth, Lisa van Heyden,
Eric Zapel, Sonja Siewert

Bauherren / Clients
Bauherr Außenanlagen:
Bundesrepublik Deutschland vertreten durch Die Autobahn GmbH des Bundes, diese vertreten durch DEGES Deutsche Einheit Fernstraßenplanungs- und -bau GmbH
Bauherr Betriebsgrundstück:
Tank- und Rastanlage
SHELL Deutschland GmbH
Kooperationspartnerin: IBA Thüringen

Beteiligtes Architekturbüro / Other architects involved
KMP GmbH
Sacco-Vanzetti-Straße 8
16547 Birkenwerder
Franziska Häußler, Bauleitung

Projektsteuerung / Project management
Artelia GmbH, Hamburg

Tragwerksplanung / Structural engineering
Brückner Dietz GmbH, Darmstadt

Haustechnik / Building services engineering
GIG GmbH, Bremen

Bauphysik / Building physics
ee concept, Darmstadt

Brandschutz / Fire prevention
Heister + Ronkartz, Hückelhoven

Landschaftsarchitektur / Landscape architecture
Planorama Landschaftsarchitektur, Berlin

Heizung, Sanitär, Elektro / Electrical engineering, Plumbing and heating
GIG GmbH, Bremen

Innenarchitektur / Interior design
MONO Architekten, Berlin

Sonstige / Others
MUS Studio / Ausstellungs- und Kommunikationsdesign, Berlin

Standort / Location
A71
99610 Sömmerda

Fertigstellung / Completion
Oktober 2021

Fotografie / Photography
IBA Thüringen, Thomas Müller, Weimar (S. 157)
Thomas Müller, Weimar (S. 160 mittig und unten / centre and bottom)
Gregor Schmidt, Berlin (S. 158, S. 160 oben / top)

Die Tank- und Rastanlage bietet eine ungewöhnliche Mischung aus Verkehrs-infrastruktur und Empfangsgebäude für ein bedeutendes Bodendenkmal.
The petrol station and service area offers an unusual mixture of traffic infrastructure and a reception building for an important archaeological monument.

Autobahnraststätten haftet meist etwas Unwirtliches und Schmuddeliges an – dass sie eine wirkliche Aufenthalts-, geschweige denn architektonische Qualität haben, ist selten bis nie der Fall. Zwar wird das Automobil in Zukunft (hoffentlich) eine etwas weniger bedeutende Rolle im Verkehr einnehmen; angesichts einer größeren Zahl an Elektroautos und längerer Ladezeiten könnten sich die Ansprüche an Raststätten jedoch bald verändern. Der Beweis, dass eine Raststätte auch einladend, schön und sogar ein kultureller Vermittlungsort sein kann, wurde nun in Thüringen an der Autobahn 71 mit der Tank- und Rastanlage Leubinger Fürstenhügel erbracht.

Wie der Name bereits verrät, war der »Fürstenhügel« in Leubingen der Ausgangspunkt für den Entwurf der Anlage. Der Grabhügel, der nicht weit von der Autobahn entfernt auf freiem Feld steht, ist eines der bedeutendsten Zeugnisse aus der Frühbronzezeit in Europa. Bestattet wurde hier vor etwa 4.000 Jahren eine für die Region wichtige Persönlichkeit – das verdeutlichen die Größe des ursprünglich 8,5 Meter hohen und 48 Meter breiten Hügels sowie die wertvollen Grabbeigaben. Der immense Aufwand für diesen Grabbau,

There is usually something inhospitable and dingy about motorway service areas – it is seldom, if ever, the case that they have a real quality of stay, let alone any architectural quality. Although the car will (hopefully) play a somewhat less important role in transport in the future, the demands on service stations could soon change on account of the high numbers of electric cars and longer charging times. We now have proof that a service area can also be inviting, beautiful, and even a place of cultural exchange thanks to the Leubinger Fürstenhügel petrol station and service area on the A71 autobahn in Thuringia.

As the name Fürstenhügel suggests, the 'Prince's Hill' in Leubingen was the starting point for the design of the facility. The burial mound, which stands in an open field not far from the autobahn, is one of the most important testimonies from the early bronze age in Europe. An important regional figure was buried here around 4,000 years ago. We know this from the size of the mound, which originally measured 8.5 metres in height and 48 metres in width, as well as the valuable burial objects. The tremendous expense put into this grave construction, which was only opened by archaeologists

Der Westflügel mit den Zapfsäulen.
The west wing with the petrol pumps.

Die Giebelansicht von Osten; hinter der Glasfront liegt der Gastraum.
The gable view from the east; the space for visitors is behind the glass front.

Panoramafenster im Gastraum rahmen die Landschaft wie ein großes Bild.
Panorama windows in the visitor room frame the landscape like a large picture.

den Archäologen erst im 19. Jahrhundert öffneten, wird in der Forschung als Hinweis auf eine in diesem Abschnitt der Bronzezeit einsetzende Hierarchisierung gesehen, bei der die Herrschaftsschicht nun klar von der übrigen Bevölkerung abgesetzt wurde.

Schon während des Baus der A 71 von 2010 bis 2015 war aus verkehrsstrategischen Gründen eine Rastanlage in der Nähe des Leubinger Denkmals eingeplant. Glücklicherweise erkannte die IBA Thüringen sofort das Potenzial, mit diesem Projekt neue Maßstäbe in der Gestaltung einer Versorgungsinfrastruktur zu setzen. Die Idee war, bei der Planung Akteure verschiedener Disziplinen zusammenzubringen, anstatt nur ein technisch motiviertes Versorgungsbauwerk umzusetzen. 2014 stieß die IBA als Projektbegleiterin daher einen internationalen Wettbewerb an, bei dem sich schließlich ein Berliner Projektteam, bestehend aus MONO Architekten, dem Landschaftsarchitekturbüro Planorama sowie dem Kommunikationsdesignbüro MUS Studio, durchsetzen konnte.

Die Inszenierung des Hügels und die niedrigschwellige Vermittlung von historisch-archäologischem Wissen wurden vom Projektteam elegant in den Entwurf integriert. Dabei ist die Grundfigur recht einfach: Ausgehend von der stützenfreien Tankstellenüberbauung führt ein lang gezogener Gebäudeteil, der den Tankshop und die Raststätte enthält, mit seiner Kopfseite direkt auf den Hügel zu. Die Ausrichtung lenkt dabei den Blick und den Weg, vorbei an den Parkplätzen, zum Grabmal. Die Form des Baukörpers, dessen Flachdach sich zum Hügel hin zu einem Satteldach entwickelt, nimmt Bezug auf ein weiteres regionales Denkmal: Als Inspiration diente das Langhaus von Dermsdorf, eine frühbronzezeitliche Versammlungshalle von beeindruckender Größe. 2011 waren die Überreste in Sichtweite des Hügels geborgen worden.

in the nineteenth century, is seen in research as an indication of a process of hierarchisation that began in this period of the bronze age, in which the ruling class was now clearly separated from the rest of the population.

A service area near the Leubingen tumulus was planned as part of the traffic strategy during the construction of the A71 autobahn from 2010 to 2015. Fortunately, the IBA Thüringen immediately recognised the potential this project offered to set new standards in the design of supply infrastructure. The idea was to bring together stakeholders from different disciplines during planning instead of just implementing a technically motivated supply structure. The IBA launched an international competition as a project supervisor in 2014, with a Berlin project team consisting of MONO Architekten, the landscape architecture firm Planorama, and the communication design office MUS Studio prevailing.

The project team elegantly integrated the staging of the hill and easily accessible conveyance of historical-archaeological knowledge into the design. The basic shape is quite simple: starting from the unsupported petrol station superstructure, the head of an elongated part of the building, which contains the petrol station shop and the service area, leads directly to the hill. The orientation directs the view and the path past the car parks to the monument. The shape of the building, whose flat roof develops into a pitched roof towards the hill, refers to another regional monument – the Dermsdorf longhouse was an early bronze age assembly hall of an impressive size that served as inspiration for the shape of the building. The remains were recovered within the range of vision of the hill in 2011.

Grundriss Erdgeschoss
Ground floor plan

Eine Passage entlang des Gastbereichs birgt die Ausstellungsflächen.
A passage alongside the guest area contains the exhibition space.

Vom Vorplatz kann man in die Ausstellung schauen.
You can look into the exhibition from the forecourt.

Der »Fürstenhügel«, ein Grabhügel aus der Bronzezeit.
The 'Prince's Hill', a burial mound from the bronze age.

Vom Tankshop führt eine großzügige verglaste Passage zu den Sanitäranlagen und dem Restaurant; in diesem als Ausstellungsgang gestalteten Bereich können sich die rastenden Gäste über die regionale Geschichte und archäologischen Funde informieren. In der Ausstellung, aber auch im Restaurant ist die Wandverkleidung aus Massivholz gestaltprägend und schafft einen warmen Kontrast zur grauen Aluminiumfassade. Dabei ist es dem Projektteam gelungen, das für Raststätten eigentlich typische visuelle Chaos der Markenwelten einem einheitlichen Gesamtkonzept unterzuordnen. Die beachtliche Raumhöhe und die vollflächige Verglasung in Richtung Fürstenhügel unterstützen die Atmosphäre der Kontemplation. Eine eingestellte Galerie, die im unteren Bereich den Verkaufstresen und eine offene Küche enthält, erzeugt räumliche Spannung und bietet auf der oberen Ebene weitere Sitzplätze.

Bemerkenswert ist, wie respektvoll sich das Projekt dem Leubinger Fürstenhügel annähert. An keiner Stelle entsteht der Eindruck, dass das Kulturdenkmal hier als Marketing-Gag ausgeschlachtet wird. So ist der Vermittlungsbereich bewusst von der eigentlichen Gaststätte getrennt, Besucher und Besucherinnen sind also nicht zum Konsumieren gezwungen, um die Ausstellung zu sehen. Der »Zeitreiseweg«, der zum 500 Meter entfernten Fürstenhügel führt, ist ebenfalls jederzeit zugänglich und informiert Interessierte anhand von Bronzestelen, die in den Betonweg eingelassen sind, über archäologische Fundobjekte in der Umgebung und historische Ereignisse. Und nicht zuletzt kann der Leubinger Fürstenhügel auch mit dem Fahrrad oder zu Fuß durch die Anbindung an den nahe gelegenen Unstrut-Radweg erreicht werden.

Eine Tank- und Rastanlage, die einen Zugang zu bronzezeitlichen Bodendenkmälern und damit zur Frühgeschichte einer Region bietet statt weitgehender Ortlosigkeit. Das hat es bisher noch nie gegeben. Vom Konzept bis ins Detail ist die Gestaltung durchdacht, was sicherlich auch der interdisziplinären Zusammenarbeit geschuldet ist. Der Ort hat das Potenzial, Menschen sowohl für Archäologie als auch für Architektur – die eben auch bei Autobahnraststätten möglich ist – zu begeistern.

A spacious glazed passage leads from the petrol station shop to the bathroom facilities and the restaurant. This area was designed as an exhibition corridor where resting guests can learn about regional history and the archaeological discoveries. In the exhibition, but also in the restaurant, the solid timber wall cladding defines the design and creates a warm contrast to the grey aluminium façade. The project team succeeded in subordinating the visual chaos of the brand environments typical of service stops into a uniform overall concept. The considerable ceiling height and the full-surface glazing in the direction of the hill support the atmosphere of contemplation. An inserted gallery, which contains the sales counter and an open kitchen in the lower area, creates spatial tension and offers additional seating on the upper level.

It is remarkable how respectfully the project approaches the Leubingen tumulus. At no point does the impression form that the cultural monument was exploited here as a marketing gimmick. The presentation area is deliberately separated from the actual restaurant, meaning visitors are not forced to consume in order to see the exhibition. The 'Time Travel Trail', which leads to the Prince's Hill 500 metres away, is also accessible at all times and provides information about archaeological discoveries in the area and historical events using bronze steles embedded in the concrete path. Last but not least, the Leubingen tumulus can be reached by bike or on foot thanks to its connection to the nearby Unstrut cycle path.

This is a petrol station and rest area that offers access to bronze age archaeological monuments and thereby to the early history of a region rather than just having no sense of place. That has never happened before. From the concept right down to the last detail, the design is well thought out, which is certainly also thanks to the interdisciplinary team. This place has the potential to spur enthusiasm both for archaeology and architecture – which is indeed possible at a motorway service station.

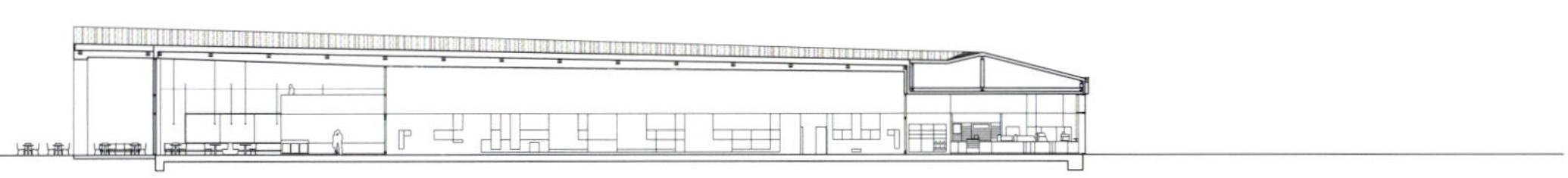

Schnitt
Section

Pasztori Simons Architekten

Studio D., Berlin

Kritik **Lena Unger**

19

Architekten / Architects
Pasztori Simons Architekten PartmbB
Kurfürstenstraße 13
10785 Berlin
www.pasztorisimons.com
info@pasztorisimons.com

Projektteam / Project team
Martin Pasztori, Johann Simons

Bauherr / Client
Privat

Tragwerksplanung / Structural engineering
PICHLER Ingenieure GmbH Beratende Ingenieure VBI Tragwerksplanung, Berlin

Haustechnik / Building services engineering
Building Applications PartmbB, Berlin

Brandschutz / Fire prevention
brandkontrolle Andreas Flock GmbH, Berlin

Sonstige / Others
Architekturbüro Schasler GmbH (Bauleitung), Berlin

Standort / Location
Torstraße 191d
10115 Berlin

Fertigstellung / Completion
Februar 2021

Fotografie / Photography
Yohan Zerdoun, Freiburg

Der Zugang des Studios liegt von der Straße weit zurückgesetzt.
The entrance to the studio is well set back from the street.

Die Faszination von Architekten für einfache Werkhallen ist ungebrochen, was besonders an der Direktheit von Ausdruck und Konstruktion und der Feinheit der (häufig verwendeten) Stahltragwerke liegen mag. Dazu kommen die besonderen Orte der Hinter- oder Werkshöfe, in deren Alltäglichkeit viel Poesie liegen kann. Diese eher zufällig wirkenden Qualitäten heute planerisch und kontrolliert zu erzeugen ist eine Gratwanderung, die die jungen Architekten Martin Pasztori und Johann Simons souverän bewältigt haben. Der Weg zu dieser Lösung ging über viele Jahre; unterschiedliche Widrigkeiten schienen das Projekt bis zu seiner Fertigstellung gar stoppen zu wollen.

Dass ein solcher Zwischenraum in Berlin-Mitte überhaupt noch existierte und dass er für ein Künstleratelier genutzt werden konnte, ist eine der Erstaunlichkeiten dieses Projekts. Das Atelierhaus steht innerhalb eines fragmentierten Berliner Blocks. Die Öffnung und damit auch der Zugang zum Gebäude entsteht dadurch, dass der angrenzende Plattenbau sich aus der Flucht der Torstraße dreht und wie eine Verlängerung der Tucholskystraße in das Blockinnere zieht. Der entstandene Zwischenraum öffnet sich auf beiläufige

Architects' fascination with simple workshops has never waned and may be due in particular to the directness of expression and construction and the delicacy of the (frequently used) steel structures. There are also the special places in the backyards and factory yards, where there can be a lot of poetry in their everyday life. Creating these seemingly random qualities in a planned and controlled manner today is a balancing act that young architects Martin Pasztori and Johann Simons effortlessly mastered. The path to this solution took many years. Various obstacles seemed to want to stop the project in its tracks right up until its completion.

One of the astonishing aspects of this project is the fact that such an intermediate space still existed in Berlin's Mitte district and that it could be used for an artist's studio. The studio building is located within a fragmented Berlin block. The opening, and thereby also the access to the building, is created by the fact that the adjoining prefabricated building turns away from the line of Torstrasse and extends into the interior of the block like an extension of Tucholskystrasse. The resulting space opens up in a casual way and works surprisingly well in terms of urban development. If you move inwards from

Art und Weise und funktioniert städtebaulich überraschend gut. Bewegt man sich von der lauten Torstraße ins Innere, vorbei an Abstandsgrün und Restflächen, eröffnet sich einem eine periphere Hinterhofwelt, in die sich das Atelierhaus selbstverständlich einfügt. Die Straßenlaterne vor dem Eingang wirkt so, als sei auch sie schon immer dagewesen.

Das Gebäude selbst schöpft in seiner Länge das gesamte Grundstück aus und »klemmt« sich zwischen seine zwei Brandwände. Seine Form ist einfach und umhüllt einen großzügigen Atelierraum im Westen sowie eine Galerie und Büroräume im Osten. Der Rücksprung des Galeriebaus lässt der bestehenden großen Kastanie genug Platz und schafft gemeinsam mit der vorhandenen Begrenzungsmauer einen Hof im eigentlichen Hof. Mit ihren gleich proportionierten großen Fensteröffnungen bindet die Fassade den zweigeschossigen Galerieteil, das betonierte Treppenhaus und die große Halle visuell zu einem Baukörper zusammen und kaschiert die Übergänge geschickt. Die Einfachheit und Bescheidenheit – man erahnt sie bereits von Weitem und wird beim Nähertreten bestätigt – wird durch die Feinheit der einzelnen Elemente und deren Fügung erzielt.

Fenster und einfache Metalltüren sitzen wohlkomponiert in der Fassadenfläche. Direkt unter den Dachsparren und dem feinen Überstand des flach geneigten Dachs liegen die großformatigen Festverglasungen des Ateliers. Die Fassade besteht aus unzähligen kleinteiligen, schuppenförmigen Faserzementschindeln, die dem Bau einen ganz eigenwilligen Charakter geben. Je nach Lichteinfall changiert diese Haut zwischen Grau und Grün. Durch die nur dezent nach innen versetzten Fenster und das leichte Verkleidungsmaterial wirkt die Fassade sehr flach, beinahe zart.

Eine der Widrigkeiten auf dem beschwerlichen Weg zur Realisierung der Atelierhalle war der U-Bahn-Tunnel, der direkt unter dem Grundstück verläuft. Das Gebäude ist daher als Industriebau in Stahlrahmenbauweise entwickelt. Ein Großteil des Baukörpers ist als Brücke über dem Tunnel konstruiert. Somit werden keine schweren Lasten auf ihn abgeleitet; die Außenhülle des Hauses wird von der Brückenkonstruktion getragen. Der Boden ist ebenfalls entkoppelt und verhindert so die Übertragung der Schwingungen der alle vier Minuten passierenden Bahnen. Diese Planungsschwierigkeiten und den Umstand, dass es eher einer komplexen Infrastruktur gleicht, lässt das Haus innen wie außen nicht erahnen.

noisy Torstrasse, past the green space and remaining areas, a peripheral backyard world opens up, into which the studio building naturally fits. The streetlight in front of the entrance looks like it has always been there.

The length of the building itself takes up the entire site and is wedged between its two firewalls. Its form is simple, enveloping a spacious studio space to the west and a gallery and office space to the east. The recess of the gallery building leaves enough space for the existing large chestnut tree and, together with the existing boundary wall, creates a courtyard in the actual courtyard. The façade with its equally proportioned, large window openings visually combines the two-storey gallery part, the concrete staircase, and the large hall into one building and cleverly conceals the transitions. The simplicity and modesty – that you can sense from afar and is confirmed when you come closer – is achieved through the delicacy of the individual elements and how they are combined.

The windows and simple metal doors sit well-composed in the façade surface. The studio's large-format fixed glazing is located directly under the rafters and the subtle overhang of the gently sloping roof. The façade consists of innumerable small, scale-like fibre cement shingles, which give the building a very idiosyncratic character. This skin changes from grey to green depending on how the light falls. The façade appears very flat and almost delicate due to the fact that the windows are only subtly set inwards and on account of the light cladding material.

One of the obstacles on the arduous path to realising the studio space was the underground tunnel that runs directly under the property. As a result, the building was developed as an industrial building with a steel frame construction. A large part of the structure is designed as a bridge over the tunnel. This way, no heavy loads are diverted onto it; the outer shell of the building is supported by the bridge construction. The floor is also decoupled and does not transmit the vibrations of the trains that pass underneath every four minutes. The building shows no sign of these planning difficulties or the fact that it is more like a complex infrastructure project, both inside and out.

Je mehr man sich annähert, desto besser ist die Gebäudehülle aus schuppenförmigen Faserzementschindeln zu erkennen.
The closer you get, the better you can see the shell of the building made of scale-like fibre cement shingles.

Eine der großen Schiebetüren zum Atelierraum.
One of the large sliding doors to the studio space.

Durch den Rücksprung des Hauses konnte die Kastanie stehen bleiben.
The chestnut tree was able to remain standing because the building was set back.

Der Atelierraum geht in offene Lager- und Werkstattflächen über.
The studio space merges into open storage and workshop areas.

Die Stahltreppe führt zu den Büros auf der oberen Ebene.
The steel staircase leads to the offices on the upper level.

Der Atelierraum erhält gleichmäßiges Licht über hoch angesetzte Fenster und stoffbespannte regulierbare Lichtpaneele.
The studio space is provided with uniform lighting from high windows and fabric-covered adjustable light panels.

Die hohe Halle ist erstaunlich still und gewährt den Blickkontakt nach außen wohlkalkuliert nur über zwei Fensteröffnungen in Sichthöhe. Das große Fensterband oben lässt Licht von Norden in den Raum und eröffnet beim Besuch im Sommer einen Blick in den stahlblauen Himmel und in das Blätterwerk der umstehenden Bäume. Eine weitere Qualität, die die Fenstersetzung schafft, ist die in den Räumen entstehende Intimität. In der Galerie wird man neidisch auf den Platz am Schreibtisch mit Blick direkt in die Äste der Kastanie – und das im Berliner Zentrum. Obwohl die Fläche des Grundstücks sehr begrenzt ist, wirken die Bezüge nach außen nie beengt.

Man spürt in der Halle mit ihrem rohen Betonboden und der strukturierten hohen Decke eine ausgesprochene Gelassenheit sowie zugleich auch den Werkstatt-Charakter; ein konzentriertes Arbeiten lässt sich hier sehr gut vorstellen. Eine ähnliche Gelassenheit und Logik liegt in der Anordnung der freien Treppe und den Rücksprüngen für den schmaleren und zweigeschossigen Galerieteil. Es stellt sich die Frage, inwieweit der Künstler und Auftraggeber den Entwurfsprozess beeinflusst hat. Vermutlich ist es eine Mischung aus der Empathie der beiden Architekten, der jahrelangen gemeinsamen Entwicklung dieses Projekts und dem stetigen Austausch mit dem Auftraggeber und seiner Arbeit. Dass ein äußerst etablierter Künstler ein junges Architekturbüro mit seinem ersten eigenen Werk beauftragt und in sein Können vertraut, ist sehr bemerkenswert. Dass die Architekten diesen Mut und das Vertrauen auch über Jahre hinweg mit viel Durchhaltevermögen bestätigt und ein solch stilles, feinfühliges Ergebnis geschaffen haben, dafür gebührt ihnen voller Respekt.

The high hall is surprisingly quiet and only provides visual contact to the outside world through two window openings at eye level. The large row of windows at the top allows light from the north to pour into the room and when visiting in summer opens up a view of the steel-blue sky and the foliage of the surrounding trees. Another quality that the window positioning creates is the intimacy that arises in the rooms. In the gallery, it is easy to be envious of the space at the desk that has a view directly into the branches of the chestnut tree – and this is in the centre of Berlin! Although space on the site is very limited, the references to the outside never appear cramped.

The hall has a raw concrete floor and structured high ceiling, creating a pronounced sense of serenity, yet it has the character of a workshop at the same time. It is easy to imagine focused work taking place here. A similar sense of serenity and logic lies in the arrangement of the open staircase and the recesses for the narrower, two-storey gallery section. One wonders to what extent the artist and client influenced the design process. It is probably a mixture of the empathy between the two architects, the years of joint development of this project, and constant exchanges with the artist and his work. It is particularly remarkable that an extremely well-established artist commissioned a young architectural firm with their first project and trusted in their skills. The fact that the architects have confirmed this courage and trust over the years with a great deal of perseverance and have created such a quiet, sensitive result means that they deserve our full respect.

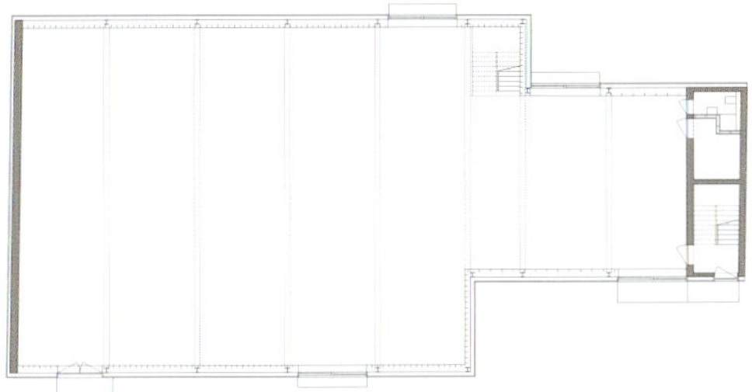

Grundriss
Floor plan

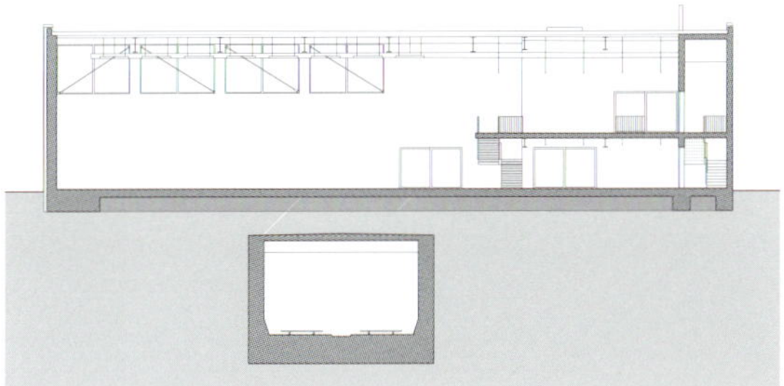

Schnitt mit S-Bahn-Tunnel
Section with underground train tunnel

Arbeitsplatz in der Galerie mit Blick in die Krone der vorm Haus stehenden Kastanie.
A workspace in the gallery with a view of the crown of the chestnut tree in front of the building.

Sauerbruch Hutton

Luisenblock West, Berlin

Kritik **Christian Brensing**

20

Architekten / Architects
Sauerbruch Hutton
Lehrter Straße 57
10557 Berlin
www.sauerbruchhutton.com
office@sauerbruchhutton.com

Projektteam / Project team
Jürgen Bartenschlag, Partner
Sibylle Bornefeld, Partnerin / Projektmanagerin
Natalie Hipp, Nelson Schleiff, Hilary Simon, Philipp Hesse, Daniel Eichenberg, Luca Di Carlo, Jorge Martínez, Konrad Opitz, Jan Müller

Bauherren / Clients
Bundesrepublik Deutschland vertreten durch Bundesministerium für Wohnen, Stadtentwicklung und Bauwesen vertreten durch Bundesamt für Bauwesen und Raumordnung in Kooperation mit Kaufmann Bausysteme GmbH und Primus Developments GmbH, Berlin

Tragwerksplanung / Structural engineering
Wetzel & von Seht, Hamburg

Haustechnik / Building services engineering
Drees & Sommer, Stuttgart

Landschaftsarchitektur / Landscape architecture
Sinai Landschaftsarchitekten, Berlin

Bauphysik / Building physics
Wetzel & von Seht, Hamburg

Brandschutz / Fire prevention
DEKRA Automobil GmbH, Hamburg

Standort / Location
Adele-Schreiber-Krieger-Straße 6
10117 Berlin

Fertigstellung / Completion
Dezember 2021

Fotografie / Photography
Jan Bitter, Berlin

Der Luisenblock mit neuen Abgeordnetenbüros mitten im Berliner Regierungsviertel.
The Luisenblock building with new offices for members of the German Bundestag in the middle of Berlin's government district.

Die Abgeordneten des Deutschen Bundestags, die die 400 Büros des in einer Rekordzeit von weniger als 20 Monaten geplanten und errichteten Luisenblocks West nutzen, müssen einer strengen Hausordnung folgen. So dürfen etwa keine Nägel, Heftzwecken oder gar Tesastreifen in oder an die weiß lasierten Fichtenholzwände der Büros angebracht werden. Die Sichtflächen der modularen Holzhybridbauweise, bei der 75 Prozent des 17.100 Quadratmeter Bruttogeschossfläche umfassenden Verwaltungsbaus aus nachhaltig produzierten Vollholz-Elementen bestehen, werden akribisch geschützt. Schon an dieser nicht alltäglichen Vorschrift lässt sich erkennen, dass insbesondere der modulare Holzhybridbau nicht mit herkömmlichen Gebäuden, zum Beispiel mit einer Stahlbetonskelettkonstruktion, vergleichbar ist.

Dies bezieht sich vor allem auf die Projektierung und Planung des Modulbaus (MODB) aus Holz und Stahlbeton. In der bereits zitierten »Allgemeinen Nutzungsinformation und Bedienhinweise für die Abgeordneten« klingt die Baubeschreibung noch schlicht und einfach: »Der MODB ist ein weitgehend in Holz errichtetes Gebäude aus ca. 460 Einzelmodulen ... Lediglich die

The members of the German Bundestag who use the 400 offices in the Luisenblock West building, which was planned and built in a record time of less than 20 months, have to follow a strict set of house rules. For example, it is not permitted to use nails, thumbtacks, or even strips of adhesive tape on the white glazed spruce timber walls of the offices. The visible surfaces of the modular timber hybrid construction, in which 75 per cent of the 17,100 square metres of gross floor area of the administration building consist of sustainably produced solid timber elements, are meticulously protected. This unusual rule also shows that the modular timber hybrid construction in particular cannot be compared with conventional buildings, such as those with a reinforced concrete skeleton construction.

This relates above all to the project development and planning of the modular construction (MODB) made of timber and reinforced concrete. In the *General Usage Information and Operating Instructions* for the members of parliament cited above, the building description still sounds plain and simple: 'The MODB is a largely timber building made up of approximately 460 individual modules ... Only the floor slab and foundations, the technical

Der Blick von Westen über die Spree. Rechts angeschnitten der Marie-Elisabeth-Lüders-Steg und das gleichnamige Haus.
The view from the west over the Spree. The Marie-Elisabeth-Lüders-Steg pedestrian bridge and the building of the same name are visible to the right.

Zur S-Bahntrasse schützt ein Glas-Screen vor Lärm.
A glass screen protects against noise from the S-Bahn train line.

Fassadenausschnitt. Für das Farbkonzept ging das Team mehrere Tage in Klausur.
Façade section. The team worked in closed sessions for several days to determine the colour concept.

Bodenplatte mit Fundamenten, die Technik- und Logistikbereiche im Erdgeschoss sowie das zentrale Atrium mit vier Aufzügen sind in Stahlbetonbauweise errichtet. Auf dem Dach oberhalb des Atriums befindet sich die Dachzentrale mit technischer Gebäudeausrüstung. Im Norden fungiert als Schallschutz gegen die S-Bahn eine Glasfassade, die an einer feuerverzinkten Stahlkonstruktion mit Laubengängen und den Fluchttreppen fixiert ist.«

Der Teufel steckt jedoch im Detail der Umsetzung einer solch vermeintlich einfachen Architektur. Schon die Ausschreibung für den Siebengeschosser im Berliner Regierungsviertel am nördlichen Ende des sogenannten Bandes des Bundes hatte ihre Herausforderungen. Der Auslober, das Bundesamt für Bauwesen und Raumordnung BBR, verpflichtete die geladenen Architekturbüros, jeweils in einer eigenen Bietergemeinschaft als Generalübernehmer und Generalunternehmer aufzutreten. Das Büro Sauerbruch Hutton tat sich, unter anderem begründet durch die gemeinsamen Erfahrungen und die Kooperation beim Studentenwohnheim Woodie[1] (2017) in Hamburg, wieder mit dem österreichischen Raummodul-Produzenten Kaufmann Bausysteme und dem Hamburger Projektentwickler Primus Developments zusammen.

1 Siehe: Förster / Gräwe / Schmal: Architekturführer Deutschland 2019, Berlin 2018, S. 15.

and logistics areas on the ground floor, and the central atrium with four elevators are made of reinforced concrete. The rooftop control centre with the technical building equipment is located on the roof above the atrium. In the north, a glass façade fixed to a hot-dip galvanized steel construction with arcades and the escape stairs offers noise protection from passing S-Bahn trains.'

However, the devil is in the details of the implementation of such supposedly simple architecture. Even the competition for the seven-storey building in Berlin's government district at the northern end of the so-called Federal Ribbon architectural ensemble had its challenges. The awarding authority, the Federal Office for Building and Regional Planning, obliged the architects invited to act as general contractors in their own bidding consortium. Sauerbruch Hutton once again teamed up with the Austrian room module producer Kaufmann Bausysteme as well as the Hamburg-based project developer Primus Developments – partly on account of their shared experiences and cooperation on the Woodie[1] (2017) student residence in Hamburg.

1 See: Förster / Gräwe / Schmal, Architekturführer Deutschland 2019, Berlin 2018, p. 15.

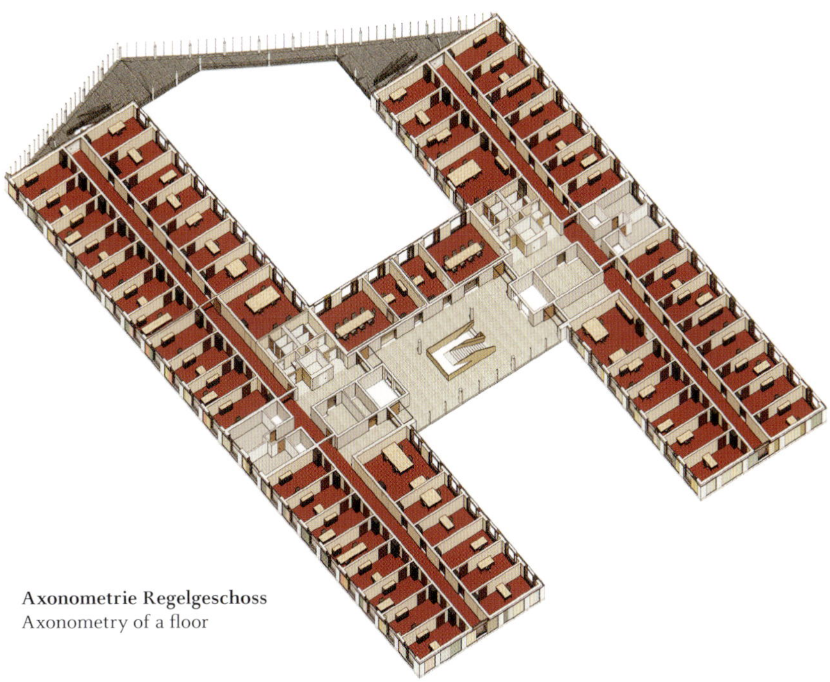

Axonometrie Regelgeschoss
Axonometry of a floor

Die Haupterschließungstreppe.
The main access staircase.

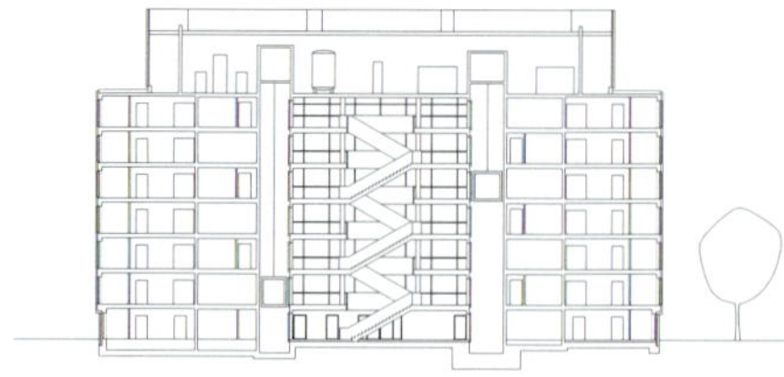

Schnitt
Section

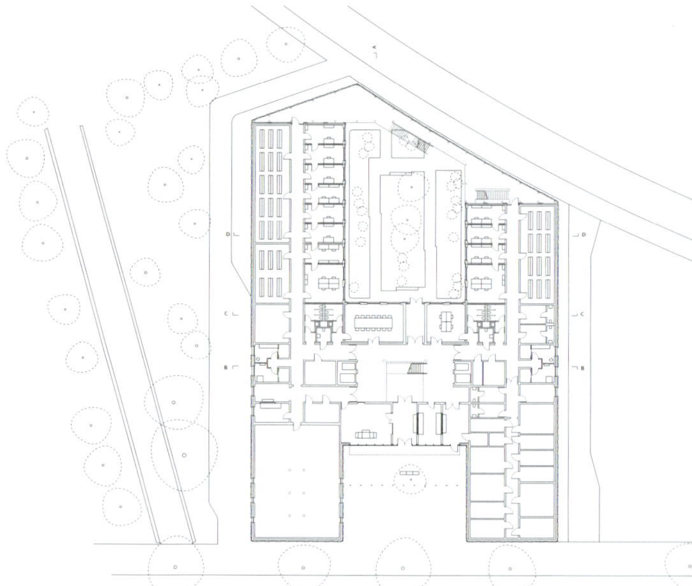

Grundriss Erdgeschoss
Ground floor plan

Zwei zusammengelegte Module ergeben einen größeren Büroraum.
Two modules joined together result in a larger office space.

Nach einem ausgeklügelten System entwarf man ein standardisiertes Vollholzmodul, wobei die Fertigung durch Kaufmann Bausysteme zügig und effizient im benachbarten Berlin-Köpenick erfolgte. Ein jedes Büromodul misst 3,20 × 6,70 Meter und wurde im Werk bereits mit Fenstern, Türen, Verkabelung und Steckdosen ausgerüstet, was einem Vorfertigungsgrad von etwa 80 Prozent entspricht. Über drei Monate lieferten Lkws täglich sechs Module an, die in den Nachtstunden verbaut wurden, da während des Tages die Rohbauarbeiten an den beiden Erschließungskernen aus Stahlbetonfertigteilen Priorität hatten. Im Grundriss entspricht das Gebäude dem Großbuchstaben H. Die beiden Schenkel nach Süden rahmen einen Vorplatz, über den man zum mittig angeordneten Haupteingang gelangt, die beiden nach Norden formen einen begrünten Innenhof. In allen vier Gebäudeflügeln sind die Büromodule jeweils gegenüber an einem zentral liegenden Flur angeordnet. Die dazwischen befindliche Flurdecke nimmt die ebenfalls modular vorgefertigten Heiz- und Kühlinstallationen auf, wobei ein Aggregat immer zwei gegenüberliegende Module versorgt. Für größere Büros oder Besprechungsräume werden mehrere Module zusammengeschaltet. In den Büros und Fluren bilden tomatenrote Bodenbeläge den Kontrast zu den Holzoberflächen und dem sachlichen Mobiliar.

Die nachhaltigen Qualitäten des Innenausbaus finden sich auch in der Fassade wieder. Dort kamen recycelte, silbern glänzende unlackierte Aluminium- sowie farbig hinterlegte gläserne Fassadenpaneele zum Einsatz. Alle Fassadendetails wie Entwässerung, Sonnenschutz oder Brüstungen sind so gelöst worden, dass in sämtlichen Ansichten ein durchgehend homogenes Fassadenbild entstanden ist. Äußerst belebend ist die wechselhafte Farbpalette der Glaselemente. Sie spiegelt zu allen Jahreszeiten die Blätterfarben des benachbarten »Parlaments der Bäume« von Ben Wagin wider.

Und auch die ökologische Bilanz kann sich sehen lassen: Insgesamt verbaute man 2.500 Kubikmeter Fichtenholz, das gemäß dem Woodcycle-Konzept von Primus Developments in Form von 3.300 Setzlingen auf 12,7 Hektar Waldfläche nachgepflanzt wird. So bedarf es etwas mehr als drei Legislaturperioden, bis die verbaute Holzmenge nachgewachsen sein wird. Zeit genug für die Abgeordneten, sich an alle Besonderheiten des Holzhybridgebäudes zu gewöhnen.

A standardised solid timber module was designed according to an ingenious system, with production being carried out quickly and efficiently by Kaufmann Bausysteme in the neighbouring Berlin district of Köpenick. Each office module measures 3.2 by 6.7 metres and has already been fitted with windows, doors, cabling, and sockets in the factory. This corresponds to a degree of prefabrication of around 80 per cent. Trucks delivered six modules a day for three months and these were installed during the night, as the structural work on the two development cores made of prefabricated reinforced concrete elements took priority during the day. The building's floor plan is in the shape of a capital H. The two sides to the south frame a forecourt that leads to the central main entrance, while the two to the north form a green inner courtyard. The office modules are arranged opposite one another in a central corridor in all four wings of the building. The corridor ceiling in between accommodates the heating and cooling installations, which are also modular and prefabricated, with one unit always supplying two opposite modules. Several modules are interconnected to form larger offices or meeting rooms. Floor coverings in a tomato shade of red in the offices and corridors contrast with the timber surfaces and the functional furniture.

The sustainable qualities of the interior design can also be found in the façade. Recycled, shiny silver, unpainted aluminium and coloured glass façade panels were used there. All façade details such as drainage, sun protection, and parapets have been solved in such a way that a consistently homogeneous façade image was created in all views. The changing colour palette of the glass elements is highly refreshing. No matter the season, it reflects the leaf colours of the neighbouring *Parliament of Trees* memorial by Ben Wagin.

Finally, the ecological balance is also impressive. A total of 2,500 cubic metres of spruce was used, which was replanted in the form of 3,300 seedlings on 12.7 hectares of forest in accordance with the Primus Developments wood cycle concept. It will take a little more than three legislative periods for the amount of wood used to regrow – just enough time for MPs to get used to all the special features of the timber hybrid building.

Die Raummodule bei der Montage auf der Baustelle und in der Produktion.
The room modules during assembly on the construction site and in production.

Stephanie Hirschvogel Architekten

Grünes Haus, Schongau

Kritik **Anna-Maria Mayerhofer**

21

Architekten / Architects
Stephanie Hirschvogel Architekten
Kirchenstraße 19
86956 Schongau
www.stephaniehirschvogel.com
mail@stephaniehirschvogel.com

Projektteam / Project team
Stephanie Hirschvogel, GL, PL,
Bauleitung

Tragwerksplanung / Structural engineering
Ingenieurbüro Knappich,
Philipp Knappich M. Eng., Bernbeuren

Elektro / Electrical engineering
VS planen + beraten GbR, Peiting

Bauphysik / Building physics
Energieberatung Schärfl,
Alois Schärfl Dipl.-Math., Schongau

Brandschutz / Fire prevention
Sabina Rigotti Dipl.-Ing. Univ.
Architektin M. Eng., Fuchstal

Sonstige / Others
Planungsbüro RH Roland Hinterseher,
Schongau
Marion Bartl Dipl.-Ing. (FH) KfW-Denkmal-Beratung, Obergünzburg

Standort / Location
Kirchenstraße 19
86956 Schongau

Fertigstellung / Completion
März 2021

Fotografie / Photography
Philip Heckhausen, Zürich

Der Blick auf das Eingangstor des Grünen Hauses und die sanierte Häuserzeile.
The view of the entrance to the Green House and the renovated row of houses.

Oft dauert es nicht lange, bis interessante Architekturprojekte nach ihrer Fertigstellung von der Architekturwelt kommentiert und einer gegenwärtigen Strömung zugeschrieben werden. Auch das Grüne Haus im oberbayerischen Schongau mit seinem rückwärtigen Ateliergebäude bekam einen Stempel aufgedrückt: flämisch. Kurz nach der Veröffentlichung der Fotos erreichten die Architektin Stephanie Hirschvogel die ersten einordnenden Bemerkungen zu ihrem Projekt. »Wenn man was Grünes macht, ist es De Vylder. Und wenn man was Verchromtes macht, ist es OFFICE«, sagt sie lachend. Gehen Interpretationen dieser Art über reine Farbgebungsfragen hinaus, hat Stephanie Hirschvogel nichts dagegen. Wie die jüngere Generation flämischer Architekten ließ sie sich beim Ateliergebäude von den alltäglichen Häusern der Umgebung, genauer gesagt von der nachbarschaftlichen Hinterhofbebauung inspirieren. Die Carports und Garagen mit Baumarktcharme übersetzte sie in eine Remisenarchitektur mit unbehandelten Materialien und sichtbarer Konstruktion. Rote Ziegelwände, Sichtbeton und Stahlträger treffen auf eine großflächige Glasfassade mit Aluminiumprofilen in Oxidrot – entsprechend den roten Trapezblechen auf den Dächern der umgebenden Funktionsgebäude. Ein Galeriegeschoss liegt auf einem knallgrün lackierten Stahlträger, eine Bezugnahme auf die intensiven Farben von Gewerbebauten.

It often does not take long for the architectural community to comment on interesting architectural projects after their completion and attribute them to a current trend. The Green House in Schongau, Upper Bavaria, with its studio building at the back, was also given a label: Flemish. Architect Stephanie Hirschvogel received the first comments about her project shortly after the photos were published. 'If you make something green, it's De Vylder. And if you make something chrome, it's OFFICE,' she says, laughing. If interpretations like this go beyond pure colour issues, Stephanie Hirschvogel has nothing against them. Like the younger generation of Flemish architects, she drew inspiration for the studio building from the everyday buildings in the area, specifically from the neighbourhood's rear courtyard buildings. She translated the car ports and garages with DIY shop charm into a kind of remise architecture with untreated materials and visible construction. Red-brick walls, exposed concrete, and steel girders meet a large glass façade with aluminium profiles in oxide red, all corresponding to the red trapezoidal sheets on the roofs of the surrounding functional buildings. A gallery level rests on a steel girder painted bright green – a reference to the intense colours of commercial buildings.

Die tiefen Parzellen der für die spätmittelalterliche Altstadt typischen Stadtbauernhäuser wurden lange Zeit landwirtschaftlich genutzt. Statt Kühen und Schweinen stehen dort heute Kleinwagen und Rasenmäher; von der alten Hofbebauung ist meist nichts mehr übrig. Die Vordergebäude, eine bunte Mischung von trauf- und giebelständigen Häusern im geschlossenen Blockrand, sind oft in schlechtem Zustand. So war es auch beim Grünen Haus, mit dessen Sanierung und Umbau Stephanie Hirschvogel beauftragt wurde. Das zweigeschossige Vordergebäude mit barocker Fassade wurde im 16. Jahrhundert errichtet, im 19. Jahrhundert nach einem Großbrand neu aufgebaut und in der Nachkriegszeit mit verschiedenen Um- und Einbauten versehen. Die Wände waren feucht, die Bausubstanz marode und eine funktionierende Erschließung fehlte. Wie mit so einem Bestand umgehen?

Präzise Bauherrnwünsche und strikte Vorgaben vom Denkmalamt ließen wenig Spielraum. Sechs unabhängig erschlossene, marktfähige (!), also flexibel gestaltbare und den heutigen Standards entsprechende Wohnungen sollten untergebracht werden. Der Bauherr wollte das Gebäude gut vermieten. Eine sensible Sanierung, bei der im Austausch mit zukünftigen Nutzern situativ-individuelle Lösungen gefunden werden können, war ausgeschlossen. Jede Idee, die von einem Neubau des Gebäudes ausging, wurde vom Denkmalamt blockiert, denn die Schongauer Altstadt steht unter Ensembleschutz. Das Gebäudevolumen inklusive Dachform durfte nicht verändert, die Straßenfassade und der Dachstuhl mussten substanziell erhalten und alle Fassaden nach den Anforderungen des Denkmalschutzes gestaltet werden.

Stephanie Hirschvogel las sich tief in die Schongauer Stadtgeschichte ein, studierte alte Fotos des Stadtbauernhauses und wälzte Gestaltungsfibeln für mittelalterliche Städte. Sie holte mit dem neuen Standort ihres eigenen Büros die gewerbliche Nutzung zurück in den Innenhof und öffnete die Hofdurchfahrt, die früher große Heuwagen hatte passieren lassen und bei Umbauten in der Nachkriegszeit verbaut worden war. Dadurch konnte nicht nur ein zentrales Treppenhaus erschlossen und dem Haus ein Stück Identität zurückgegeben, sondern auch eine frühere Sichtachse von der Hauptstraße ins Parzelleninnere wiederhergestellt werden. Heute blitzt das rote Ateliergebäude durch das halbverglaste Tor. Zwei Grundstücksgrenzen und eine frühere Parzellengrenze bilden die polygonale Grundform des eingeschossigen Rückgebäudes, das sich in seiner Position ein wenig vom Vordergebäude wegdreht, um Wohnungen und Atelier die nötige Privatsphäre zu bieten.

The deep plots of the urban farmhouses typical of the late medieval old town were used for agriculture for a long time. Instead of cows and pigs, there are now small cars and lawnmowers. There is nearly nothing left of the old farm buildings. The front buildings, a colourful mixture of eaves and gabled houses in the closed perimeter of the block, are often in poor condition. It was the same with the Green House, which Stephanie Hirschvogel was commissioned to refurbish and remodel. The two-storey front building with a baroque façade was erected in the sixteenth century and rebuilt in the nineteenth century after a major fire, and various renovations and modifications were made in the post-war period. The walls were damp, the building fabric was dilapidated, and there was no functioning access point. How do you approach such a structure?

Precise requests from the client as well as strict specifications from the Office for Monument Protection left little room for manoeuvre. The plan was to accommodate six independently developed and marketable(!) apartments, i.e., flexibly designed apartments that meet present day standards. The client wanted to be able to rent out the building. A sensitive refurbishment process, where individual solutions for each situation could be found in exchange with future users, was out of the question. Every idea that started with the construction of the new building was blocked by the Office for Monument Protection, as the old town of Schongau is part of a group of listed buildings. It was not permitted to change the volume of the building, including the shape of the roof. It was required to substantially preserve the street façade and the roof structure and all the façades had to be designed according to monument protection requirements.

Stephanie Hirschvogel immersed herself in the history of the town of Schongau, studied old photos of the urban farmhouse, and pored over design guidelines for medieval towns. The new location of her own office allowed her to bring commercial use back to the courtyard and open the courtyard passage, which used to allow large hay carts through and was blocked due to modifications made in the post-war period. This not only made it possible to access a central stairwell and give the building a bit of identity, but also to restore a former line of sight from the main road to the interior of the plot. The red studio building now flashes through the half-glazed gate. Two property boundaries and a former plot boundary form the basic polygonal design of the one-storey rear building, which is slightly rotated away from the front building in order to offer the apartments and studio the necessary level of privacy.

Die Sanierung ist ein Beitrag zur Reparatur der spätmittelalterlichen Altstadt.
The renovation contributes to the restoration of the late medieval old town.

Zum Hof öffnet sich das Haus mit bodentiefen Fenstern.
The house opens onto the courtyard with floor-to-ceiling windows.

Hinterhöfe mit den charakteristischen roten Blechdächern.
Rear courtyards with the characteristic red tin roofs.

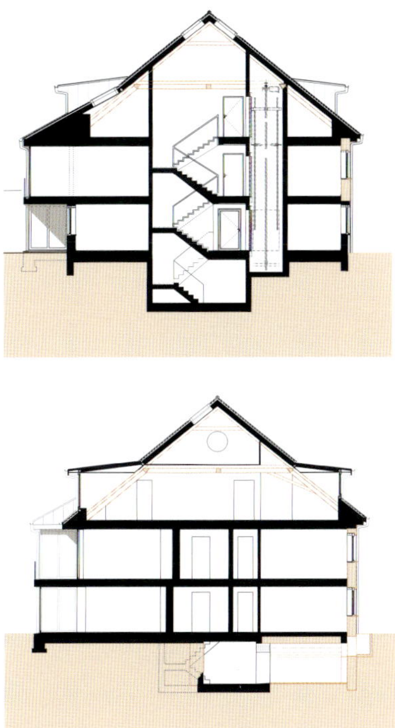

Schnitte
Sections

Ein markantes Element im Ateliergebäude ist der knallgrüne Träger.
The bright green support beam is a striking element in the studio building.

Im Innenraum des Bestandsgebäudes bleiben die historischen Balkenlagen sichtbar.
The historical beams remain visible in the interior of the existing building.

Im Hof entstand ein kleines Ateliergebäude.
A small studio building was built in the courtyard.

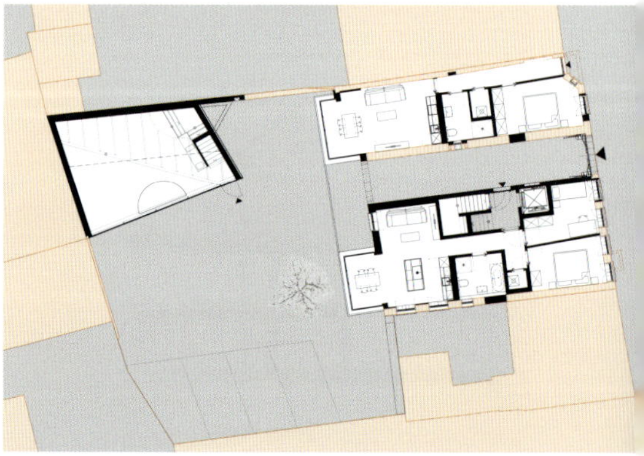

Grundriss Erdgeschoss
Ground floor plan

Im Vordergebäude plante Stephanie Hirschvogel auf jedem Geschoss zwei neue Wohnungen. Die Schlafzimmer sind zur Straße orientiert, Sanitär- und Erschließungsräume liegen in der Mitte, die Wohnräume mit großzügigen Außenbereichen öffnen sich zum gemeinschaftlich genutzten Innenhof. Im Dachgeschoss wurden die alten Holzbalken freigelegt, ansonsten bestimmen oxidrote Fensterprofile und Geländer die hellen Wohnräume auf der Westseite sowie in sanftem Grün gestrichene Holzsprossenfenster die ostausgerichteten Schlafräume.

Unterschiedliche Sprachen sprechen auch die Straßen- und die Hoffassade des Grünen Hauses – der Name ist eine Reminiszenz an die vor der Sanierung grün gestrichenen Mauern des Gebäudes. Zur Straße hin wurde die Fassadenfassung aus dem 19. Jahrhundert wiederhergestellt, aufgefrischt durch dekorative Elemente wie die rautenbemalten Fensterläden im Erdgeschoss und schöne Details wie den freigelegten Segmentbogen, ein Überbleibsel der ursprünglich eineinhalbgeschossigen Hofdurchfahrt. Bei der sich großflächig zum Hof öffnenden Rückfassade stand die Qualität der Wohnräume im Fokus. Aber auch hier kommt die Denkmalpflege auf ihre Kosten: Die Fassade ist klassisch gegliedert und abgesehen von der Durchfahrt im Erdgeschoss symmetrisch angelegt. Im Piano nobile kehrt mit der neuen Laube ein wichtiges architektonisches Element der ursprünglichen Hoffassade zurück. Der cremeweiße Putzanstrich ist die visuelle Verbindung von Vorder- und Rückseite. Mit dem Grünton für historische Fenster und Türen und dem Oxidrot der neuen Fassadenelemente ist nicht nur ein stimmiger Farbklang entstanden, der durch Akzente wie den knallgrünen Träger im Ateliergebäude hier und da aufgelockert wird, sondern auch ein spannender Code, der die Zeitschichten und Referenzthemen des heutigen Stadtbauernhauses ablesbar macht und zu Interpretationen einlädt.

Stephanie Hirschvogel planned for two new apartments on each floor of the front building. The bedrooms are oriented to the street, with the sanitary and access rooms located in the middle. The living rooms and their spacious outdoor areas open to the shared inner courtyard. The old timber beams were exposed in the attic. Otherwise, oxide-red window profiles and banisters define the bright living rooms on the west side, while wooden lattice windows painted in soft green characterise the east-facing bedrooms.

The street and courtyard façades of the Green House also speak different languages. The building's name is a nod to its walls, which were painted green before the refurbishment. The nineteenth-century façade facing the street has been restored and refreshed with decorative elements such as the diamond-painted shutters on the ground floor and lovely details such as the exposed segmental arch – a remnant of the original one-and-a-half-storey courtyard passage. The quality of the living space was the focus of the rear façade, which opened up broadly to the courtyard. Here, too, monument protection requirements were satisfied. The façade is classically structured and symmetrical, apart from the passage on the ground floor. In the piano nobile, an important architectural element of the original courtyard façade returns with a new arbour. The cream-white rendering is the visual connection between the front and rear. The shade of green used for historical windows and doors and the oxide red of the new façade elements not only create a harmonious colour tone that is loosened up here and there using accents such as the bright green support in the studio building, but they also create an exciting code that makes it possible to recognise the layers of time and reference themes of the current urban farmhouse and they invite interpretation.

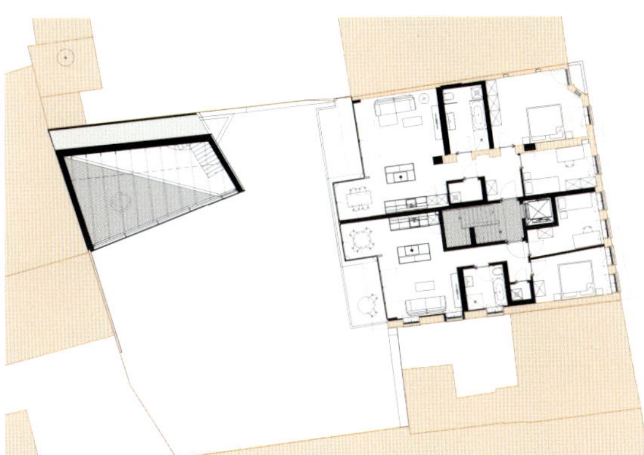

Grundriss 1. Obergeschoss
First floor plan

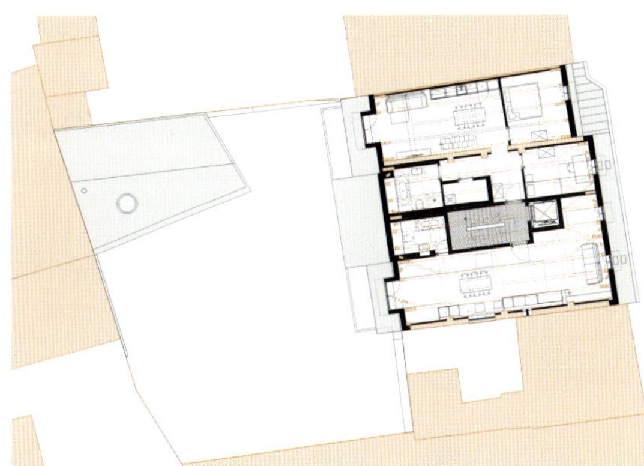

Grundriss Dachgeschoss
Attic floor plan

Sturm und Wartzeck

Nationalparkzentrum Ruhestein, Baiersbronn

Kritik **Brita Köhler**

22

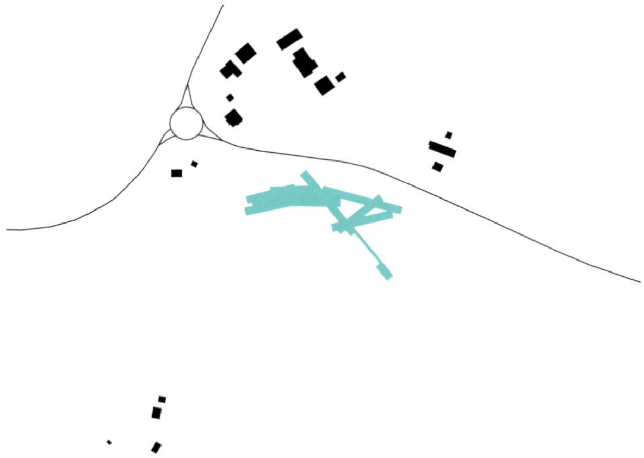

Architekten / Architects
Sturm und Wartzeck GmbH
Wilhelm-Ney-Straße 22
36160 Dipperz
www.sturm-wartzeck.de
pr@sturm-wartzeck.de

Projektteam / Project team
Jörg Sturm, Projektleitung
Franziska Witzel, Teamleitung LP 5–8
Susanne Wartzeck, Controlling und Kosten
Steffen Schultheis, Teamleitung LP 2–4
Sebastian Fell, Mitarbeit

Bauherren / Clients
Land Baden-Württemberg, vertreten durch die Vermögen und Bau Baden-Württemberg, Amt Pforzheim

Beteiligtes Architekturbüro / Other architects involved
Baumeister Architekten
Senefelderstraße 26
70176 Stuttgart
www.baumeisterarchitekten.de
Monir Elmir, Objektüberwachung

Projektsteuerung / Project management
Ministerium für Finanzen Baden-Württemberg, Stuttgart

Tragwerksplanung / Structural engineering
schlaich bergermann partner sbp gmbh, Stuttgart

Haustechnik / Building services engineering
EWT Ingenieure GmbH, Grebenhain

Bauphysik / Building physics
Ing.-Büro Dr. Schäcke + Bayer GmbH, Waiblingen

Brandschutz / Fire prevention
Assel Brandschutz, Fulda

Landschaftsarchitektur / Landscape architecture
weihrauch+fischer gmbh (ehemals: [f]landschaftsarchitektur GmbH), Solingen

Innenarchitektur / Interior design
Sturm und Wartzeck GmbH, Dipperz

Kunst am Bau / Artworks
Kunstraum GfK mbH, vivid exhibitions, Hamburg

Akustik / Acoustics
Ing.-Büro Dr. Schäcke + Bayer GmbH, Waiblingen

Lichtplanung / Lighting design
EWT Ingenieure GmbH, Grebenhain

Fassadenplanung / Façade planning
Sturm und Wartzeck GmbH, Dipperz

Sonstige / Others
BNB-Auditor: ee concept, Darmstadt
Filmische Begleitung: Sohl Media Filmproduktion, Kirchberg

Standort / Location
Ruhestein 1
72270 Baiersbronn

Fertigstellung / Completion
Oktober 2020

Fotografie / Photography
Achim Birnbaum, Stuttgart

Das Nationalparkzentrum entlang der Passstraße am Ruhestein.
The National Park Centre along the Ruhestein pass.

Auf 900 Meter Höhe an der Grenze zwischen Baden und Württemberg liegt die Passhöhe Ruhestein im 2014 gegründeten, 10.000 Hektar großen Nationalpark Schwarzwald, dem ersten und bis heute einzigen Nationalpark Baden-Württembergs. Zunächst war das Parkprojekt umstritten: zu wirtschaftsschädigend, hieß es einerseits. Forstleute befürchteten zudem die Ausbreitung des Borkenkäfers. Andererseits bot sich die Chance, die Natur wieder Natur sein zu lassen und die Wunden durch Holzwirtschaft und Tourismus zu heilen. Der Nationalpark Bayerischer Wald etwa zeigt nach 50 Jahren, dass der ursprünglichere Wald den Schädlingen besser standhält als kontrollierte Wälder. Die Bedeutung der neuen Wildnis im Schwarzwald wird seit Juni 2021 Besuchern über ein Informationszentrum nahegebracht.

2015 aus einem offenen zweiphasigen Wettbewerb mit 160 Teilnehmern hervorgegangen, nimmt der Siegerentwurf des im Holzbau erfahrenen Büros Sturm und Wartzeck das Motiv von lose gestapelten Totholzstämmen im sich selbst überlassenen Urwald auf. Das skulpturale Gebäude mit 3.200 Quadratmeter Nutzfläche ist in acht bis zu 65 Meter lange Riegel

The Ruhestein pass lies at an altitude of 900 metres on the border between Baden and Württemberg in the 10,000-hectare Black Forest National Park, which was founded in 2014. To date, this is the first and only national park in Baden-Württemberg. The park project was initially controversial. On the one hand, it was said that it was too damaging to the economy. Foresters also feared the spread of the bark beetle. On the other hand, there was an opportunity to let nature be nature again and to heal the wounds caused by the timber and tourism industries. The Bavarian Forest National Park, for example, shows after 50 years that the more original forest is better able to withstand pests than the controlled forest. Visitors have been made aware of the importance of the new wilderness in the Black Forest thanks to a visitor centre since June 2021.

In 2015, the Sturm und Wartzeck architectural firm submitted the winning design in an open, two-phase competition with 160 participants. Experienced in timber construction, the firm's design takes up the motif of loosely stacked deadwood trunks in a primeval forest left to its own devices. The sculptural building with 3,200 square metres of usable space is divided into eight long blocks

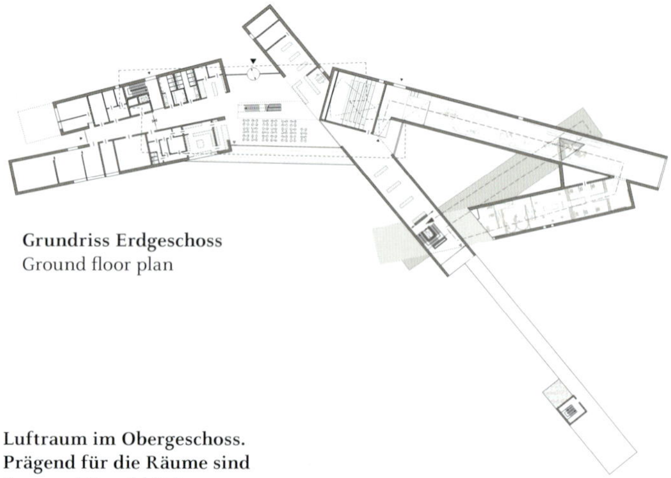

Grundriss Erdgeschoss
Ground floor plan

Luftraum im Obergeschoss. Prägend für die Räume sind Aus- und Durchblicke.
Air space in the upper floor. The rooms are characterised by views outside and through the building.

Foyer mit Kassenbereich.
Foyer with cash desk area.

Skywalk und Aussichtsturm von unten gesehen.
The skywalk and observation tower seen from below.

Der Skywalk zur frei auskragenden Plattform für Gruppenführungen. Rechts der Aussichtsturm.
The skywalk to the cantilevered platform for group tours. The lookout tower is on the right.

gegliedert, die sich wie Finger in den Wald schieben. Unterhalb der Schwarzwaldhochstraße gelegen, ergibt sich die Position der Riegel aus der Hanglage, den zu erhaltenden Bäumen, den Nutzungsbereichen und der Besucherführung. Nördlich davon, vis-à-vis und oberhalb der Straße, befindet sich der Jugendstilbau Villa Klumpp, das bisherige Naturparkzentrum. Dort ist auch ein neuer Verwaltungsbau entstanden.

Der Besuchereingang des Nationalparkzentrums präsentiert sich schlicht. Vom westlich angrenzenden Parkplatz aus leitet ein Vorplatz Richtung Eingang, unterstützt durch die Linienführung der Außenanlagen. Im Kreuzungspunkt der Riegel befindet sich die vertikale Erschließung. Die Ausstellungsbereiche des Neubaus und der Skywalk ragen teils freitragend in den Wald hinein.

Prägend für die Räume des neuen Nationalparkzentrums sind die eindrucksvollen Aus- und Durchblicke sowie die Verwebung mit dem Wald. Zentraler Verteiler ist das helle Foyer mit Café, Panoramafenstern und Wald-Terrasse. Daran angebunden sind der Shop-Bereich und der Kinosaal, eine Wechselausstellung und der Zugang zur Dauerausstellung im Osten sowie die internen Werkstätten und Technikräume in den westlichen Riegeln. Im lichten Obergeschoss ist neben Mitarbeiterbüros in einem eigenen Riegel – dem Bildungsauftrag des Nationalparks entsprechend – flexibel nutzbarer Raum für Vorträge und Workshops entstanden.

Die Höhenstaffelung des Gebäudes in vier Ebenen macht die unterschiedlichen »Stockwerke« des Waldes erlebbar – von den Wurzeln bis zu den Baumkronen. Herzstück ist die 1.000 Quadratmeter große multimediale Dauerausstellung über Lebensphasen, Jahreszeiten und Bewohner des Waldes. Sie erstreckt sich über drei schräg liegende Riegel und taucht über Rampen und Kabinette tiefer in den Wald ein. Am Ende der Ausstellung dient der Raum der Stille mit einem großen Panoramafenster der Kontemplation. Den Rundgang mit einem Weg nach draußen zu verlängern, ist ein Zukunftswunsch. Noch fehlt es an entsprechender Infrastruktur und Außenanlagen.

Passiert man im Erdgeschoss vom Foyer aus kommend den kleinen Wechselausstellungsbereich, betritt man den 65 Meter langen Skywalk im Freien. Er verbindet das Nationalparkzentrum mit dem 34 Meter hohen, um 15 Grad geneigten Aussichtsturm und der auskragenden Plattform mit Platz für Gruppenführungen. Die Spitze des Turms auf Höhe der Baumwipfel gibt den Blick über den 120 Jahre alten Tannen- und Fichtenwald frei.

measuring up to 65 metres and pushing into the forest like fingers. Located below Schwarzwaldhochstrasse, the position of the blocks results from the slope, the trees to be conserved, the areas of use, and the visitor management. To the north, opposite and above the street, is the art nouveau Villa Klumpp building, which was the former nature park centre. A new administration building has also been built there.

The visitor entrance to the National Park Centre is plain. From the adjacent car park to the west, a forecourt leads towards the entrance, supported by the lines of the outdoor facilities. The vertical development is located at the crossing point of the blocks. The exhibition areas of the new building and the skywalk partly protrude into the forest in a cantilevered manner.

The new National Park Centre's rooms are characterised by impressive views and perspectives as well as interweaving with the forest. The central distributor is the bright foyer with a café, panoramic windows, and a forest terrace. It is connected to the shop area, cinema, and temporary exhibition, and provides access to the permanent exhibition in the east as well as the internal workshops and technical rooms in the western blocks. The light upper floor contains employee offices as well as flexible spaces for lectures and workshops in a separate block in accordance with the educational mandate of the national park.

The graduated heights of the building on four levels makes it possible to experience the different 'storeys' of the forest – from the roots up to the treetops. The centrepiece is the 1,000-square-metre permanent multimedia exhibition about the phases of life, seasons, and inhabitants of the forest. It extends over three sloping blocks and plunges deeper into the forest via ramps and cabinets. At the end of the exhibition, the Room of Silence with a large panoramic window is used as a space for contemplation. There is a desire to extend the tour with a route outside in the future. Currently there is still a lack of appropriate infrastructure and outdoor facilities.

Visitors who pass the small temporary exhibition area coming from the foyer on the ground floor will enter the 65-metre-long open-air skywalk. It connects the National Park Centre with the 34-metre-high, 15-degree viewing tower and the cantilevered platform where there is space for group tours. The top of the tower at treetop level provides views over the 120-year-old fir and spruce forest.

Beim Bau des Nationalparkzentrums spielte der vielfältige Einsatz des Werkstoffs Holz eine große Rolle; 1.500 Kubikmeter waren es insgesamt. Verwendet wurden heimische Weißtanne für konstruktive Bauteile und Innenausbauten sowie Schwarzwald-Fichte für die Fassade. Lediglich die Schindeln des stark der Witterung ausgesetzten Turms sind aus Alaska-Zeder gefertigt worden. Die silbergrau vorbewitterten Fassadenschindeln erinnern in Farbigkeit und Textur an die Tannenstämme des umgebenden Waldes.

Das Tragwerk ist auf hohe Wind- und Schneelasten ausgelegt, das Gebäude musste gegen fallende Bäume und Erdbeben gesichert werden. Dabei geht das komplexe statische Konzept aus übereinander liegenden Brückenträgern von schlaich bergermann partner an die Grenzen des konstruktiven Holzbaus. An Stellen, wo die physikalischen Kräfte zu groß werden, wurden daher hybride Konstruktionen aus Holz und Stahl eingesetzt. Zwischen den Fachwerkträgern mit einer Höhe von bis zu fünf Metern sind vorgefertigte Dach- und Bodenelemente als Kastenträger eingehängt. Über Punktfundamente werden die hohen Lasten abgetragen, Boden und Wurzelwerk blieben größtenteils unbeschädigt. Die besonderen Wetterbedingungen am Ruhestein mit Nebel und hoher Luftfeuchtigkeit an bis zu 200 Tagen im Jahr bedingten auch beim Holzschutz höchste Anforderungen. So haben etwa die Fachwerkträger des Skywalks aus Buchefurnierschichtholz eine zusätzliche Entwässerungsschicht.

Das neue Nationalparkzentrum wirbt für die Holzbaukultur im Schwarzwald. Die Architektur schafft die Gratwanderung zwischen sensibler Einfügung und markantem Auftritt – die jährlich 100.000 erwarteten Besucher können kommen!

The versatile use of timber as a material played a major role in the construction of the National Park Centre. A total of 1,500 cubic metres was used. Local silver fir was used for structural components and interior fittings, while Black Forest spruce was used for the façade. Only the shingles of the tower, which is heavily exposed to the weather, were made of Alaskan cedar. The colour and texture of the silver-grey, pre-weathered façade shingles are reminiscent of the fir trunks in the surrounding forest.

The supporting structure is designed for high wind and snow loads, and the building had to be secured against falling trees and earthquakes. The complex static concept by schlaich bergermann partner, which consists of bridge girders lying one on top of the other, pushed the limits of constructive timber construction. As a result, hybrid constructions made of timber and steel were used in places where the physical forces became too great. Prefabricated roof and floor elements are suspended as box girders between the trusses, which measure up to five metres in height. The high loads are carried off via point foundations. The soil and root systems remained largely undamaged. The special weather conditions at the Ruhestein pass, which experiences fog and high humidity on up to 200 days a year, also placed the highest demands on timber protection. The trusses of the skywalk are made of beech laminated veneer lumber and have an additional drainage layer.

The new National Park Centre promotes the timber construction culture in the Black Forest. The architecture manages to walk the tightrope between sensitive insertion and having a concise appearance. Bring on the 100,000 visitors expected annually!

Das skulpturale Gebäude nimmt das Motiv von lose gestapelten Totholzstämmen auf.
The sculptural building takes up the motif of loosely stacked deadwood trunks.

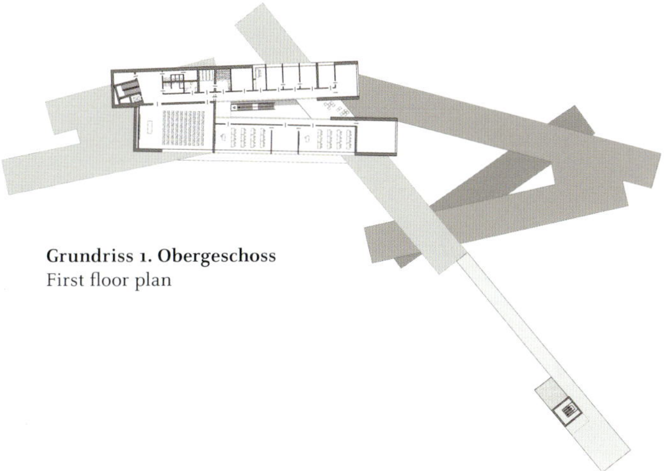

Grundriss 1. Obergeschoss
First floor plan

Die Höhenstaffelung des Gebäudes in vier Ebenen macht die unterschiedlichen »Stockwerke« des Waldes erlebbar.
The height of the building on four levels makes it possible to experience the different 'floors' of the forest.

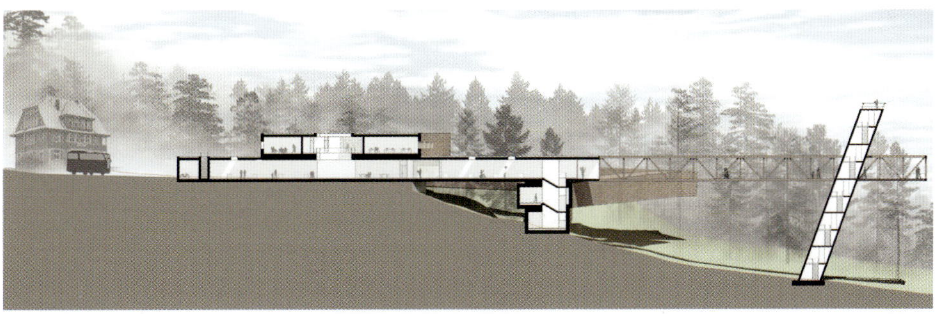

Schnitt
Section

Die Lage der Riegel des Besucherzentrums ergibt sich aus der Hanglage, den Nutzungsbereichen, der Besucherführung und dem Baumbestand.
The position of the blocks results from the slope, the trees to be conserved, the areas of use, and the visitor management.

wulf architekten

Mensa und Mediathek, Darmstadt

Kritik **Adeline Seidel**

23

Architekten / Architects
wulf architekten gmbh
Breitscheidstraße 8
70174 Stuttgart
www.wulfarchitekten.com
info@wulfarchitekten.com

Projektteam / Project team
Camilo Hernandez, Projektleiter
Lisa Eppel, Stanislaus Ruff,
Kateryna Shelegon, Janka Vizdak
Bauleitung:
schneider + schumacher, Bau- und Projektmanagement GmbH, Frankfurt am Main

Bauherren / Clients
Wissenschaftsstadt Darmstadt
c/o Projektmanagement Darmstädter Stadtentwicklungs GmbH & Co. KG (DSE), Darmstadt

Tragwerksplanung / Structural engineering
wh-p GmbH Beratende Ingenieure, Stuttgart

Bauphysik / Building physics
Brüssau Bauphysik GmbH, Fellbach

Lichtplanung / Lighting design
WISAG Elektrotechnik Hessen GmbH & Co. KG, Frankfurt am Main

Landschaftsarchitektur / Landscape architecture
Jetter Landschaftsarchitekten, Stuttgart

Heizung, Sanitär / Plumbing and heating
SCHREIBER Ingenieure Systemplanung GmbH, Ulm

Elektro / Electrical engineering
Neher Butz Ingenieurbüro für Gebäudetechnik GmbH, Konstanz

Standort / Location
Alsfelder Straße 23
64289 Darmstadt

Fertigstellung / Completion
Oktober 2021

Fotografie / Photography
Brigida González, Stuttgart

Die neue Mensa und Mediathek positioniert sich als adressbildender Baustein am Rande des Bürgerparks.
The new Canteen and Media Centre is positioned as a location-defining building block on the edge of the Bürgerpark.

Das Stuttgarter Büro wulf architekten hat die neue Mensa und Mediathek des Berufsschulzentrums im Darmstädter Norden geradezu festlich eingekleidet: Wie ein elegantes Plisseekleid wirkt die glänzende, gefaltete Fassade aus Glas und schwarzem Metall. Geschickt unterbrechen die hellen Brettschichtholzträger den kompakten Baukörper und schaffen das anziehende Moment der feinen Erscheinung – die so gar nicht in den Zustand des Umfelds passen möchte.

Denn eingebettet ist der Neubau zwischen einem abgefahrenen Skatepark, einem aus Straßenflächen, Parkplätzen und Haltestellen bestehenden grauen Verkehrsraum sowie den teilweise heruntergekommenen Schulgebäuden des Berufsschulzentrums. Zusammengehalten wird das räumliche Stückwerk durch eine Grünanlage, die mit dem Bürgerpark verbunden ist. Wohlwollende Besucher mögen in der Setzung der Gebäude einen Campus-Charakter erahnen, doch die Atmosphäre erinnert mehr an einen in die Jahre gekommenen Gewerbepark. Man könnte behaupten, der Zustand der Anlage spiegele ganz anschaulich den Zustand der deutschen Schullandschaft wider. Nun, wenigstens gibt es Hoffnung für das Ensemble, denn

Stuttgart-based wulf architekten have given the new Canteen and Media Centre of the North Darmstadt Vocational School Centre an almost festive look: the shiny, folded façade made of glass and black metal looks like an elegant pleated dress. The light laminated timber beams cleverly interrupt the compact structure and create the attractive moment of the fine appearance, which does not want to fit in with the surrounding environment.

This is because the new building is embedded between a cool skate park, a grey area consisting of streets, car parks, and bus stops, and the partially dilapidated school buildings that belong to the Vocational School Centre. The spatial patchwork is held together by a green space connected to the Bürgerpark public park. Benevolent visitors may sense a campus character in the placement of the buildings, but the atmosphere is more reminiscent of an aging industrial estate. One could argue that the condition of the facility very clearly reflects the condition of the German education landscape. Having said that, there is hope for this facility at least. The architects have not only successfully built the canteen, but they have also been commissioned to refurbish the existing

die Architekten haben nicht nur die gelungene Mensa gebaut, sondern sind auch mit der Sanierung der Bestandsgebäude beauftragt, so dass in naher Zukunft die dringend notwendige Aufwertung des Berufsschulzentrums stattfinden wird.

Im derzeitigen räumlichen Kontext ist die Setzung des eleganten Baukörpers ein selbstbewusster, ja fast trotziger Akt. Statt diesen an den Bestand anzugliedern, entschieden die Architekten, ihn zwischen den Bestandsbauten zu platzieren. Die so geschaffene allgegenwärtige Präsenz des zweigeschossigen Hauses wirkt adressbildend und verbindend – sowohl durch die architektonische Ausgestaltung als auch durch die sinnvolle Nutzungsverteilung.

Die Faltungen in der Fassade sind für den Betrachter leicht nachzuvollziehen: Sie ergeben sich aus der von außen wie innen sichtbaren Holzkonstruktion, die auf einem quadratischen Grundraster von drei auf drei Metern aufgebaut ist und um 45 Grad über dem – ebenfalls quadratischen – Grundriss gedreht wurde.

Im Erdgeschoss befinden sich die Mediathek, Seminar- und Büroräume der Volkshochschule sowie eine Cafeteria mit einer Terrasse. Im Obergeschoss ist die Mensa mit Essensausgabe und Speisesaal für 300 Personen untergebracht. Über die gefaltete Fassade haben wulf architekten innen- wie außenliegende Nischen für das Beisammensein geschaffen. Die raumhohe Verglasung erlaubt Sichtbeziehungen zwischen den Nischen und zwischen Innen- und Außenraum. So entsteht eine Vielzahl von überschaubaren Orten der Zusammenkunft, von denen aus der Überblick über das Treiben auf dem Schulgelände gewahrt wird.

Im Inneren des Baukörpers zücken die Architekten die Gestaltungskarte »Kontrast«: Denn der dunklen, glatten und glänzenden Erscheinung wohnt eine behagliche Atmosphäre inne. Geschaffen wird diese in den lichten Räumen durch den warmen Holzboden sowie durch helle Wände und hellgrauen Sichtbeton.

Beim Blick auf den Grundriss wird man an strukturalistische Konzepte erinnert. Viele kleinere und größere Raumrechtecke stoßen aneinander und verschmelzen zu einem Ganzen; eine dezidierte Wegführung oder Hierarchie ist nicht erkennbar. Dennoch, und dies erstaunt, erschließt sich das Gebäude im Inneren ohne Umschweife. Den Architekten ist dies gelungen, indem sie in der Gebäudemitte statt eines Erschließungs- einen Begegnungsraum geschaffen haben.

buildings, meaning that the urgently needed upgrade of the Vocational School Centre will take place in the near future.

Considering the current spatial context, the positioning of the elegant structure is a self-confident, almost defiant act. Instead of attaching it to the existing building, the architects decided to place the structure between the existing buildings. The ubiquitous presence of the two-storey building created in this way has a profile-raising and connective effect – both through the architectural design and the sensible distribution of functions.

It is easy for the observer to understand the folds in the façade. They come as a result of the timber construction that is visible both from the outside and inside. It is built on a basic square grid measuring three by three metres and rotated by 45 degrees over the (also square) floor plan.

The ground floor contains the media library, seminar rooms and office spaces of the Adult Education Centre as well as a cafeteria with a terrace. The canteen on the upper floor can feed and seat 300 people. The team at wulf architekten used the folded façades to create internal and external niches to be used as gathering spaces. The floor-to-ceiling glazing enables visual relationships between the niches and between the interior and exterior. This creates a large number of clear, comfortable meeting places from which it is possible to maintain an overview of the goings-on on the school grounds.

Inside the building, the architects used the design principle of contrast: because the dark, smooth, and shiny features have a cosy atmosphere. This is created in the light rooms by the warm wooden floor, light walls, and light grey exposed concrete.

One look at the floor plan is sure to remind anyone of structuralist concepts. A large number of smaller and larger spatial rectangles collide and merge into a whole; it is not possible to recognise a dedicated route or hierarchy. Nevertheless, and this is astonishing: the inside of the building is immediately accessible. The architects succeed in doing this by creating a meeting space in the middle of the building instead of an access space.

Das Tragwerk aus Brettschichtholzträgern, die gefalteten Glasfassaden und Umkleidungen aus perforiertem schwarzem Faltblech prägen den Eindruck von Mediathek und Mensa.
The load-bearing structure made of laminated timber beams, the folded glass façade, and the cladding made of perforated black folded sheet metal characterise the visual impression of the media centre and canteen.

Die Grundrissgeometrie ist gegenüber den Gebäudekanten um 45 Grad gedreht. Daraus ergibt sich die gefaltete Fassade mit innen- und außenliegenden Sitznischen.

The floor plan geometry is rotated 45 degrees relative to the building edges. This results in the folded façade with internal and external seating niches.

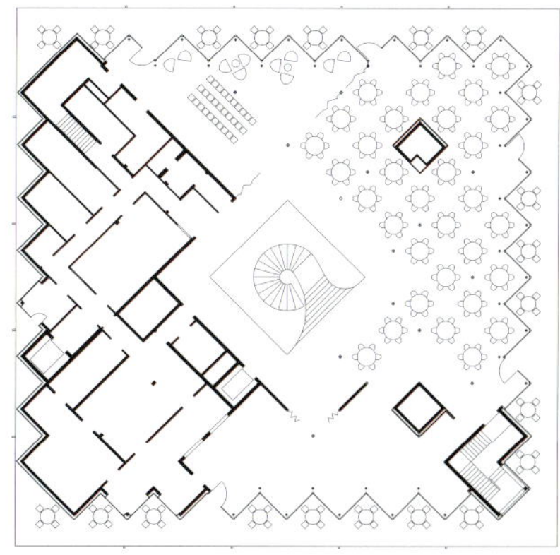

Grundriss 1. Obergeschoss

First floor plan

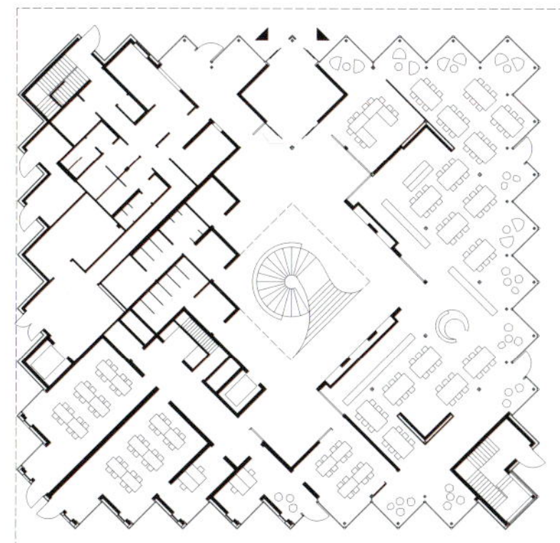

Grundriss Erdgeschoss

Ground floor plan

Das zentrale Element dafür ist die skulpturale Treppe. Sie verbindet das Erdgeschoss mit dem Obergeschoss und steht in ihrer geschwungenen Erscheinung im Kontrast zur gezackten Außenwand. Das großzügige Oberlicht verleiht der Szenerie eine gewisse Dramatik. Der fügen die Architekten eine halbkreisförmige Sitzbank hinzu und ausreichend Platz – zum Treffen, zum Warten, zum Schauen. Über die raumhohe Verglasung der einzelnen Nutzungsbereiche entsteht eine freundliche Transparenz. Zugleich schafft das allgegenwärtige Raster der Holzkonstruktion eine spürbare Verbindung zwischen den einzelnen Räumen.

Auch im Obergeschoss rhythmisiert das quadratische Raster der Brettschichtholzträger den Raum und dient als Bezugsgröße für jede Tischgruppe. Jedem Quadrat ist ein runder Tisch mit sechs Stühlen zugeordnet. Eine kreisförmige Deckenleuchte betont die einzelnen Sitzgruppen. So entsteht eine kommunikative Atmosphäre im offenen Speisesaal, der durch die hochwertigen Möbel und die kleinteilige Strukturierung mehr an ein Restaurant als eine Kantine erinnert. Damit würdigen wulf architekten den Akt des gemeinsamen Essens als integrativen Moment des Zusammenseins und bringen mit abgestimmten architektonischen Gesten dem Ort eine Wertschätzung entgegen, die – so bleibt zu hoffen – weitere Kreise ziehen wird.

The central element for this is the sculptural staircase. It connects the ground floor with the upper floor and its curved appearance contrasts with the jagged outer wall. The generous skylight lends the space a certain dramatic effect. To this, the architects added a semi-circular bench and enough space to meet, wait, and look. The floor-to-ceiling glazing of the individual utility areas creates a friendly level of transparency. At the same time, the ubiquitous grid of the timber construction creates a noticeable connection between the individual rooms.

On the upper floor, too, the square grid of the laminated timber beams creates a rhythm in the space and serves as a reference for each group of tables. A round table with six chairs is assigned to each square. A circular ceiling light emphasises the individual seating groups. This creates a communicative atmosphere in the open dining room, which is more reminiscent of a restaurant than a canteen due to the high-quality furniture and small-scale structure. In this way, wulf architekten acknowledge the act of eating together as an integrative moment of being together and, thanks to coordinated architectural gestures, show the space an appreciation that – one can only hope – will spread further.

Bereich der Mediathek im Erdgeschoss.
Media library area on the ground floor.

Die skulptural geschwungene Treppe im Zentrum des Hauses führt in die Mensa im Obergeschoss.
The sculpturally curved staircase in the centre of the building leads to the canteen on the upper floor.

Die geringe bauliche Tiefe und das Oberlicht über der Treppe lassen einen hellen und offenen Innenbereich entstehen.
The low structural depth and the skylight above the stairs create a bright and open interior.

Die Essensausgabe. Die Mensa ist für rund 300 Gäste ausgelegt.
The food distribution area.
The canteen is designed to cater to around 300 guests.

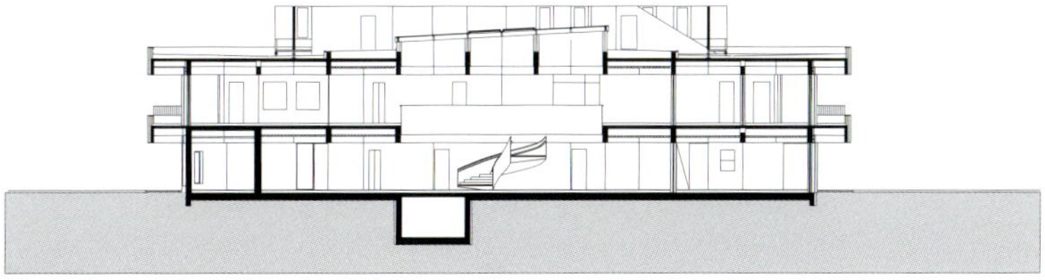

Schnitt
Section

Essay
Essay

Das andere Architekturmuseum. Die Gebäudesammlung im Freilichtmuseum Hessenpark
The Other Architecture Museum. The Collection of Buildings at the Hessenpark Open Air Museum

Jens Scheller

Das andere Architekturmuseum. Die Gebäudesammlung im Freilichtmuseum Hessenpark

Jens Scheller

Der Hessenpark ist das zentrale Freilichtmuseum des Bundeslandes Hessen. Auf 65 Hektar Fläche werden über 100 historische Gebäude gezeigt, außergewöhnliche Sonder- und Dauerausstellungen präsentiert und zahlreiche Veranstaltungen rund um die Alltagskultur angeboten. Der Hessenpark ist zugleich EU-Bio-zertifizierter Landwirtschaftsbetrieb und Arche-Park nach den Richtlinien der Gesellschaft zur Erhaltung alter und gefährdeter Haustierrassen (GEH). Auch Angebote der »Lebendigen Geschichte« des Museumstheaters tragen zur Attraktivität des 1978 eröffneten Museums bei. Von Ende März bis Ende November 2022 war in der Scheunenanlage aus Bad Emstal-Sand das Deutsche Architekturmuseum mit der Ausstellung »Schön hier. Architektur auf dem Land« zu Gast.

Freilichtmuseen leisten als *andere Architekturmuseen* »einen unverzichtbaren Beitrag zur Erhaltung und Erforschung regionaler Bau- und Kulturdenkmäler. In ihrer mehr als 100-jährigen Geschichte haben sie sich zu Institutionen entwickelt, in denen nach wissenschaftlichen Kriterien historische Siedlungs-, Bau-, Wohn- und Wirtschaftsformen im Original und in ganzheitlicher Form präsentiert und vermittelt werden.«[1] In Architekturkreisen sind gleichwohl Vorbehalte gegenüber Freilichtmuseen zu spüren. Da sind die (angesichts der etablierten Vermittlungspraxis sicher nicht berechtigte) Kritik an der Idealisierung der vermeintlich guten alten Zeit und (auch im Fall des Hessenparks angebrachte) Vorhaltungen gegenüber einer aus hausforschender Perspektive oftmals suboptimalen Translozierungs- und Wiederaufbaupraxis in den Sechziger- bis Achtzigerjahren.[2] Außerdem scheint eine Vorwurfshaltung bezüglich der Praxis mitzuschwingen, dass Denkmäler am Originalstandort ab- und in den Freilichtmuseen wiederaufgebaut wurden. Dies blendet die gesellschaftlichen Umstände und die Lage der Denkmalpflege dieser Jahre aus. Auch damals hätten die meisten Museumsleitungen den Artikel 7 der Charta von Venedig unterschrieben, nach dem »das Denkmal untrennbar mit der Geschichte verbunden [ist], von der es Zeugnis

1 Siehe: https://www.museumsbund.de/freilichtmuseen/(10.10.2022).
2 Sehr unterhaltsam dazu Ulrich Großmann, der den Hessenpark im Jahr 1991 auf dem Weg zum »staatlichen Vergnügungspark« sah: http://archiv.ub.uni-heidelberg.de/artdok/2683/1/Grossmann_Hessenpark_1991.pdf (11.10.2022).

The Other Architecture Museum. The Collection of Buildings at the Hessenpark Open Air Museum

Jens Scheller

Hessenpark is an open-air museum in the federal state of Hesse. The 65-hectare site displays replicas of over 100 historic buildings, presents extraordinary special and permanent exhibitions, and hosts numerous events related to everyday culture. Hessenpark is also an EU-certified organic farm and Arche Park according to the guidelines of the Society for the Conservation of Old and Endangered Livestock Breeds (GEH). The museum theatre's 'Living History' productions also contribute to the appeal of the museum, which opened in 1978. The German Architecture Museum hosted the 'Nice out here. Architecture in rural areas' exhibition in the barn complex from Bad Emstal-Sand from the end of March to the end of November 2022.

Open-air musuems as the other kind of architecture museums make 'an indispensable contribution to the preservation of and research into regional architectural and cultural monuments. With a history spanning over 100 years, they have developed into institutions in which historical forms of settlement, construction, housing, and economic activity are presented and communicated in their original and holistic form according to scientific criteria.'[1] Nevertheless, some in architectural circles have expressed reservations about open-air museums. They have been criticised (certainly not legitimately given the established mediation practice) for idealising the supposedly good old days and (also appropriate in the case of the Hessenpark) there has been disapproval of the translocation and reconstruction practice in the 1960s to 1980s that was often suboptimal from a home research perspective.[2] In addition, there seems to be an attitude of reproach regarding the practice of dismantling structures at their original locations and rebuilding them in open-air museums. This hides the social circumstances and the situation regarding the preservation of historical monument in those years. At that time, too, most museum directors had signed Article 7 of the Venice Charter, according to which 'a monument is inseparable from the history to which it bears witness and from the setting in which it occurs.' As a result, 'the moving of all or part of a monument cannot be allowed except where the safeguarding of that monument demands it (...)'.[3]

1 See: https://www.museumsbund.de/freilichtmuseen/(10.10.2022).
2 Ulrich Großmann, who saw Hessenpark in 1991 as being on its way to becoming a 'state amusement park', was very entertaining on this: http://archiv.ub.uni-heidelberg.de/artdok/2683/1/Grossmann_Hessenpark_1991.pdf (11.10.2022).
3 See: https://www.charta-von-venedig.de/venice-charter_conservation_englisch.html (14.11.2022).

ablegt, sowie mit der Umgebung, zu der es gehört«. Demzufolge könne »eine Translozierung des ganzen Denkmals oder eines Teiles nur dann geduldet werden, wenn dies zu seinem Schutz unbedingt erforderlich ist (...)«.[3]

Suburbanisierung, steigender Individualverkehr, die Aussiedlung landwirtschaftlicher Betriebe aus den Ortslagen, vor allem aber eine beklagenswerte Geringschätzung historischer Bausubstanz verbunden mit wachsenden Ansprüchen an moderne Wohn- und Arbeitsbedingungen – diese Facetten gesellschaftlicher Entwicklung führten dazu, dass eine Vielzahl historischer, auch denkmalgeschützter Gebäude dem Abriss anheimfiel und unwiederbringlich verloren war. Der langjährige hessische Landeskonservator und spätere Gründer der Deutschen Stiftung Denkmalschutz Gottfried Kiesow kritisierte diese Umstände und forderte in einer an die Hessische Landesregierung gerichteten Denkschrift die Gründung eines Freilichtmuseums als »Auffangbecken« für am Originalstandort nicht bewahrbare Baudenkmäler. »Nur die Gründung eines Freilichtmuseums kann die Rettung für die bereits abgebauten und künftig anfallenden Baudenkmale bedeuten.«[4]

3 Siehe: https://www.charta-von-venedig.de/denkmalpflege-kongress_konservierung_art.4-8_deutsch.html (10.10.2022).

4 Siehe: Schwarzer/Ernst/Herr/Selzer: Hessisches Freilichtmuseum – Hessenpark. Denkschrift, Wiesbaden 1972, S. 21.

Suburbanisation, the increase in private transport, the relocation of agricultural businesses from local areas, and above all a lamentable disdain for historical buildings combined with growing demands for modern living and working conditions – all of these facets of social development meant that a large number of historical buildings, including those listed as historical monuments, fell victim to demolition and were irretrievably lost. Gottfried Kiesow, the longstanding chief curator of monuments in Hessen and later founder of the German Foundation for the Protection of Historical Monuments, criticised these circumstances and, in a memorandum addressed to the Hessen state government, called for the founding of an open-air museum as a 'repository' for historical buildings that could not be preserved in their original locations. 'Only the founding of an open-air museum can mean salvation for the historical buildings that have already been dismantled and for those that will be built in the future.'[4]

4 See: Schwarzer, Ernst, Herr, Selzer, Hessisches Freilichtmuseum – Hessenpark. Denkschrift, Wiesbaden 1972, p. 21.

Die Nordseite des Marktplatzes im Freilichtmuseum Hessenpark. Im Zentrum die sogenannte Gießener Zeile, ein Neubau mit vorgeblendeten historisierenden Fassaden.
The north side of the marketplace in the Hessenpark Open Air Museum. The so-called Giessener Zeile ('Row of Giessen Houses') – a new building with historicist façades in front of it – is visible in the centre.

Baugruppe Mittelhessen: Das Haus Heck aus Friedensdorf mit ornamentalem Kratzputz.
The Central Hesse building group: The Heck house from Friedensdorf with its ornamental sgraffito.

Eine Hofanlage aus Anspach und eingelagerte Gebäude in der Baugruppe Rhein-Main.
A farmstead from Anspach and stored buildings in the Rhein-Main building group.

Ausstellung zum Leben einer Schreinerfamilie im Haus Heck.
An exhibition on the life of a carpenter family in the Heck house.

Auch wenn der Hessenpark-Gründungsdirektor Eugen Ernst die überwiegende Zahl der angetragenen Translozierungswünsche ablehnte – an die Formulierung eines dann Schritt für Schritt abzuarbeitenden Aufbaukonzepts war unter diesen Bedingungen schwerlich zu denken. Nach einer stürmischen Anfangsphase mit oft mehr als einem halben Dutzend neu errichteter Gebäude pro Jahr ging es ab dem Ende der Achtzigerjahre langsamer voran. Bis zum heutigen Tag mitbestimmend für den musealen Alltag bleibt so die Rolle des Hessenparks als »Fachwerklagerstätte«: Über 80 eingelagerte Gebäude stellen eine der zentralen Herausforderungen dar, die das heutige Museumsteam aus den Anfangsjahren geerbt hat.[5]

Die oft suboptimale Dokumentation verhindert in vielen Fällen auch eine der früheren Nutzung entsprechende Einrichtung der Gebäude; stattdessen werden dann themenspezifische Dauerausstellungen gezeigt. Gebäuden ihre Geschichte »zurückzugeben«, erfordert einen erheblichen Rechercheaufwand und angesichts meist weniger Originalobjekte angepasste Strategien bei der Vermittlung. Das im Herbst 2021 eröffnete zweigeschossige Fachwerkhaus der Familie Heck aus Friedensdorf im hessischen Hinterland kann hier als Beispiel dienen: Es fand 1979 wegen seines ornamentalen Kratzputzes Aufnahme im Freilichtmuseum Hessenpark, wo es bis 1987 wiedererrichtet wurde. Nun erzählt die neu eingerichtete Ausstellung vom alltäglichen Leben einer Schreinerfamilie um das Jahr 1840. Die Einrichtung regt zum Mitmachen an, und selbst der handfeste Umgang mit bestimmten Ausstellungsstücken ist ausdrücklich erwünscht.

Zu Beginn der 2000er Jahre leistete sich das Museum auch einen Beitrag zur Rekonstruktionsdebatte. Die sogenannte Gießener Zeile, ein Neubau mit historisierender Fassade am Marktplatz des Hessenparks, wird heute intern kritisch beurteilt und nach außen distanziert kommuniziert, zählt aber weiter zu den beliebtesten Fotomotiven der Besucher.[6]

Eine weitere Herausforderung stellt die uneinheitliche Entwicklung des Museumsgeländes dar: Folgt die Baugruppe Mittelhessen mit ihren über zwei Dutzend Gebäuden einem siedlungsgenetisch begründeten Konzept, existieren die Baugruppen Südhessen und Rhein-Main bislang nur als Torso. Anlässlich des Aufbaukonzepts für die Baugruppe Nordhessen von 2014 wurde

5 Siehe: Jens Scheller: Auf dem Weg zum Museumskonzept. Grundlagenarbeit im Freilichtmuseum Hessenpark, in: Matthias Dreyer / Alexander Eggert / Giesela Wiese (Hg.): Museum machen. Museen zwischen Volkskunde und Management, Ehestorf bei Hamburg 2017, S. 254ff.

6 Siehe dazu den lesenswerten (und selbstkritischen) Werkstattbericht von Petra Naumann: https://www.hessenpark.de/wp-content/uploads/HP-Weksattbericht-Nordzeile.pdf (10.10.2020).

Although Hessenpark's founding director, Eugen Ernst, rejected the vast majority of requests for relocation, under those conditions, it was difficult to consider formulating a construction concept that would then be worked through step by step. After a turbulent initial phase with often more than half a dozen newly erected buildings per year, progress has slowed since the late 1980s. To this day, the role of Hessenpark as a 'half-timbered repository' remains a determining factor in everyday museum life: the over 80 buildings stored here represent one of the key challenges that today's museum team has inherited from the early years[5].

In many cases, often-suboptimal documentation prevents the buildings from being furnished in accordance with their previous use; topic-specific permanent exhibitions are displayed instead. 'Giving back' buildings their history requires a considerable amount of research and, given that there are usually fewer original objects, adapted strategies for teaching it. Opened in autumn 2021, the two-storey half-timbered house of the Heck family from Friedensdorf in the Hessian hinterland can act as an example here. It was included in Hessenpark Open Air Museum in 1979 due to its ornamental sgraffito and was rebuilt in 1987. The newly established exhibition now tells the story of the everyday life of the carpenter family around the year 1840. The exhibition encourages participation, actively promoting hands-on interaction with certain exhibits.

The museum also contributed to the reconstruction debate at the beginning of the 2000s. The so-called *Giessener Zeile* ('Row of Giessen Houses') was a new construction with a historicist façade on the Hessenpark market square. Internally, it is now viewed critically and communicated in a distanced manner to the outside world, but it is still one of the most popular photo opportunities for visitors.[6]

Another challenge is the uneven development of the museum site. If the Central Hesse building group, with more than two dozen buildings, follows a concept based on settlement genetics, the South Hesse and Rhine-Main building groups have so far only existed as a torso. When the construction concept for the North Hesse building group was developed in 2014, it was decided to only make thematic and functional additions to the existing buildings instead of creating additional 'built villages'. Since then, certain stored buildings have been removed

5 See: Jens Scheller, Auf dem Weg zum Museumskonzept. Grundlagenarbeit im Freilichtmuseum Hessenpark, in: Matthias Dreyer, Alexander Eggert, Giesela Wiese (eds), Museum machen. Museen zwischen Volkskunde und Management, Ehestorf bei Hamburg 2017, p. 254ff.

6 See the very readable (and self-critical) workshop report by Petra Naumann: https://www.hessenpark.de/wp-content/uploads/HP-Weksattbericht-Nordzeile.pdf (10.10.2020).

entschieden, anstelle weiterer »gebauter Dörfer« nur noch thematische und funktionale Ergänzungen im Gebäudebestand vorzunehmen. Auf der Basis von Gebäudequalifizierungen wird seither die Entsammlung bestimmter eingelagerter Gebäude unter den Maßgaben der einschlägigen Richtlinien des Internationalen Museumsrats (ICOM) vorgenommen und damit der zentralen Erblast aus der Gründungsphase begegnet. Trotz dieser Selbstbeschränkung konnte die Gebäudesammlung in den vergangenen Jahren eine ganze Reihe von Ergänzungen verzeichnen – beispielhaft seien hier die Martinsklause aus Remsfeld und die Gärtnerei aus Rechtenbach genannt. Baukulturell oder konzeptionell bedeutsame Gebäudestapel werden Zug um Zug in ein zentrales Hauslager versetzt und dort zugänglich gemacht.

In der Baugruppe Rhein-Main soll nun mit drei geplanten Gebäuden – einem Einfamilienfertighaus der ersten Generation, einem Eckbungalow und einem Doppelhaus – der Sprung in die jüngere Vergangenheit der Siebziger- und Achtzigerjahre gewagt werden: Neben den Veränderungen in der Wohnkultur und den Haushaltsstrukturen als Spiegel der gesellschaftlichen und wirtschaftlichen Verhältnisse wird die Siedlungsentwicklung im Rhein-Main-Gebiet zum Thema gemacht. Der steuerlich geförderte Traum vom »Eigenheim im Grünen«, Verdrängungseffekte in den Kernstädten, regionalplanerische Konzepte zur Stärkung der polyzentralen Siedlungsstrukturen und der expandierende Individualverkehr sind einige Facetten einer durchgreifenden Suburbanisierung, deren alltagshistorische Verwerfungen unter anderem im Usinger Land, mithin also vor der Haustür des Museums, zu besichtigen sind.[7] Die aktive Suche nach dem Fertighaus läuft. Trotz mehrerer Angebote hat sich noch kein hinlänglich gut dokumentiertes, unverbautes, nicht zu großes und mit originalen Einrichtungsobjekten ausgestattetes Gebäude gefunden.

Ein Blick in die noch jüngere Geschichte kann bereits ab dem Jahr 2023 erfolgen: Aus der Zeit der jugoslawischen Bürgerkriege stammen vier Wohncontainer aus einer Gemeinschaftsunterkunft, die bis 2016 im Gewerbegebiet An den drei Hasen in Oberursel stand. Der Komplex bestand aus 64 Einzelcontainern und hatte zeitweise bis zu 120 Bewohner gleichzeitig. Am 15. Oktober 1990 wurden hier die ersten Asylsuchenden untergebracht. Im Museum soll in den Containern die Flüchtlingssituation der Neunzigerjahre gezeigt werden. Damit wird ein Leitthema des Hessenparks,

7 Siehe: Petra Naumann / Jens Scheller: Freilichtmuseum Hessenpark. Vom rekonstruierten Dorf zur strategischen Entwicklungsplanung, in: Herbert May / Georg Waldemer (Hg.): Grenzen des Wachstums? Zur Zukunft des Bauens in Freilichtmuseen, Bad Windsheim 2018, S. 175–193.

on the basis of building qualifications in accordance with the relevant guidelines of the International Council of Museums (ICOM), thereby counteracting the central legacy from the foundation phase. Despite this self-imposed restraint, the collection of buildings has been able to record a whole series of additions in recent years, with examples including the 'Martinsklause' from Remsfeld and the garden centre from Rechtenbach. Architectural or conceptually significant buildings are moved step by step to a central in-house building repository and made accessible there.

In the Rhine-Main building group, three planned buildings – a first-generation prefabricated family house, a corner bungalow, and a semi-detached house – now intend to take the leap back into the more recent past of the 1970s and 1980s. In addition to the changes in domestic culture and household structures as a reflection of social and economic conditions, residential development in the Rhine-Main area is also the subject of discussion. The tax-incentivised dream of 'owning your own home in the country', the crowding-out effect in the core cities, the regional planning concepts to strengthen polycentric settlement structures, and the expansion of private transport are some facets of sweeping suburbanisation, whose everyday historical upheavals can be seen in the Usinger Land region, or in other words, right on the doorstep of the museum[7]. The active search for the prefabricated house is ongoing. Despite several possibilities, no sufficiently well-documented, unspoilt, not too large building with original furnishings has yet been found.

It will be possible to glimpse into even more recent history from as early as 2023 with four residential containers from a shared accommodation complex used during the Yugoslav Wars and located in the An den Drei Hasen industrial estate in Oberursel until 2016. The complex consisted of 64 individual containers and often provided accommodation for up to 120 residents at the same time. The first asylum seekers were housed here on 15 October 1990. In the museum, the refugee situation in the 1990s is to be presented in the containers. This sees the continuation of key themes of Hessenpark: escape, displacement, migration, integration. At the same time, an extensive permanent exhibition on the integration of refugees and displaced persons from the period after the Second World War will be opened in the residential house from Sterzhausen. This range of themes also appears in the permanent exhibition on Jewish life in the countryside in the synagogue from Groß-Umstadt and on emigration to America in the house from Launsbach.

7 See: Petra Naumann / Jens Scheller, Freilichtmuseum Hessenpark. Vom rekonstruierten Dorf zur strategischen Entwicklungsplanung. In: Herbert May / Georg Waldemer (eds): Grenzen des Wachstums? Zur Zukunft des Bauens in Freilichtmuseen, Bad Windsheim 2018, p. 175–193.

Baugruppe Nordhessen: Die Gaststätte Martinsklause aus Remsfeld.
The North Hesse building group: The Martinsklause restaurant from Remsfeld.

Die Schankstube der Martinsklause ist im Zeitschnitt der Fünfzigerjahre eingerichtet.
The bar in Martinsklause is set up like the 1950s.

Flucht – Vertreibung – Migration – Integration, fortgeschrieben. Parallel wird eine aufwändige Dauerausstellung zur Integration der Geflüchteten und Vertriebenen aus der Zeit nach dem Zweiten Weltkrieg im Haus aus Sterzhausen eröffnet. Der Themenkomplex scheint auch in der Dauerausstellung zum Jüdischen Leben auf dem Land in der Synagoge aus Groß-Umstadt und zur Auswanderung nach Amerika im Haus aus Launsbach auf.

Auf dem Weg in die Baugruppe Rhein-Main soll ab 2023 als »Brücke zur Moderne« ein Fachwerk-Musterhaus zeigen, wie attraktiv das Wohnen in »alten« Häusern sein kann. Das Freilichtmuseum Hessenpark hat bereits 2011 in seinem Leitbild das Ziel formuliert, ein Kompetenzzentrum für Fachwerksanierung zu werden. Dazu wurden zielstrebig Kooperationen mit der DenkmalAkademie in der Deutschen Stiftung Denkmalschutz, dem Landesamt für Denkmalpflege Hessen, der Propstei Johannesberg und dem vom Land Hessen getragenen Landesbetrieb HessenRohstoffe (HeRo) und anderen Institutionen etabliert sowie Fortbildungsangebote, Veranstaltungsformate und pädagogische Projekte entwickelt. Nun geht das Museum den nächsten Schritt und errichtet ein Musterhaus für zeitgenössisches Wohnen im historischen Fachwerk. Modern und attraktiv eingerichtet, sinnvoll gedämmt, mit zeitgemäßer Haustechnik ausgestattet, aufgebaut nach den aktuellsten bauphysikalischen Erkenntnissen unter Verwendung nachwachsender Baustoffe. Das Musterhaus wird nicht in ein bestehendes Gebäude »eingebaut«, sondern unter idealtypischen Bedingungen seit einigen Jahren neu errichtet. Der Aufbau selbst ist damit schon Teil des Projekts und dient der Schulung der beteiligten Museumshandwerker. Das Grundgerüst lieferte ein zweigeschossig in Stockwerkbauweise errichtetes Wohnhaus aus der zweiten Hälfte des 18. Jahrhunderts. Das eingelagerte, beim Abbau schlecht dokumentierte und daher museal weniger »wertvolle« Fachwerkgebäude aus dem südhessischen Radheim wäre deakzessioniert worden, wenn es nicht einer besonderen Nutzung hätte zugeführt werden können.

Der Ansatz für das zeitgenössische Musterhaus im Hessenpark geht also über ein musealisiertes Bauwerk hinaus. Hessen besitzt einen hohen Bestand an historischen Fachwerkgebäuden. Die Eigentümer stehen bei Umbau- und Sanierungsmaßnahmen vor großen Herausforderungen: Die handwerklich sinnvolle Restaurierung der hölzernen Fachwerkkonstruktionen und der Gefachfüllungen, der Umgang mit der Schlagregenbelastung und der konstruktive Wetterschutz oder die Steigerung der Energieeffizienz sind nur einige davon. Die Folgen früherer, oftmals nicht sachgerechter Renovierungs- und Sanierungsversuche kommen häufig noch erschwerend hinzu. Steht das Gebäude unter

From 2023, a half-timbered model house on the way to the Rhine-Main building group will serve as a 'bridge to modernity' and show how attractive living in 'old' houses can be. As early as 2011, Hessenpark Open Air Museum included its goal to become a centre of excellence for half-timbered renovations in its mission statement. To this end, the museum purposefully established working relationships with the DenkmalAkademie (monument academy) in the German Foundation for the Protection of Historical Monuments, the State Office for the Monument Preservation in Hesse, the Propstei Johannesberg training institute, the state-owned HessenRohstoffe (HeRo) supported by the State of Hesse, and other institutions, and developed further training courses, event formats, and educational projects. The museum is now taking the next step and building a model house for contemporary living in a historic half-timbered building. It will be modern and attractively furnished, appropriately insulated, equipped with up-to-date building technology, and built using renewable building materials according to the latest construction physics findings. The model house is not being 'built into' an existing building. Rather, it is being rebuilt under ideal conditions over several years. The construction itself is part of the project and serves to train the museum craftspeople involved. The basic structure was provided by a two-storey residential building from the second half of the eighteenth century. The stored half-timbered building from Radheim in southern Hesse, which was poorly documented during dismantling and is therefore seen as less 'valuable' to the museum, would have been deaccessioned if it could not have been put to a special use.

The approach for the contemporary model house in Hessenpark goes beyond a museum building. Hesse has a large number of historical half-timbered buildings. Owners are faced with major challenges when it comes to reconstruction and renovation measures – the sensible, manual restoration of the wooden half-timbered construction and the infill panels, the exposure to driving rainfall and constructive weather protection, and the increase in energy efficiency, to name just a few. The consequences of earlier, often inappropriate renovation and refurbishment attempts often add to the difficulties. If the building is listed, there are even more challenges to overcome (and opportunities to seize). Visitors to the museum should therefore be able to gain an insight into the construction details of the wall structures, floors, and windows – also with the help of a modern glass extension. The selected materials and processes will be explained. The living and working area of the house will feature a reference library that offers literature on construction techniques and funding opportunities. Consultations will take place by appointment and for a fee, while open consultation days will be aimed at a

Baugruppe Südhessen: Nachbau der Synagoge aus Groß-Umstadt.
The South Hesse building group: Replica of the synagogue from Groß-Umstadt.

Das Fachwerk-Musterhaus im Aufbau.
The model half-timbered house under construction.

Denkmalschutz, gilt es weitere Herausforderungen zu bewältigen (und Chancen zu ergreifen). Die Besucher des Museums sollen daher – auch mithilfe eines modernen Glasanbaus – Einblicke in Konstruktionsdetails der Wandaufbauten, Böden und Fenster erhalten; die gewählten Materialien und Verfahren sollen erläutert werden. Im Wohn- und Arbeitsbereich des Hauses wird eine Präsenzbibliothek Literatur zu Bautechniken und Fördermöglichkeiten bieten. Beratungsgespräche sollen nach Verabredung und gegen Entgelt stattfinden; offene Beratungstage werden sich an ein breiteres Publikum richten.[8] Im Einklang mit den ethischen Richtlinien des Internationalen Museumsrats will das Freilichtmuseum seine »... bildungspolitische Funktion weiterentwickeln und ein immer breiteres Publikum aus der Gesellschaft, der örtlichen Gemeinschaft oder der Zielgruppe, für die [es] eingerichtet [ist], anziehen«[9]. Das Musterhaus gehört dadurch zu einer Reihe weiterer Projekte, die den Hessenpark über das klassische museale Selbstverständnis hinaus als regionalen Akteur profilieren, der gesellschaftliche Diskurse aufgreift und seine musealen Vermittlungsanliegen – in diesem Fall die Bewahrung historischer Baukultur – über das eigentliche Museum hinaus vertreten will.

8 Das Fachwerk-Musterhaus wurde zu einem Baustein für ein im Rahmen der Nationalen Klimaschutzinitiative vom Bundesministerium für Umwelt, Naturschutz, Bau und Reaktorsicherheit (BMUB) gefördertes »Kompetenzzentrum für Klimaschutz in Fachwerkstädten (KKF)«, siehe: http://www.klimaschutz-fachwerk.de / (11.10.2022).

9 ICOM 2006, siehe: https://icom-deutschland.de / images / Publikationen_Buch / Publikation_5_Ethische_Richtlinien_dt_2010_komplett.pdf, S. 19 / Richtlinie 4 (11.10.2022).

wider audience.[8] In line with the code of ethics of the International Council of Museums, the open-air museum intends to further develop its 'educational role and attract wider audiences from the community, locality, or group' it serves.[9] The model house is one of a number of projects that distinguish Hessenpark as a regional player that goes beyond the traditional museum philosophy, takes up social discourse, and wants to represent its message – in this case the preservation of historical building culture – beyond the actual museum.

8 The half-timbered model house became a building block for a 'Centre of Excellence for Climate Protection in Half-Timbered Towns (KKF)' funded by the Federal Ministry for Environment, Nature Conservation, and Nuclear Safety (BMUB) as part of the National Climate Protection Initiative. http://www.klimaschutz-fachwerk.de / (11.10.2022).

9 ICOM 2004, https://icom.museum/wp-content/uploads/2018/07/ICOM-code-En-web.pdf p.24/Guideline IV (14.11.2022).

Die Baugruppe Mittelhessen als »gebautes Dorf«.
The Central Hesse building group as a 'built village'.

24 Crossboundaries
Shenzhen Skypark, Shenzhen, China

25 Kuehn Malvezzi mit Pelletier de Fontenay und Jodoin Lamarre Pratte
Insectarium, Montreal, Kanada

26 Studio Anna Heringer
Therapiezentrum Anandaloy in Rudrapur, Bangladesch

Shortlist
Deutscher
Architektur
Export

Shortlist
German
Architecture
Export

—

2023

Crossboundaries
Shenzhen Skypark, Shenzhen, China

Kritik **Jutta Kehrer**

24

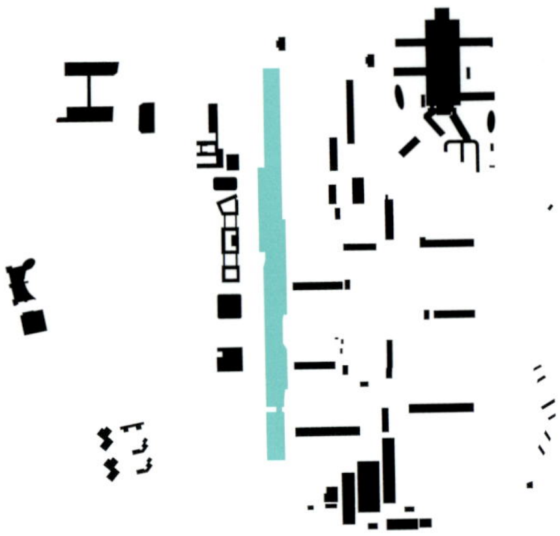

Architekten / Architects
Crossboundaries Peking / Frankfurt am Main
4 North Gongti Road, Bldg. 39
Office 5th floor, Room 518
Chaoyang District, Beijing 100027
P. R. China
www.crossboundaries.com
b.lenhardt@crossboundaries.com

Projektteam / Project team
Binke Lenhardt, Gründerin und Partnerin
Hao Dong, Gründer und Partner
Design und Entwicklungsphase:
Alan Chou, Kebin Tan, Ruo Fang, Hongyi Hao, Yang Gao, David Eng, Ewan Xiao, Xudong Wang
Wettbewerbsphase:
Tracey Loontjens, Yang Gao, Libny Pacheco, Aniruddha Mukherjee, Kebin Tan, Chloris Yu, Alan Chou, Dahyun Kim, Xudong Wang

Bauherren / Clients
Shenzhen Nanshan District Government Investment Project Preliminary Work Office, Shenzhen

Beteiligte Architekturbüros / Other architects involved
Beijing Institute of Architectural Design (Shenzhen Branch), Shenzhen Boliyang Landscape and Architectural Design Co., Ltd., Shenzhen

Projektsteuerung / Project management
Beijing Institute of Architectural Design (Shenzhen Branch), Shenzhen Boliyang Landscape and Architectural Design Co., Ltd., Shenzhen

Standort / Location
Shenzhen Bay School and Keyuan South Road
Nanshan District, Shenzhen 518000, China

Fertigstellung / Completion
Juli 2021

Fotografie / Photography
Yu Bai, Shenzhen

Der Skypark verwandelt eine bisher ungenutzte Dachfläche in ein urbanes Freizeitgebiet mit einer Sport- und Spiellandschaft.
The Skypark transforms a previously unused roof area into an urban recreational space with sports and play areas.

Im Wettbewerb der führenden Metropolen Chinas steht Shenzhen wie keine andere Stadt für das neue Gesicht des Landes. So sehr trotz aller Modernität die Geschichte und die jahrhundertealte Tradition das Stadtbild und das soziale Gefüge der Großstädte Peking, Schanghai, Chongqing und Guangzhou noch heute prägen, so sehr ist Shenzhen frei von historischen Konnotationen und festgelegten Definitionen.

Vor Jahrzehnten noch ein unbedeutendes Fischerdorf an der Grenze zu Hongkong, hat das Shenzhen von heute Hongkongs Bruttoinlandsprodukt inzwischen bei Weitem überholt. In dieser Zeit hat sich Shenzhen zweimal neu erfunden und von einem aufstrebenden Produktionsstandort in der Sonderwirtschaftszone zum hochmodernen Zentrum für Neue Technologien weiterentwickelt. Derzeit zählt Shenzhen 17 Millionen Einwohner, zugewandert aus allen Provinzen Chinas. Man spricht Mandarin im Gegensatz zu dem im Süden vorherrschenden kantonesischen Dialekt. Die Bevölkerung ist jung, mit einen Altersdurchschnitt von unter 30 Jahren. Die Stadt selbst ist jung und noch dabei, sich als Hightech-Metropole und Partnerstadt von Hongkong neu zu definieren.

In the competition of the leading metropolises in China, Shenzhen represents the new face of the country like no other. Despite all of their modernity, history and centuries-old tradition still characterise the cityscapes and social structures of the major cities of Beijing, Shanghai, Chongqing, and Guangzhou. Yet Shenzhen is free of historical connotations and fixed definitions.

A few decades ago, Shenzhen was an insignificant fishing village on the border with Hong Kong. The city's gross domestic product has now far surpassed Hong Kong's. Shenzhen has reinvented itself twice during this time and developed from an up-and-coming production location in the special economic zone to a highly modern centre for new technologies. It currently has 17 million inhabitants – immigrants from all of China's provinces. Mandarin is spoken here in contrast to the Cantonese dialect that predominates in the south. The population is young, with an average age of under 30 years. The city itself is young and still in the process of redefining itself as a high-tech metropolis and sister city to Hong Kong.

Diese Offenheit und die Suche nach einer neuen Deutung von Stadt, frei von Traditionen und lokalen Bindungen, sowie der Wandel und das Neuerstehen von Gemeinschaft in Vielfalt verpflichten. Das zeigt sich auch im Umgang mit öffentlichem Raum. Shenzhen traut sich etwas und setzt Zeichen in vielen Projekten mit experimentellen und partizipatorischen Ansätzen. Dazu gehören die Revitalisierung von Stadtvierteln im Sinne einer nachhaltigen Stadterweiterung sowie Projekte, die den öffentlichen Raum und das gemeinschaftliche Leben stärken. Die Revitalisierung von Shenzhen Bay ist dabei eines der Schwerpunktprojekte der letzten Jahre – und der Skypark von Crossboundaries ein bedeutender Baustein.

Als gemeinsame Bucht verbindet die Shenzhen Bay Shenzhen mit Hongkong. Während der nördliche Abschnitt der Bucht mit dem Shenzhen Bay Park einen direkten Zugang zum Wasser ermöglicht, ist der südliche Abschnitt in Nanshan von Infrastrukturbauten und Grenzkontrollstellen geprägt. Das Gebäude des Südterminals und Betriebsbahnhofs der Metrolinie 2 ist dabei eine dieser Anlagen, die bislang das umgebende Stadtquartier vom Wasser trennte.

Der neu entstandene Park auf dem ehemals ungenutzten Dach des Terminalgebäudes ist daher beides: sowohl ein Teil der ökologischen Erneuerung der Bucht als auch ein Baustein zur Wiederverflechtung des Stadtgewebes mit seinen natürlichen Ressourcen. Aus einer trennenden Infrastruktur ist eine neue, begehbare und zumindest visuelle Verbindung geworden, aus einer versiegelten Fläche eine urbane Oase und grüne Lunge für die Stadt.

Das Dach des 15 Meter hohen Gebäudes erstreckt sich über eine Gesamtlänge von 1,2 Kilometern mit wechselnden Breiten von 50 bis 70 Metern. Die Bewohner der umliegenden Quartiere können auf dem neuen Skypark wieder entlang der Bucht flanieren und den weiten Ausblick entlang des Ufers über die Bucht und nach Hongkong genießen.

Das Programm des Skyparks vereint Sport und Erholung. Auch hier sind offene Verbindungen und die Elastizität von Räumen ein zentrales Anliegen des Entwurfs. Die Sportflächen sind an drei unterschiedliche Nutzergruppen adressiert. Die nördlichen Sportfelder sind Flächen für die umgebenden Schulen, die Sportanlagen im Zentrum für professionelle Sportveranstaltungen und Turniere gedacht. Der südliche Abschnitt des Parks bietet Raum für lokale Sportvereine und Breitensport. Dabei ermöglicht die Flexibilität der Anlage die Öffnung und Zusammenlegung der Felder für Großveranstaltungen und Wettkämpfe.

Blick über den Skypark auf die Shenzhen Bay Bridge, die Shenzhen mit Hongkong verbindet.
View across Skypark to the Shenzhen Bay Bridge, which connects Shenzhen to Hong Kong.

There is a commitment to this openness, the search for a new interpretation of the city, free of traditions and local ties, change, and the re-emergence of community in diversity. This is also reflected in public spaces. Shenzhen has got nerve and sets standards in many projects with experimental and participatory approaches. This includes the revitalisation of districts in line with sustainable urban expansion as well as projects that strengthen public spaces and community life. The revitalisation of Shenzhen Bay is one of the key projects in recent years and the Skypark by Crossboundaries is an important building block.

Shenzhen Bay is a shared bay that connects Shenzhen with Hong Kong. While the northern section of the bay with Shenzhen Bay Park provides direct access to the water, the southern section in Nanshan is characterised by infrastructure and border checkpoints. The building of the south terminal and depot for Metro Line 2 is one of the facilities that previously separated the surrounding city district from the water.

The newly created park on the formerly unused roof of the terminal building is therefore both part of the ecological regeneration of the bay and a building block in the reconnection of the urban fabric with its natural resources. A separating infrastructure has become a new, accessible, and at least visual connection – a sealed area has become an urban oasis and green lung for the city.

The roof of the 15-metre-high building extends over a total length of 1.2 kilometres, with widths varying between 50 and 70 metres. The residents of the surrounding quarters can now stroll along the bay again in the new Skypark and enjoy the wide view along the shore over the bay to Hong Kong.

The Skypark programme combines sport with relaxation. Here, too, open connections and the elasticity of spaces are key objectives of the design. The sports areas are directed at three different user groups. The northern sports pitches are for the surrounding schools, while the sports facilities in the centre are for professional sports events and tournaments. The southern section of the park offers space for local clubs and popular sports. The flexibility of the facility makes it possible to open up and combine the pitches for major events and competitions.

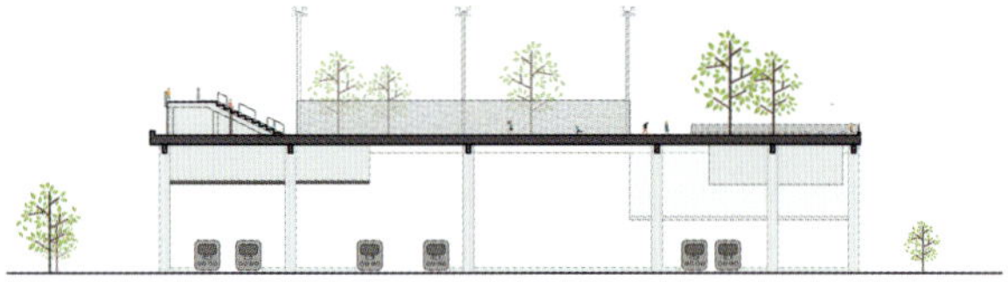

Schnitt im Bereich der Wettkampfstätten mit kleiner Tribüne im südlichen Abschnitt.
Section of the competition areas with a small grandstand in the southern sector.

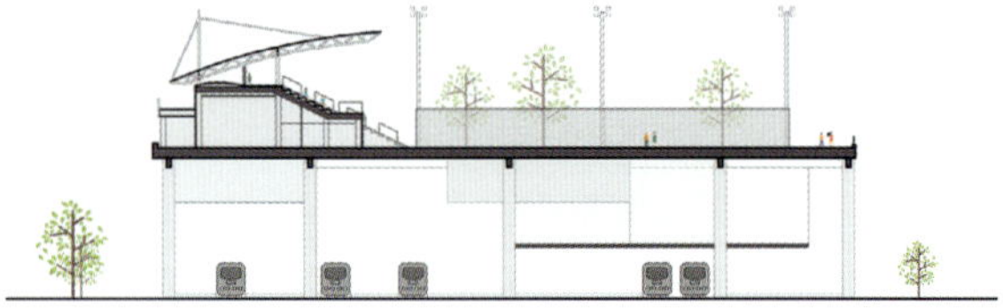

Schnitt im Bereich der Wettkampfstätten mit der großen Tribüne im nördlichen Abschnitt.
Section of the competition areas with the large grandstand in the northern sector.

Seitenansicht des Depots mit den Wettkampfstätten im nördlichen Abschnitt und der Tribüne, die in einen erhöhten Pfad übergeht.
Side view with the competition areas in the northern sector and the grandstand that turns into an elevated path.

Am Südende des Dachs befindet sich ein öffentlicher Bereich mit Grünflächen und einem Fußballfeld.
The southern end of the roof has a public area with green spaces and a football pitch.

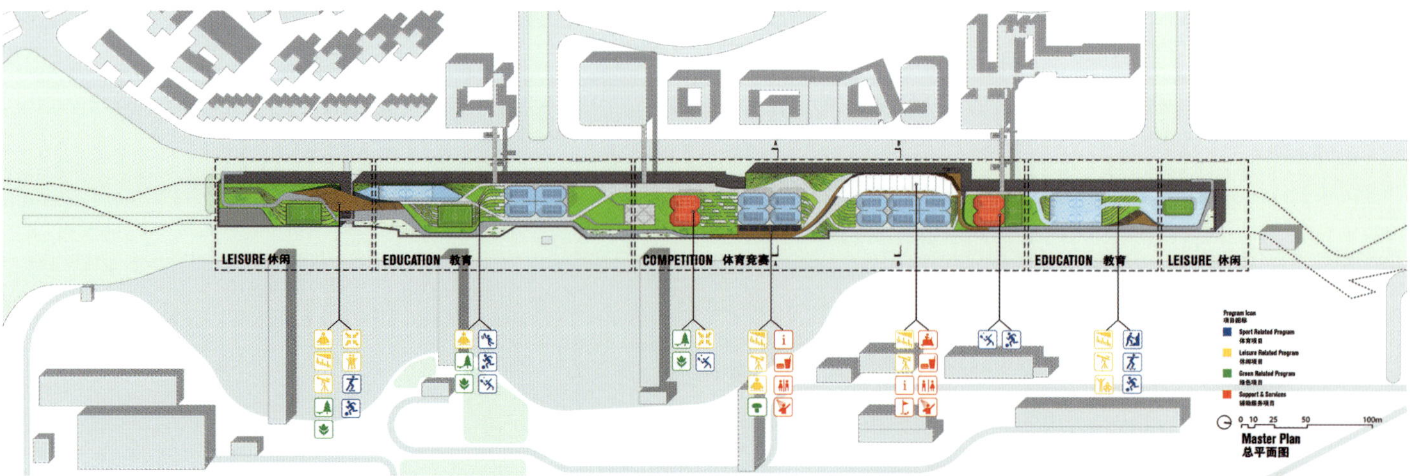

Zwischen den Sportarealen entspannt sich ein Netzwerk von Wegen und informellen Pocket-Parks mit Sitzgelegenheiten. Die Art der Wege ist je nach Nutzerverhalten und Dynamik der Bewegung differenziert: Ein gepflasterter Erholungsweg wechselt sich ab mit einem hölzernen Spaziersteg und einem Joggingpfad mit Kautschukgranulat-Belag. Auch hier schafft es der Entwurf von Crossboundaries, geschickt innerhalb der limitierten Breite und der lang gezogenen Ausdehnung des Parks ein dynamisches Wechselspiel von öffentlichen Bereichen mit informellen Erholungsbereichen und funktionalen Sportfeldern zu kreieren. Die unter der Woche hochfrequentierten Schulsportfelder werden zu ruhigen Erholungsinseln am Wochenende, wenn sich die Besucherströme im Zentrum des Parks bei öffentlichen Sportveranstaltungen bündeln. Intensiv genutzte Parkareale mit weiter Aussicht wechseln sich ab mit kleinmaßstäblichen Nischen für Gruppen und Spaziergänger.

Farbe ist ein weiterer bestimmender Aspekt der Parkanlage und ein Kennzeichen der Entwürfe von Crossboundaries. Grün und Blau bestimmen den Skypark als symbolische Verbindung von Ufer und Wasser, von der Farbigkeit der Sportfelder über die Umzäunungen bis hin zu den Details der Beschilderung. Das grafische Leitsystem folgt den unterschiedlichen Maßstäblichkeiten und dem urbanen Kontext der Parkanlage. Den Eingängen ist eine von Weitem sichtbare Beschilderung im Makro-Maßstab zugeordnet. Mittelgroße Schilder dienen der Orientierung entlang des linearen Parks. Sie sind in 100-Meter-Abständen angeordnet und helfen den Besuchern, sich in Bezug zur Gesamtlänge des Parks zu setzen. Innerhalb der 100-Meter-Marker befinden sich Schilder im Mikro-Maßstab. Sie definieren Treffpunkte und verweisen auf direkte Ziele und Angebote im Park.

Durch alle Maßstäbe hinweg, von der Bucht zur Stadt, von öffentlichen Funktionen zu Räumen für lokale Gruppen, von intensiven zu extensiven Freiflächen, besticht der Skypark durch seine Offenheit und die Verbindung von scheinbar Gegensätzlichem. Als neuer Treffpunkt lädt der Dachpark Shenzhens Bewohner zur Nutzung und Erholung ein.

A network of paths and informal pocket parks with seating areas are scattered between the sports areas. The types of paths are different depending on user behaviour and the dynamics of movement: A paved recreation path alternates with a wooden footbridge, while a jogging path switches with rubber granulate surface. Here, too, the design by Crossboundaries manages to create a dynamic interplay of public areas with informal recreational areas and functional sports pitches within the limited width and elongated extent of the park. The school sports pitches are busy during the week, but become quiet islands of relaxation at the weekend, when large numbers of visitors gather in the centre of the park for public sporting events. Intensively used park areas with a broad view alternate with small-scale niches for groups and walkers.

Colour is another defining aspect of the park and a hallmark of designs by Crossboundaries. Green and blue define the Skypark as a symbolic connection between shore and water, from the colour of the sports pitches right through to the fences and the details of the signage. The graphic guidance system follows the different scales and the urban context of the park. The entrances are assigned macro-scale signage visible from afar. Medium-sized signs provide orientation along the linear park. They are spaced at 100-metre intervals and help visitors relate to the overall length of the park. Then there are micro-scale signs placed inside the 100-meter markers. They define meeting points and refer to direct destinations and areas in the park.

Across all scales, from the bay to the city, from the public functions to the spaces for local groups, and from the intensive to the extensive open spaces, Skypark captivates with its openness and the connection of what seem to be opposites. The roof park invites the residents of the city to use it as a new meeting place and a place to relax.

Die Bildungseinrichtungen auf der gegenüberliegenden Straßenseite sind über Brücken mit dem Skypark verbunden.
The educational institutions across the street are connected to the Skypark via bridges.

Kuehn Malvezzi mit Pelletier de Fontenay und Jodoin Lamarre Pratte
Insectarium, Montreal, Kanada

Kritik **Olivier Vallerand**

25

Architekten / Architects
Kuehn Malvezzi
Torstraße 84
10119 Berlin
www.kuehnmalvezzi.com
press@kuehnmalvezzi.com

Projektteam / Project team
Wilfried Kuehn, Partner
Johannes Kuehn, Partner
Simona Malvezzi, Partner
Nina S. Beitzen, Projektleitung
Yu Ninagawa, Stellv. Projektleitung
Rebekka Bode, Architektin
Thomas Guethler, Architekt
Jan Imberi, Museologie

Bauherr / Client
Espace pour la Vie, Ville de Montréal

Beteiligte Architekturbüros / Other architects involved
Pelletier de Fontenay
100-6630 Hutchison
Montréal H2V 4E1, Kanada
www.pelletierdefontenay.com

Jodoin Lamarre Pratte architectes
3200 E Rachel Street, Montréal, Kanada
www.jlp.ca/en

Hubert Pelletier, Partner (Pelletier de Fontenay)
Yves de Fontenay, Partner (Pelletier de Fontenay)
Nathaniel Proulx Joanisse, Architekt (Pelletier de Fontenay)
Nicolas Ranger, Partner (Jodoin Lamarre Pratte architectes)
Marc-Antoine Bourbeau, Architekt (Jodoin Lamarre Pratte architectes)
Christine Nolet, Entwurfsarchitektin (Jodoin Lamarre Pratte architectes)

Tragwerksplanung / Structural engineering
NCK, Montréal und
Genie+ (Baugrund), Lévis

Haustechnik / Building services engineering
Dupras Ledoux, Montréal

Landschaftsarchitektur / Landscape architecture
atelier le balto, Berlin

Sonstige / Others
CIMA+ Berater Nachhaltigkeit (LEED-Zertifizierung), Montréal
Double Standards (Leit- und Informationssystem), Berlin

Lichtplanung, Heizung, Sanitär, Elektro, Bauphysik / Lighting design, Plumbing and heating, Electrical engineering, Building physics
Dupras Ledoux, Montréal

Standort / Location
4581 Sherbrooke St E
Montréal, Quebec H1X 2B2, Kanada

Fertigstellung / Completion
April 2022

Fotografie / Photography
James Brittain, Montréal / London

Ostfassade des Insectariums mit Schmetterlingsgarten im Vordergrund.
East façade of the insectarium with the butterfly garden in the foreground.

In den vergangenen zehn Jahren hat Montreal, Kanadas zweitgrößte Stadt, seine Naturmuseen grundlegenden Modernisierungen unterzogen, um neue Denkansätze und Sichtweisen auf die Umwelt zu reflektieren und zu vermitteln. Das 1990 als Ergänzung zum Botanischen Garten gegründete Insectarium hatte sich bis 2014 zu einem der weltweit größten Insektenmuseen entwickelt. In jenem Jahr bot ein Wettbewerb für den kompletten Umbau dieses Museums dem Gestaltungsteam, bestehend aus dem Berliner Büro Kuehn Malvezzi sowie den in Montreal ansässigen Büros Pelletier de Fontenay und Jodoin Lamarre Pratte, die seltene Gelegenheit, ihre Erfahrungen sowohl in den Bereichen Landschaftsgestaltung und Architektur als auch im Ausstellungs- und Industriedesign einzubringen.

Als Antwort auf die Neugestaltung des Museums durch das Kuratorenteam, die auf einem immersiven Verständnis von Biophilie basiert und die Besucher durch die Ausstellungswelt führt, als wären sie selbst Insekten, offeriert die Architektur eine Reise, die über eine einfache Präsentation dieser Tiere hinausgeht. Indem die Besucher lernen, mit ihnen zu leben, werden sie angeregt, sich für ökologische Nachhaltigkeit zu engagieren.

Over the last decade, Montreal, Canada's second-most populous city, has updated its constellation of nature museums to reflect new ways of thinking about the environment. Founded in 1990 as an addition to a botanical garden, its Insectarium had by 2014 grown into one of the world's largest museums devoted to insects. A competition that year to completely rebuild the space offered a rare opportunity for the design team, comprising Berlin-based Kuehn Malvezzi and Montreal-based Pelletier de Fontenay and Jodoin Lamarre Pratte, to fully integrate their experience in landscape, architecture, exhibition design, and industrial design.

Responding to the curatorial team's reimagining of the museum around an immersive understanding of biophilia that guides visitors through an experience of the world as if they were insects, the architecture offers a journey beyond the simple display these animals. By learning to live with them, visitors are encouraged to become agents of change for ecological sustainability.

Im Außenbereich sind eine pflanzenbedeckte Kuppel und große Gewächshäuser die einzigen Elemente, die sich über dem Boden erheben und die Weite des unterirdischen Erlebnisses andeuten. Die Besucher betreten das Museum über einen schrägen, in das Gelände geschnittenen Bestäubergarten. Er ist mit einem lichtdurchfluteten Empfangsbereich verbunden, der einen neutralen Hintergrund für die kommenden Eindrücke schafft. Danach gelangen die Besucher in einen dunklen, engen Tunnel aus bewehrtem Spritzbeton, der an ein Ameisennest erinnert. Es ist eine klare Einladung, die Umwelt als Insekt zu erleben – leicht verständlich sowohl für Erwachsene als auch für Kinder.

Der Tunnel öffnet sich zu sechs höhlenartigen Räumen. Sie bieten sensorische Erfahrungen, die davon inspiriert sind, wie Insekten die Welt wahrnehmen. Die immersive Architektur ist ein spielerischer, aber dennoch integraler Bestandteil der wissenschaftlichen Erkenntnisse, die hier vermittelt werden: ein vibrierender Boden, im UV-Licht erscheinende Muster, ein auf dem Kopf stehender Raum oder auch schmale Gänge. Dahinter erwartet die Besucher ein eher traditioneller Ausstellungsraum, der allerdings mit einer Besonderheit aufwartet. In seinem Zentrum ermöglichen immersive Vivarien mit gebogenen Glasfronten einen 180-Grad-Blick auf lebende Insekten. An die Wände projizierte Videos aus dem Inneren der Vivarien zeigen Aufnahmen sowohl der Insekten als auch von den Gesichtern der Besucher. So haben auch diejenigen etwas davon, die den Insekten vielleicht nicht so nahe kommen können oder möchten.

Der Weg führt dann allmählich zu dem von außen sichtbaren Kuppelraum hinauf. Dies ist ein kontemplativer Bereich, der sich deutlich von dem gewundenen Tunnel am Beginn der Ausstellung unterscheidet, auch wenn er aus dem gleichen Spritzbeton gebaut wurde. Die kreisförmigen Wände präsentieren eine doppelte Reihe von Schaukästen. In der oberen Reihe sind die Insekten in einem Farbkreis angeordnet, der (auch)

Outside, a plant-covered dome and large greenhouses are the only elements rising above the ground plane, hinting at the expanse of the underground experience. Visitors access the museum through a sloped pollinator garden cut through the land, connected to a light-filled reception area that acts as a palette cleanser, before visitors are invited to enter a dark, tight corridor – built from reinforced sprayed concrete and immediately calling to mind an ants' nest. It is a clear invitation to experience the environment as an insect, easily understood by both adults and children.

The tunnel opens to six cave-like rooms offering sensorial experiences inspired by how insects perceive the world differently than us. The immersive architecture is a playful yet integral part of the scientific knowledge being shared, through a floor that vibrates, patterns appearing under ultraviolet lighting, an upside-down space, or tight passages. Beyond, a more traditional exhibition room awaits visitors, though with a twist. At the center of the room, immersive vivariums with curved glass fronts allow visitors to have a 180-degree view of live insects. On the room's walls, video feeds from inside the vivariums project images of both the insects and the visitors' faces, for the benefit of those who might not be comfortable getting so close to the insects.

The path then gradually ascends to the dome-roofed room glimpsed from outside – a contemplative space quite different from the initial twisting tunnel, even if built from the same sprayed concrete. The circular walls present a double row of display cases. The top row organises insects following a chromatic circle, to be perceived from afar, while the bottom row contains thematic displays, rewarding closer inspection. Here again, the experience is completely different from what people might expect from an exhibition: the team focused on the overall impact of the space as much as on the individual vitrines, creating a surprisingly versatile space that accommodates both quiet moments and groups of excited children.

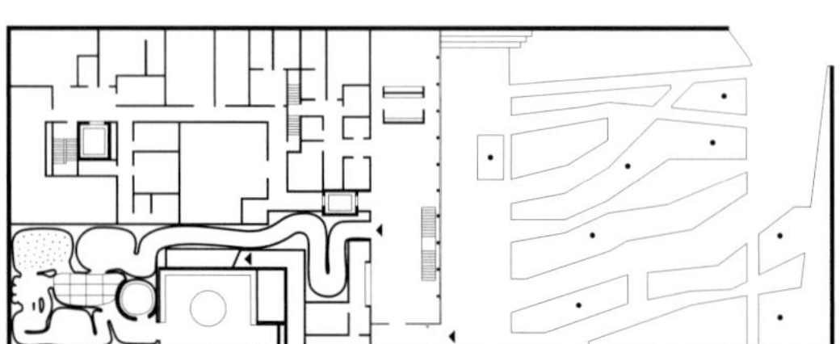

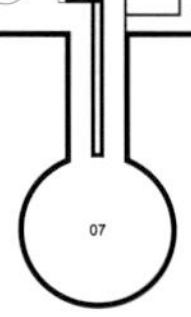

Grundriss Untergeschoss. In der Halle in der Mitte der Zugang zum Labyrinth, im Süden die Sammlungsrotunde.
Basement floor plan. Access to the labyrinth is in the hall in the centre. The collection rotunda is in the south.

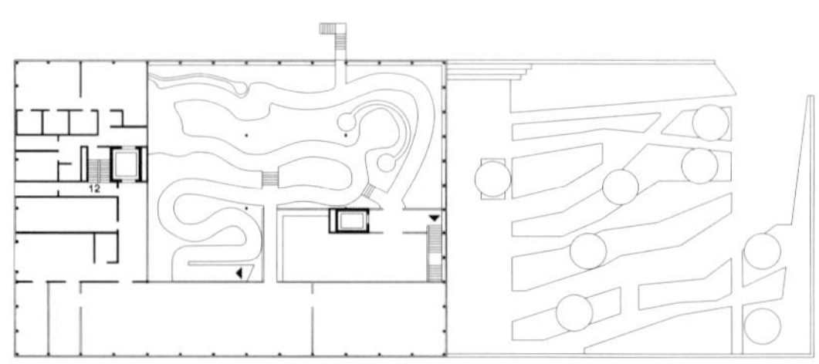

Grundriss Obergeschoss. Im Zentrum das Vivarium und die Pflanzenproduktion.
Ground floor plan. The vivarium and plant production area are in the centre.

Der Zugang zum Labyrinth in der Eingangshalle.
Access to the labyrinth in the entrance hall.

Die Sammlungsrotunde.
The collection rotunda.

Gang im Labyrinth.
Corridor in the labyrinth.

Das Vivarium.
The vivarium.

Die Pflanzenproduktion.
The plant production area.

Rampe aus dem Labyrinth zum Vivarium.
Ramp from the labyrinth to the vivarium.

aus der Ferne betrachtet werden kann, während die untere Reihe thematische Präsentationen enthält, die einen näheren Blick lohnen. Hier ist das Erlebnis ebenfalls völlig anders, als man es von einer Ausstellung gemeinhin erwarten würde. Das Gestaltungsteam konzentrierte sich sowohl auf die Gesamtwirkung des Raums als auch auf die einzelnen Vitrinen. Dadurch ist ein überraschend vielseitiger Bereich entstanden, der sowohl ruhige Momente enthält, aber ebenso Gruppen aufgeregter Kinder beherbergen kann.

Über die Rampe geht es in ein begehbares Vivarium, das im großen Gewächshaus untergebracht ist. In der plötzlich heißen, feuchten Umgebung werden die Besucher von wirbelnden Schmetterlingen begrüßt, bevor sie auf eine komplexe Topografie stoßen, die von einem unterirdischen Netzwerk aus Büros, Ausstellungsräumen und technischen Diensten geprägt ist. Im Gegensatz zu vielen anderen Naturmuseen sind die mechanischen Systeme hier nicht hinter künstlichen Bäumen oder Teichen versteckt. Stattdessen entschied sich das Gestaltungsteam für eine Hervorhebung der komplexen Integration der verschiedenen Systeme, die erforderlich sind, damit diese künstlichen Lebenswelten im Klima von Montreal bestehen können – dazu gehört auch ein angrenzendes Gewächshaus, in dem die Pflanzen für die Insekten angebaut werden (Pflanzenproduktion). Das ist eine große Herausforderung für ein Gebäude, das eine LEED-Gold-Zertifizierung anstrebt. Die Entscheidung, alles sichtbar zu machen, betont den Forschungsauftrag des Museums.

Eine App, mit der die Besucher die Insekten bestimmen können, die sie in den Schaukästen des Gewächshauses – und später in ihrem Alltag – sehen, erleichtert die wissenschaftliche Erkundung. Zugleich unterstützt sie die Museumsmitarbeiter bei der Kartierung der Bewegungen der Insekten durch den Raum, was mit der Zeit eine bessere Betreuung der Sammlung ermöglicht.

Das Leitungsteam des Insectariums war begeistert, mit Architekten zusammenarbeiten zu können, die offen für einen gemeinsamen Gestaltungsprozess waren, den sie als wesentlich für ihr kulturelles und wissenschaftliches Projekt erachteten. Als Reaktion darauf wandten sich die Architekten von den typischen großen formalen Gesten ab und schlugen stattdessen eine Reihe von »Erlebnissen« vor. Sie entwickelten einen maximal integrativen Ansatz, bei dem die Besucher verschiedene Ebenen der Beteiligung erleben können, die die traditionell festgelegte Museumserfahrung durchbrechen. So gibt es im Museum nur sehr wenige Informationsobjekte. Das architektonische Erlebnis wird vielmehr selbst zur Ausstellung. Es bringt die Besucher den Insekten so nahe wie möglich und lädt sie dazu ein, ihre Vorbehalte und Ängste abzulegen und ihre kleinen Nachbarn besser kennenzulernen.

Continuing along the ramp, visitors reach a walk-in vivarium housed in the large greenhouse. In a suddenly hot and humid environment, visitors are welcomed by swirling butterflies before emerging onto a complex topography shaped by the underground network of offices, exhibition spaces, and technical services. Unlike many other nature museums, the mechanical systems are not hidden behind fake trees or ponds. The design team has chosen instead to highlight the complex integration of the different systems necessary for this artificial environment to survive in Montreal's climate – a great challenge for a building aiming for LEED Gold – including an adjoining production greenhouse, where the habitat plants for the insects are grown. The decision to make everything visible underscores the research mission of the museum.

An app designed for visitors to identify the insects they see in the greenhouse's display pens – and later in their everyday life – facilitates scientific exploration, while also helping staff map how insects navigate the space, allowing for a better management of the collection over time.

The Insectarium's management team was thrilled to work with architects open to a co-design process, something they saw as essential to their cultural and scientific project. In response, the architects moved away from typical big, formal gestures, to propose instead a series of experiences, in a maximally inclusive approach where visitors can find different levels of engagement that break the traditional scripted museum experience. Very few informational exhibits are present in the museum, rather, the architectural experience itself creates meaning and becomes the exhibition, bringing visitors as close as possible to insects, inviting them to put their fears away and become better acquainted with their small neighbours.

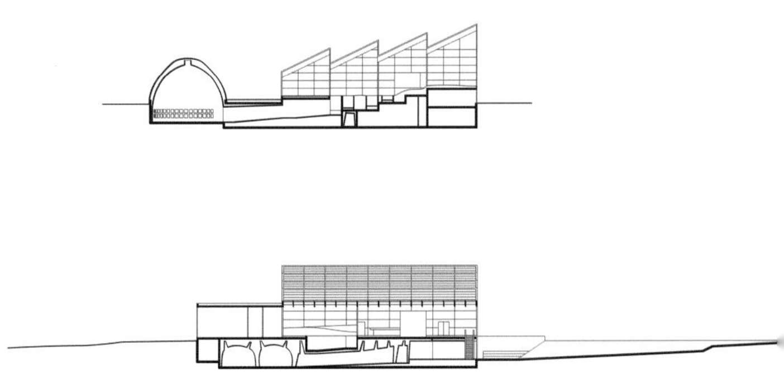

Schnitte
Sections

Studio Anna Heringer
Therapiezentrum Anandaloy in Rudrapur, Bangladesch

Kritik **Niklaus Graber**

26

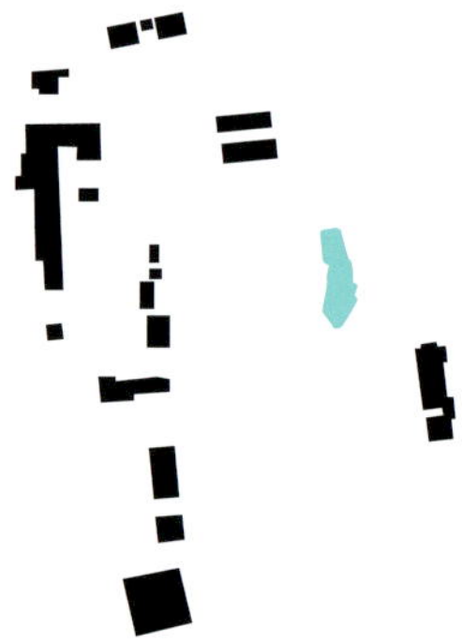

Architekten / Architects
Studio Anna Heringer
Rottmayrstraße 24
83410 Laufen
www.anna-heringer.com
office@anna-heringer.com

Projektteam / Project team
Anna Heringer, Architektin
Stefano Mori, Architekt
Montu Ram Sao, Bauleiter

Bauherr / Client
Dipshikha, Bangladesch

Projektsteuerung / Project management
Montu Ram Sao, Dinajpur, Bangladesch

Tragwerksplanung / Structural engineering
Community experience, Rudrapur, Bangladesch

Haustechnik, Elektro / Building services engineering, Electrical engineering
DESI Dipshikha, Rudrapur, Bangladesch

Bauphysik / Building physics
Community experience, Rudrapur, Bangladesch

Standort / Location
Rudrapur, Dinajpur district, Bangladesh

Fertigstellung / Completion
Januar 2020

Fotografie / Photography
Kurt Hoerbst, Wien / Reinbach
(S. 219–221, S. 222 unten / bottom)
Stefano Mori, Salzburg
(S. 222 oben / top)
Günter König, Dornbirn
(S. 218, S. 223)

Gestickter Lageplan.
Embroidered map.

Ansicht des Therapiezentrums. Links die Rampe in das Obergeschoss.
View of the therapy centre. The ramp to the upper floor is visible on the left.

Bereits 2008 vermeldete die UNO, dass mehr als 50 Prozent der Weltbevölkerung in urbanen Ballungsräumen leben. Kein Wunder, dass sich die Architekturdebatte der vergangenen Dekaden vor allem auf das Städtische fokussiert hat. Darüber darf aber nicht vergessen werden, dass Architektur ihre Potenziale auch jenen nach wie vor immens großen Bevölkerungsteilen zukommen lassen muss, die nicht in urbanen Zonen leben.

Im südostasiatischen Bangladesch, das weniger als halb so groß ist wie Deutschland, leben entgegen der globalen Urbanisierungstendenz derzeit noch immer gut 75 Prozent der rund 165 Millionen Einwohner in ruralen Gegenden. Doch der Trend zur Verstädterung schreitet auch im Ganges-Brahmaputra-Delta ungebremst voran. Der unablässige Strom der Landflüchtlinge bringt Ballungsräume von Megastädten wie Dhaka oder Chittagong heute bereits an den Rand des Kollapses. Architekten und Architektinnen in Bangladesch haben längst erkannt, dass mit einer einseitigen Debatte über die Stadt der wachsenden Problematik nicht mehr beizukommen ist. Die Lebensqualitäten von Stadt und Land sind untrennbar miteinander verflochten, und es kann nicht länger darum gehen, mit dualistisch

As early as 2008, the UN reported that more than 50 per cent of the world's population live in urban areas. It is no wonder that architectural debate over the past decades has primarily focused on the urban environment. However, let us not forget that architecture still has to make its potential available to the large segments of the population who do not live in urban areas.

Bangladesh in Southeast Asia is less than half the size of Germany and contrary to the global urbanisation trend, a good 75 per cent of the approximately 165 million inhabitants still live in rural areas. However, the trend towards urbanisation is advancing unchecked in the Ganges-Brahmaputra Delta. The never-ending flow of rural refugees is already bringing megacities like Dhaka and Chittagong to the brink of collapse. Architects in Bangladesh have long recognised that a one-sided debate about cities can no longer deal with the growing problem. Quality of life in the city and in the countryside are inextricably linked, and it can no longer be about playing off different lifestyles against each other with dualistic approaches. The way to save the cities lies in strengthening the countryside and vice versa.

geprägten Ansätzen unterschiedliche Lebensentwürfe gegeneinander auszuspielen. Die Rettung der Städte liegt in der Stärkung des Landes und umgekehrt.

Dass das Leben in ländlichen Gegenden tatsächlich eine wertvolle Alternative zum Stadtleben in den Metropolen sein kann, offenbart sich beim Besuch von Dörfern wie Rudrapur im entlegensten nordwestlichen Bangladesch. Im Gegensatz zur Hyperdichte von Dhaka, die wenig Raum für Vegetation und Wasser lässt und deren Bewohner unter nervtötender Verkehrsüberlastung, schlechter Luftqualität und hohen Lebenskosten leiden, profitieren die ländlichen Siedlungsräume von den grünen Weiten des wassergeäderten Deltas. Man darf das aber nicht romantisieren, denn was hier über weite Strecken fehlt, sind zeitgemäße Infrastrukturen für Bildung und Gesundheit, ein alltagsbereichernder Nutzungsmix und ein attraktives Arbeitsangebot fern des Landwirtschaftssektors und der reinen Selbstversorgung.

Um diesen Mankos entgegenzuwirken und das bisweilen entbehrungsreiche Alltagsleben zu verbessern, wartet Bangladesch in jüngerer Zeit mit zahlreichen beeindruckenden Projekten auf, die auf Kooperationen mit lokalen NGOs basieren. Eine dieser NGOs ist Dipshikha, die sich für die Implementierung von Bildung und qualitätsvollen Arbeitsplätzen in ländlichen Gegenden einsetzt. Zusammen mit der deutschen Architektin Anna Heringer hat Dipshikha in Rudrapur bereits zwei Schulbauten realisiert.[1] Heringer und Dipshikha gehen im jüngsten Projekt noch einen Schritt weiter, denn das Programm des neuen Anandaloy-Therapiezentrums nimmt sich der gesellschaftlichen Inklusion von Menschen mit Behinderungen an. Ein Thema, das in Bangladesch, wo Behinderungen oft stigmatisiert werden, nach wie vor Seltenheitswert hat.

Das Anandaloy-Zentrum beherbergt im Erdgeschoss Therapieräume zur Behandlung unterschiedlicher Formen von Behinderungen. Neben den eigentlichen Therapiezimmern stehen höhlenartige Nischen, Veranden sowie die angrenzenden Außenräume zur Verfügung. Im Obergeschoss ist unter schmetterlingsförmig aufragenden Dächern eine geräumige, von oben belichtete Textilwerkstatt angelegt, in der fern der großen Massenproduktionsketten handwerklich gefertigte Produkte hergestellt werden. Auch hier gilt Inklusion, denn Menschen, die den Dienst des Therapiezentrums in Anspruch nehmen, können im Textil-Team mitarbeiten. Verbunden sind die Geschosse über eine dynamisch um das Gebäude gewundene Rampe, die durch ein korbartiges Bambuskleid den Blick in das baumbestandene Umfeld lenkt. Diese Rampe gewährt

1 Siehe: Roland Gnaiger: School Handmade, Rudrapur, Bangladesch, in: Deutsches Architektur Jahrbuch 2007/08, München 2008, S. 154ff.

The fact that life in rural areas could actually be a valuable alternative to city life becomes apparent when visiting villages like Rudrapur in remote north-western Bangladesh. Unlike the hyper-density of Dhaka, which leaves little room for vegetation and water and whose residents suffer from soul-destroying traffic congestion, poor air quality, and high living costs, rural settlements benefit from the verdant expanses of the water-veined delta. However, we should not romanticise this life, because what is largely missing here is modern infrastructure for education and health, a mix of uses that enriches everyday life, and an attractive range of jobs far removed from the agricultural sector and pure self-sufficiency.

In order to counteract these shortcomings and improve everyday life, which is sometimes full of deprivation, Bangladesh has recently come up with numerous impressive projects based on cooperation with local NGOs. One of these NGOs is Dipshikha, which works to provide education and high-quality jobs in rural areas. Dipshikha has already realised two school buildings in Rudrapur together with the German architect Anna Heringer[1]. In their latest project, Heringer and Dipshikha go one step further: the programme of the newly created Anandaloy Therapy Centre addresses the social inclusion of people with disabilities. This is a topic that is still rare in Bangladesh, where disabilities are often stigmatised.

The ground floor of the Anandaloy Centre contains therapy rooms for the treatment of different disabilities. Cave-like niches, verandas, and the adjoining outdoor spaces are available in addition to the actual therapy rooms. The upper floor, under butterfly-shaped roofs, contains a spacious textile workshop illuminated from above, where handcrafted products are manufactured far away from the large mass production chains. Inclusion is a priority here, too, as people who use the therapy centre services can work in the textile team. The floors are connected by a ramp that winds dynamically around the building and directs views through a basket-like bamboo cover towards the tree-lined surroundings. The ramp provides barrier-free access across the floors and is the element that most succinctly expresses the architectural concept.

1 See: Roland Gnaiger, School Handmade, Rudrapur, Bangladesch. In: Deutsches Architektur Jahrbuch 2007/08, Munich 2008, p. 154ff.

Ansicht von Westen.
West view.

Arbeitsbereich im Obergeschoss für Dipdii Textiles, eine Initiative für faire Mode, für die Studio Anna Heringer gemeinsam mit der NGO Dipshikha verantwortlich ist.
Workspace on the upper floor for Dipdii Textiles, a fair fashion initiative that Studio Anna Heringer is responsible for together with the NGO Dipshikha.

Die Veranda im Erdgeschoss.
The ground floor veranda.

Das Therapiezentrum Anandoloy im Bau.
The Anandoloy Therapy Centre under construction.

Schnitt
Section

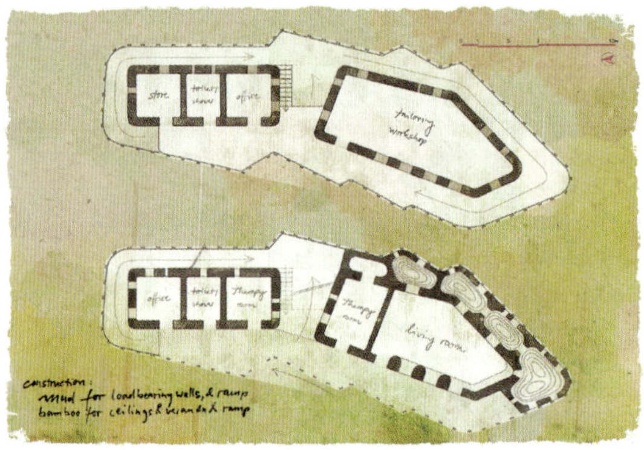

Grundrisse
Floor plans

Höhlen im Erdgeschoss als Rückzugsraum sowie zum Klettern und Trainieren der Muskelkoordination.
Caves on the ground floor function as retreats and spaces for climbing and training muscle coordination.

einen barrierefreien Zugang über die Geschosse hinweg und ist das Moment, das das architektonische Konzept am markantesten ausdrückt.

Anna Heringers Architekturen in Rudrapur greifen auf die Tradition des ruralen Bauens zurück und schreiben diese zeitgemäß weiter. Zwar sind die Bauten auf lokal verfügbare Materialien wie Lehm oder Bambus abgestellt, doch ihr Maßstab ist ein anderer als derjenige des traditionellen Gehöfts, das aus einer hofbildenden Clusterung von eingeschossigen »Bungalows«[2] gebildet wird. Die drei Bildungsbauten in Rudrapur ergeben zwar ähnlich der auf der anderen Straßenseite gelegenen Siedlung zwischen schattenspendendem Grün ein loses Ensemble, doch sind sie wesentlich stattlicher und im Sinne einer landschonenden Verdichtung mehrgeschossig konzipiert. Auffallend ist, dass die Bauten trotz eines durchgängigen konstruktiven Grundrepertoires einen individuellen Ausdruck haben. Während die beiden älteren Schulbauten klar und rechteckig geschnitten sind, entfaltet das neueste Gebäude eine irreguläre und dynamische Präsenz. Ein wenig wie ein übermütiges Kind, das ungeduldig, aber zuversichtlich in die Zukunft blickt, gesellt sich der Neubau zu seinen Mitspielern im Schulensemble.

Für den räumlich-gestalterischen Paradigmenwechsel in ihrem jüngsten Bangladesch-Projekt nennt die Architektin unter anderem zwei Gründe: Zum einen ging es bei den ersten beiden Schulbauten darum, der Bevölkerung und den lokalen Handwerkern zu veranschaulichen, dass die gemeinhin als rau und minder geltenden lokalen Baumaterialien durchaus zu Klarheit, Präzision und Mehrgeschossigkeit sowie zu Anmut und Annehmlichkeit taugen. Der jüngste Bau zeigt nun, dass sich damit ohne Weiteres auch dynamische Formen herstellen lassen. Zum anderen sieht Heringer die Andersartigkeit des Anandaloy-Gebäudes – bei dem sie im Gegensatz zu den Vorgängerbauten den Bauprozess weitestgehend lokalen Unternehmern überließ – als metaphorische Botschaft für eine Inklusion: Wie immer Du tickst, auch Dir kommt eine entscheidende Rolle in der Gemeinschaft zu.

2 Ausgehend von der Chala, der bengalischen Hütte, hat sich eine Bauform entwickelt, die von englischen Kolonialherren als »Bungalow« in den weltweiten Sprachgebrauch exportiert wurde.

Anna Heringer's architecture projects in Rudrapur draw on the tradition of rural building and continue to it in a contemporary way. Although the buildings use materials available locally such as clay and bamboo, their scale is different from that of the traditional farmstead, which is formed from a courtyard-forming cluster of single-storey 'bungalows'[2]. The three educational buildings in Rudrapur form a loose ensemble between shady greenery, similar to the settlement on the other side of the street, but they are much more stately and multi-storey in the sense of land-friendly densification. It is remarkable that the buildings have an individual expression despite a consistent, constructive basic repertoire. While the two older school buildings are clear and rectangular in shape, the newest building has an irregular and dynamic presence. A little bit like a high-spirited child who looks impatiently but confidently into the future, the new building joins its fellow players in the school ensemble.

The architect cites two reasons, among others, for the paradigm shift in the spatial design of her latest Bangladesh project. On the one hand, the first two school buildings aimed to show the public and local craftsmen that local building materials, which are generally considered rough and inferior, are also good for clarity, precision, multi-storey construction, as well as grace and comfort. The most recent building now shows that they can also be used to easily produce dynamic shapes. On the other hand, Heringer sees the otherness of the Anandaloy building – where unlike the previous buildings she largely left the construction process to local entrepreneurs – as a metaphorical message for inclusion. No matter who you are, you too have a crucial role to play in the community.

2 Starting with the chala, the Bengali hut, a design developed that was exported by English colonial rulers into the worldwide language as a bungalow.

Gestickter Grundriss des Erdgeschosses. Rot die Höhlen.
Embroidered ground floor plan. The caves are in red.

Anhang
Appendix

DAM Jahresbericht 2022
DAM Annual Report 2022

Das Deutsche Architekturmuseum war 2022 wegen Renovierung geschlossen und zeigte an Gast-Orten und im Interimsquartier DAM OSTEND folgende Ausstellungen
In 2022 the Deutsches Architekturmuseum was closed due to renovations and hosted the following exhibitions at guest venues and at the interim DAM OSTEND

DAM PREIS 2022
Die 26 besten Bauten in/aus Deutschland
The 26 Best Buildings in/from Germany
29.01. – 27.03.2022 >> im DAM Ostend

SCHÖN HIER
Architektur auf dem Land
NICE OUT HERE
Architecture in Rural Areas
27.03. – 27.11.2022 >> zu Gast im Freilichtmuseum Hessenpark

ANTONIO DE CAMPOS
Konzepte für Zaha Hadid
Concepts for Zaha Hadid
09.04. – 28.08.2022 >> im DAM Ostend

PAULSKIRCHE
Demokratie, Debatte, Denkmal
Democracy, Debate, Monument
Seit 28.06.2022 >> Dauerausstellung in der Wandelhalle der Paulskirche
Ein gemeinsames Projekt von DAM, Historisches Museum Frankfurt, Institut für Stadtgeschichte Frankfurt am Main, Magistrat der Stadt Frankfurt am Main und der Wüstenrot Stiftung
A collaboration by DAM, Historisches Museum Frankfurt, Institut für Stadtgeschichte Frankfurt am Main, Magistrat der Stadt Frankfurt am Main, and the Wüstenrot Foundation

NICHTS NEUES
Besser Bauen mit Bestand
ADAPTIVE ARCHITECTURE
Building Upon the Existing
16.09.2022 – 15.01.2023 >>
im DAM Ostend

BEST HIGH-RISES
Internationaler Hochhaus Preis 2022/23
International Highrise Award 2022/23
09.11.22 – 22.01.2023 >> zu Gast im Museum Angewandte Kunst Frankfurt

DAM Ausstellungen auf Tour 2022
DAM touring exhibitions in 2022

FRAU ARCHITEKT.
Seit mehr als 100 Jahren: Frauen im Architekturberuf
Over more than 100 years of women in architecture
Nikosia, Zypern, Goethe-Institut Zypern
07.12.2021 – 19.03.2022

SOS BRUTALISMUS – **Rettet die Betonmonster!**
SOS BRUTALISM – Save the Concrete Monsters!
Ein gemeinsames Projekt des Deutschen Architekturmuseums und der Wüstenrot Stiftung
A collaboration by DAM and the Wüstenrot Foundation
New Haven, CT, USA, Yale School of Architecture Gallery
25.08. – 10.12.2022

DAM PREIS 2022.
Die 26 besten Bauten in/aus Deutschland
The 26 best buildings in/from Germany
München, whiteBOX
06. – 29.05.2022
Leipzig, Tapetenwerk
30.09. – 11.10.2022

DAS URBANE IM PERIPHEREN
Europäischer Architekturfotografie-Preis architekturbild 2021
The Urban in the Periphery
European Architectural Photography Prize architekturbild 2021
Mainz, Zentrum für Baukultur Rheinland-Pfalz
09.06. – 08.07.2022

EINFACH GRÜN
Greening the City
Salzburg, Österreich, Architekturhaus Salzburg
17.03. – 22.04.2022
Mönchengladbach, Bürgerpark
30.04. – 29.05.2022
Hamburg, AIT Architektursalon
15.09. – 23.12.2022

TRUDE SCHELLING-KARRER
Karlsruhe, Museum für Literatur am Oberrhein
03.06. – 28.08.2022

DIE NEUE HEIMAT (1950–1982)
Bad Aibling, B & O Parkhotel
Dauerausstellung seit 08.08.2021

ANTONIO DE CAMPOS
Konzepte für Zaha Hadid
Concepts for Zaha Hadid
Budapest, Ungarn, FUGA Budapest Center of Architecture
08.12.2022 – 26.01.2023

Vortragsreihen und Veranstaltungen
Lecture Series and Events

4×4 KOMMUNEN AUS RHEIN-MAIN DISKUTIEREN
Eine Kooperation zwischen, dem Deutschen Architekturmuseum, Großer Frankfurter Bogen – Bezahlbar Wohnen für Alle und dem Hessischen Ministerium für Wirtschaft, Energie, Verkehr und Wohnen

Wieso freue ich mich (nicht) auf Neues Wohnen?
mit Vertretern aus Wiesbaden, Kronberg, Langen, Maintal
13.01.2022, 19 Uhr

Bin ich für alle ein gutes Zuhause?
mit Vertretern aus Frankfurt, Heusenstamm, Zwingenberg, Kelsterbach
03.02.2022

Bin ich ein guter Nachbar?
mit Vertretern aus Darmstadt, Bad Homburg, Neu-Isenburg, Erzhausen
24.02.2022

Das Interimsquartier des DAM in der Henschelstraße 18.
The interim premises of the DAM at Henschelstrasse 18.

Ausstellung: DAM PREIS 2022. Die 26 besten Bauten in / aus Deutschland.
Exhibition: DAM PREIS 2022. The 26 best buildings in / from Germany.

Verleihung des DAM PREIS 2022 an die ARGE SUMMACUMFEMMER BÜRO JULIANE GREB für das Wohnhaus San Riemo.
Award Ceremony of the DAM PREIS 2022 to ARGE SUMMACUMFEMMER BÜRO JULIANE GREB for the 'San Riemo' residential building.

Wie gestalte ich meinen Boden?
mit Vertretern aus Offenbach, Hanau, Oberursel, Mühltal
28.04.2022

DIALOG IM MUSEUM
Veranstaltungsreihe in Kooperation mit der Hochschule RheinMain

Mobiliät neu gedacht – Dialog im Museum #15
Kai Vöckler, Anne Klein-Hitpaß, Meike Jipp, Volker Blees
22.03.2022

Wie erneuerbare Energien unsere Stromnetze stärken – Dialog im Museum #16
Heinz Werntges, Karsten McGovern, Thomas Jäger
05.07.2022

Intelligente Gebäude für das Klima der Zukunft – Dialog im Museum #17
Natalie Eßig, Severin Beucker, Viktor Grinewitschus, Birgit Scheppat
22.11.2022

Rechenzentren. Orte digitaler Souveränität – Dialog im Museum #18
13.12.2022

INTERNATIONALE LANDSCHAFTSARCHITEKTUR – STADTGRÜN 3D
Vortragsreihe in Kooperation mit dem Bund Deutscher Landschaftsarchitekten bdla, Landesverband Hessen e. V.
Nicole Pfoser + Felix Münch
04.05.2022

INTERNATIONALE LANDSCHAFTSARCHITEKTUR – MOBILITÄTSWANDEL SCHAFFT FREIRAUM!
Martin Randelhoff
22.09.2022
Florian Leser
13.10.2022
Christian Dobrick
24.11.2022
Lola Meyer
15.12.2022

STADTplus – THEMEN, DIE DIE STADT BEWEGEN
Die Stadt + die Bausünde
Turit Fröbe
06.04.2022

Die Stadt + die Gangs
Andrea Stevens
11.05.2022

Die Stadt + die Megaprojekte
Wolfgang Voigt
08.06.2022

Die Stadt + der Stehschoppen
Andreas Maier
13.07.2022

Die Stadt + der Hunger
Patrick Kokoszynski & Thilo Schwarmann
21.09.2022

Die Stadt + die Filme
Gunter Deller
05.10.2022

Die Stadt + die Rothschilds
Jens Peter Meyer
02.11.2022

Die Stadt + ihr Bestand
Elisa Traut
07.12.2022

Begleitprogramm Ausstellungen
Accompanying Program Exhibitions

SCHÖN HIER
Architektur auf dem Land
NICE OUT HERE
Architecture in Rural Areas

IBA-SALON SCHÖN HIER. ARCHITEKTUR AUF DEM LAND
Schloss Bedheim, in Zusammenarbeit mit der IBA Thüringen und der Stiftung Baukultur Thüringen
mit Florian Kirfel, Marta Doehler-Behzadi, Verena Konrad, Susanne Wartzeck, Anika Gründer, Mario Tvrtkovic, Silvia Schellenberg-Thaut, Peter Cachola Schmal
12.05.2022

BAUHERREN-SEMINARE
mit Klaus Schillberg
Mai bis November 2022

THEMENTAG FACHWERK
Freilichtmuseum Hessenpark
29.05.2022

BAUKULTUR! PERSPEKTIVWECHSEL FÜR DIE ALTSTADT VON KIRCHHAIN
Bürgerhaus Kirchhain, in Zusammenarbeit mit Baukultur Hessen
mit Olaf Hausmann, Lars Bölling, Renate Becker, Georg Schlamann, Stefanie Lampe, Kathrin Korth, Tobias Wolf
01.05.2022

GUT BEDACHT – MATERIALIEN, PFLEGE, REPARATUR VON DACHEINDECKUNGEN
Freilichtmuseum Hessenpark, in Zusammenarbeit mit der DenkmalAkademie der Deutschen Stiftung Denkmalschutz
Tagesseminar
24.06.2022

SOMMERREISE BUNDESSTIFTUNG BAUKULTUR
Station im Freilichtmuseum Hessenpark
26.07.2022

BAUKULTURREGION SCHWARZWALD
Tagesausflug mit Besichtigung von Projekten der Ausstellung »Schön hier«
06.08.2022

SCHWARZBURGER GESPRÄCHE – KRISENFESTES SCHWARZATAL
Regionalkonferenz, veranstaltet von der Zukunftswerkstatt Schwarzatal, Internationale Bauausstellung IBA Thüringen, LEADER RAG Saalfeld-Rudolstadt
12. – 13.08.2022

TAG DER SOMMERFRISCHE
Veranstaltungen im Schwarzatal in Thüringen
21.08.2022

UMBAU, AUSBAU, NEUBAU?
Webinar für angehende Bauherr:innen, mit Dagmar Zimdars
07., 14. + 21.09.2022

ALLE SCHOTTEN DICHT – ENERGETISCHE ERTÜCHTIGUNG VON TÜREN UND FENSTERN
Freilichtmuseum Hessenpark
Tagesseminar
16.09.2022

ACHTES HESSISCHES DENKMALGESPRÄCH
»Zukunftsort Denkmal – Denkmalpflege auf dem Land«
Freilichtmuseum Hessenpark, veranstaltet von Vertretungen der Propstei Johannesberg in Fulda, der DenkmalAkademie der Deutschen Stiftung Denkmalschutz, des Landesamtes für Denkmalpflege und des Freilichtmuseums Hessenpark
mit Jens Scheller, Verena Jakobi, Anette Becker, J. Michael Ruhl, Ernst Wegener, Marcus Dittrich, Christoph Kiefer, Daniel Fricke, Daniel Landskron, Tobias Engel, Thomas Schreiber, Tobias Wolf, Annika Sellmann, Astrid Zima
07.10.2022

LERNWELTEN. IN STADT UND LAND. BAUKULTURDIALOG
Freilichtmuseum Hessenpark, Kooperation der Bundesstiftung Baukultur, des Fördervereins der BSBK, des Freilichtmuseums und des DAM
mit Jens Scheller, Rebekka Kremershof, Esther Schwöbel, Katharina Stahlhoven, Anke Dietrich, Nadine Ryll, Peter Köddermann, Annette Becker, Stefanie Lampe, Reiner Nagel, Karl-Eberhard Feußner, Barbara Feller
13.10.2022

BESSER BAUEN MIT BESTAND – ARCHITEKTUR AUF DEM LAND
Online-Tagung mit Nadja Häupl, Daniel Fuhrhop, Jakob Grelck, Jan Schipull Kauschen
21.10.2022

ANTONIO DE CAMPOS
Konzepte für Zaha Hadid
Concepts for Zaha Hadid

ZWISCHEN GENIEKULT UND GEISTIGEM EIGENTUM
Podium mit Antonio de Campos, Gräfin Friederike von Brühl, Vinzenz Hediger, Niklas Maak, Rebecca Caroline Schmidt
In Kooperation mit NORMATIVE ORDERS / GOETHE UNIVERSITÄT Frankfurt am Main
07.07.2022

NICHTS NEUES
Besser Bauen mit Bestand
ADAPTIVE ARCHITECTURE
Building Upon the Existing

FAHRRADTOUR: BAUEN MIT BESTAND – FRANKFURTER WOHNSIEDLUNGEN
Harald Etzemüller
18.09.2022

SATOURDAY – Materialzauber
Bettina Gebhardt
24.09.2022

FAHRRADTOUR: BAUEN MIT BESTAND – BEISPIELE DER FRANKFURTER UMBAUKULTUR
Harald Etzemüller
25.09.2022

FAMILIENFÜHRUNG NICHTS NEUES
08.10.2022
10.12.2022

WORKSHOP MINECRAFT UND NICHTS NEUES
TheJoCraft
12.11.2022

BESSER BAUEN MIT DER NACHBARSCHAFT
u. a. mit Renée Tribble
17.11.2022

GUT GENUG – VERBUNDFENSTER INSTAND SETZEN
mit Haus Bräutigam e. V.
Bauworkshop
19.11.2022

GUT GENUG – SELBER PLANEN UND BAUEN
mit Haus Bräutigam e. V. und weiteren Initiativen
Offenes Gespräch
19.11.2022

PAPIER-SKULPTUR
Workshop für Erwachsene mit Bettina Gebhardt
24.11.2022

LEBENSZYKLEN DER ARCHITEKTUR
Zirkuläres Bauen in der Schweiz und in Deutschland
Symposium
u. a. mit Susanne Wartzeck
25.11.2022

PAPIER – ENTWERFEN, SCHREIBEN, FORMEN
Workshop für Kinder ab 8 Jahren mit Bettina Gebhardt
03.12.2022

BAUKULTURSALON: NEUE UMBAUKULTUR. AUS DEM BESTAND NEUES SCHAFFEN
mit Jonas Malzahn, Mathias Schnell, Andrea Jürges, Reiner Nagel, Holger Zimmer, Jula-Kim Sieber, Till Schneider, Inga Glander
14.12.2022

BAUSTELLENFÜHRUNG: UMBAU DES UMBAUS
mit Peter Cachola Schmal, Jula-Kim Sieber
15.12.2022

Symposien und Sonderveranstaltungen
Symposia and special events

MODELLGESCHICHTEN – AUSSENBLICKE AUF DIE ARCHITEKTURDIORAMEN IM DAM
Online-Vortrag von Sebastian Fitzner
01.04.2022

CCSA TALKS
»Eine neue Umwelt – Heinrich Klotz über Architektur und Neue Medien«
Dokumentarfilm und Gespräch mit dem Regisseur Christian Haardt (ZKM, Karlsruhe)
Im Rahmen des Center for Critical Studies in Architecture (CCSA)
24.05.2022

POST CORONA INNENSTADT FRANKFURT AM MAIN
Im Rahmen der Nationalen Stadtentwicklungspolitik setzen die Stadt Frankfurt und das DAM zusammen mit weiteren Partnern Projekte um, die den öffentlichen Raum aufwerten und neue Angebote in die Innenstadt bringen sollen.

Sommer am Main – Mainkai Frankfurt
22.07. – 04.09.2022
Urbanes Reallabor: Wohnzimmer Hauptwache 2022
06.05. – 31.10.2022

Ausstellung Post Corona Innenstadt Frankfurt am Main >> in Planung

---

Architekturvermittlung für Kinder und Jugendliche
Education in architecture for children and young people

PROJEKTE
WohnRegion
Minecraft-Projekt, gefördert von der Kulturstiftung des Bundes
01.06. – 30.09.2022

Workshops im Rahmen von WohnRegion
Kronberg, 09.06. – 01.07.2022
Zwingenberg, 23.07.2022
Frankfurt am Main, 25. – 26.07.2022
Hanau, 27. – 28.07.2022
Rüsselsheim, 09. – 10.08.2022
Oberursel, 15. – 16.08.2022
Kelsterbach, 28. – 29.08.2022

KOOPERATIONSPROJEKT
Einfach Reinkommen!
Kooperationsprojekt mit der Lebenshilfe Frankfurt
05.11.2022

EinLaden!
Kooperationsprojekt mit dem TheaterGrüneSosse
Paola Wechs, Bettina Gebhardt, Rebekka Kremershof
01.06. – 17.09.2022

Kinderstadt in Kronberg
Kooperationsprojekt mit der Stadt Kronberg
Brigitte Brautmann
13. – 14.08.2022

Das reisende Museum
Kooperationsprojekt mit der Städtischen Bücherei
Ruth Schlögl
Bücherei Griesheim, 01.07.2022
DAM Ostend, 23.07.2022

FERIENPROGRAMM / WOCHENEND-PROGRAMM
Bauakademie
Bettina Gebhardt
19. – 22.04.2022
25. – 28.10.2022

LEGOBAUSTELLE
In der Orangerie des Deutschen Kinderschutzbund e. V.
09. – 14.04. und 19. – 24.04.2022 sowie
25.07. – 07.08.2022

PROJEKTE **»Architekturmuseum macht Schule«**

ÜBER-SPANNEND / BRÜCKEN
Bettina Gebhardt
07. – 11.03.2022, Textorschule
14. – 18.03.2022, Textorschule
21. – 25.03.2022, Textorschule
02.03. – 01.04.2022, Textorschule

WO DER GLAUBE WOHNT
Yorck Förster, Ben Kilb
18. – 19.07.2022, Marienschule Offenbach

STADTTEILDETEKTIVE
Bettina Gebhardt
25. – 29.04.2022, Friedrich-List-Schule
02. – 06.05.2022, Friedrich-List-Schule
09. – 13.05.2022, Friedrich-List-Schule
16.05.2022, Friedrich-List-Schule

DEMOKRATIE BAUEN
Helena Fischer / Flora Ciupke
In Kooperation mit der Bundeszentrale für politische Bildung
27. – 30.09.2022, Hostatoschule

Folgende Kataloge und Veröffentlichungen sind erschienen
The following catalogues and books have been published

DEUTSCHES ARCHITEKTUR JAHRBUCH 2022
German Architecture Annual 2022
Hg./ed.: Yorck Förster, Christina Gräwe, Peter Cachola Schmal
Erschienen bei / published by:
DOM publishers
Deutsch/Englisch
German/English

SCHÖN HIER.
Architektur auf dem Land
Hg./ed.: Annette Becker, Stefanie Lampe, Lessano Negussie, Peter Cachola Schmal
Erschienen im Hatje Cantz Verlag, Berlin / published by: Hatje Cantz, Berlin
Deutsch / German

ARCHITEKTURFÜHRER DEUTSCHLAND 2023
Hg./ed.: Yorck Förster, Christina Gräwe, Peter Cachola Schmal
Erschienen bei / published by:
DOM publishers
Deutsch / German

BEST HIGHRISES 2022/23
Internationaler Hochhaus Preis
International Highrise Award
Hg./ed.: Peter Körner, Peter Cachola Schmal, Jennifer Dyck
Erschienen im / published by:
Jovis Verlag, Berlin
Deutsch/Englisch
German/English

Zu den wichtigsten Neuzugängen der DAM-Sammlung zählen
The most important new additions to DAM's collections include

Roland Burgard, Frankfurt am Main
Materialien zum Museumsufer und zu den von Roland Burgard innerhalb des Hochbauamts entworfenen Bauten

Manfred Steffen, Grünwald
Modell »One Liberty Place in Philadelphia« von Helmut Jahn

Hochbauamt Frankfurt am Main
Übernahme einer Reihe von Wettbewerbsmodellen, u. a. von Aldo Rossi zum Osthafen und zum Wettbewerb Völkerkundemuseum Frankfurt am Main

Gustav Brendel & Judith Botfay, München
Zwei farbige Zeichnungen zum Projekt »Pfarrgemeinde, Schulkirche und Novizenhaus des Piaristenordens in Budapest / Ungarn«

Schelling-Architekturstiftung, Karlsruhe
Übernahme des Nachlasses von Trude Schelling-Karrer. Bühnenbilder, Möbel- und Schmuckentwürfe

Ulrich Müller, Berlin
Storefront Images 2011–2021. Architektur Galerie Berlin. Archivkassette mit 50 Fine Art Prints auf Canson Rag 310, singuläre Museumsausgabe (3 von 5)

Angelika und Catarina Henke, Bonn
Zeichnungen und Dokumente von Albert und Hilde Kluftinger (Stuttgarter Schule)

Forschungsprojekte
Research projects

Gründungsakte/n Heinrich Klotz: Erschließung, Erforschung, Sichtbarmachung und Vermittlung – Heinrich Klotz und das DAM im Konflikt um die Postmoderne 1979 bis 1989
Founding File Heinrich Klotz: Register, Research, Presentation, and Education – Heinrich Klotz and the DAM in the Conflict over Postmodernism 1979 to 1989
DAM und Wüstenrot Stiftung,
Juli 2022 bis April 2024

Ausstellung: SCHÖN HIER. Architektur auf dem Land.
Exhibition: NICE OUT HERE. Architecture in Rural Areas.

Ausstellung: NICHTS NEUES. Besser Bauen mit Bestand.
Exhibition: ADAPTIVE ARCHITECTURE. Building Upon the Existing.

Ausstellung: ANTONIO DE CAMPOS. Konzepte für Zaha Hadid.
Exhibition: ANTONIO DE CAMPOS. Concepts for Zaha Hadid.

Architekturpreise

Das DAM ist an der Auslobung wichtiger Architekturpreise beteiligt:

Seit 2007 zeichnet das DAM einen der im *Deutschen Architektur Jahrbuch* präsentierten Bauten mit dem *DAM Preis für Architektur in Deutschland* aus. Der DAM Preis 2023 geht an Auer Weber aus München für die Erweiterung des Landratsamts Starnberg.

Der *Internationale Hochhaus Preis* (IHP) wird seit 2004 alle zwei Jahre von der Stadt Frankfurt am Main vergeben. Initiiert und organisiert wird er in partnerschaftlicher Kooperation vom DAM und der DekaBank, die außerdem den IHP finanziert. Der 10. IHP geht 2022 an 3XN aus Kopenhagen / Sydney für den Quay Quarter Tower in Sydney. Der Preis besteht aus einer Statuette des Künstlers Thomas Demand und einem Geldpreis von 50.000 Euro.

Der *DAM Architectural Book Award* wurde 2022 zum 14. Mal vergeben. Er wird jährlich gemeinsam mit der Frankfurter Buchmesse ausgelobt und zu diesem Zeitpunkt verliehen. Die zehn Preisträger 2022 waren: *Living and Working*, The MIT Press, Cambridge, USA / *Momentum of Light*, Lars Müller Publishers, Zürich / *Swissness Applied*, Park Books, Zürich / *Urban Design in the 20th Century*, gta Verlag, Zürich / *Das Garagenmanifest*, Park Books, Zürich / *The Polyhedrists*, The MIT Press, Cambridge, USA / *Auf Linie*, Birkhäuser Verlag, Basel / *Barozzi Veiga*, Verlag der Buchhandlung Walther und Franz König, Köln / *Die Stadt für alle*, Karl Rauch Verlag, Düsseldorf / *Renovation Antwerp City Hall*, Public Space, Mechelen.

Der Preis *Häuser des Jahres* zusammen mit dem Callwey Verlag geht seit 2010 an die schönsten Einfamilienhäuser in Deutschland, Österreich, der Schweiz und Südtirol. 2022 ging der Preis an Peter Grundmann aus Berlin für das Haus Mischke im brandenburgischen Mellensee.

Seit 2008 ist das DAM Kooperationspartner von architekturbild e. v. Zusammen mit der Bundesstiftung Baukultur wird im Zweijahresrhythmus der *Europäische Architekturfotografie-Preis* ausgelobt. Das nächste Mal wird der Preis 2023 vergeben.

2022 wurde der *EUMiesAward* für zeitgenössische Architektur in Europa verliehen; das DAM ist seit 2007 Mitglied des Advisory Committee. Gewinner sind dieses Mal Grafton Architects aus Dublin für Town House – Kingston University in London. Als Emerging

Architectural Awards

DAM contributes to a number of important architectural prizes:

Since 2007, DAM has been selecting one of the buildings presented in the German Architecture Annual as the recipient of the DAM Preis for Architecture in Germany. The DAM Preis 2023 goes to Auer Weber from Munich for the extension to the Starnberg District Office.

The City of Frankfurt am Main has been awarding the International Highrise Award (IHA) every two years since 2004. The city initiated and organised the award in cooperation with DAM and DekaBank, which also finances the IHA. The tenth IHA goes to 3XN in Copenhagen / Sydney for the Quay Quarter Tower in Sydney in 2022. The award consists of a statuette designed by the artist Thomas Demand and a cash prize of 50,000 euros.

The DAM Architectural Book Award was awarded for the 14th time in 2022. It is presented annually in cooperation with the Frankfurt Book Fair during the fair. The ten winning titles in 2022 were: *Living and Working* (by the MIT Press, Cambridge, USA); *Momentum of Light* (by Lars Müller Publishers, Zürich); *Swissness Applied* (by Park Books, Zürich); *Urban Design in the 20th Century* (by gta Verlag, Zürich); *Das Garagenmanifest* (by Park Books, Zürich); *The Polyhedrists* (by the MIT Press, Cambridge, USA); *Auf Linie* (by Birkhäuser Verlag, Basel); *Barozzi Veiga* (by Verlag der Buchhandlung Walther und Franz König, Cologne); *Die Stadt für Alle* (by Karl Rauch Verlag, Düsseldorf); *Renovation Antwerp City Hall* (by Public Space, Mechelen).

The Häuser des Jahres (Houses of the Year) award, presented with Callwey Verlag, has gone to the most beautiful single-family home in Germany, Austria, Switzerland, and South Tirol since 2010. The 2022 award went to Peter Grundmann in Berlin for Haus Mischke in Mellensee, Brandenburg.

Since 2008, DAM has been cooperating with architekturbild e.v. The European Architectural Photography Prize is presented biennially together with the Federal Building Culture Foundation. The prize will next be awarded in 2023.

The EUMiesAward for best contemporary architecture in Europe was awarded in 2022. DAM has been a member of the Advisory Committee since 2010. This year's winner is Grafton Architects in Dublin for the Town House – Kingston University in London. The winner of

Winner wurden Lacol arquitectura cooperativa aus Barcelona für La Borda Housing Cooperative in Barcelona ausgezeichnet.

Das DAM ist zudem Mitglied des Advisory Committee für den ebenfalls alle zwei Jahre verliehenen *European Prize for Urban Public Space* vom Centre of Contemporary Culture of Barcelona (CCCB). Der Preis wurde neu organisiert und geht 2022 an Catharijnesingel canal in Utrecht von OKRA Landschapsarchitecten, Utrecht.

Schließlich ist das DAM seit 2008 auch Mitglied des Wahlkuratoriums des *Schelling-Architekturpreises* in Karlsruhe. Die diesjährigen drei Finalisten sind Sophie Delhay aus Paris, wiederum Lacol arquitectura cooperativa aus Barcelona und SUMMACUMFEMMER Architekten aus Leipzig. Den Architekturpreis erhält Sophie Delhay. Der diesjährige Theoriepreis der Schelling-Architekturstiftung geht an Paola Viganò aus Mailand.

the Emerging Architecture Prize is Lacol arquitectura cooperativa in Barcelona for the La Borda Housing Cooperative in Barcelona.

DAM is also a member of the Advisory Committee for the biennial European Prize for Urban Public Space by the Centre of Contemporary Culture of Barcelona (CCCB). The prize has been reorganised and in 2022 goes to Catharijnesingel canal in Utrecht by OKRA Landschapsarchitecten, Utrecht.

Finally, DAM has also been a member of the Board of Trustees for the Schelling Architecture Award in Karlsruhe since 2008. This year's three finalists are Sophie Delhay in Paris, Lacol arquitectura cooperativa in Barcelona, and SUMMACUMFEMMER Architekten in Leipzig. Sophie Delhay was awarded the Architecture Award. This year's Theory Award of the Schelling Architecture Foundation goes to Paola Viganò in Milan.

DAM Sponsoren 2023
DAM Sponsors 2023

Bundesministerium für Wohnen, Stadtentwicklung und Bauwesen, Berlin
Bundesministerium für Ernährung und Landwirtschaft, Berlin
DekaBank Deutsche Girozentrale, Frankfurt am Main
Umweltbehörde BUKEA, Hamburg
Wüstenrot Stiftung für Bauen und Wohnen, Ludwigsburg
Albrecht Jung GmbH & Co.KG, Schalksmühle
Frankfurt Ostend Immobilienentwicklungs GmbH, Frankfurt am Main
Gesellschaft der Freunde des Deutschen Architekturmuseums e. V., Frankfurt am Main
Kulturstiftung des Bundes, Halle

IMPACT RheinMain, Hochschule RheinMain, Rüsselsheim
Bundesstiftung Baukultur, Potsdam
Ernst Max von Grunelius-Stiftung, Frankfurt am Main
IKEA Stiftung, Hofheim-Wallau
s.boehme & co., Frankfurt am Main
Architekten- und Stadtplanerkammer Hessen, Wiesbaden

Stiftung Polytechnische Gesellschaft, Frankfurt am Main
Hessischer Museumsverband e. V., Kassel
Gemeinnützige Kulturfonds Frankfurt RheinMain GmbH, Bad Homburg vor der Höhe
Europäische Zentralbank, Frankfurt am Main

Unterstützer
Supporters

DESERVE GbR Raum und Medien Design, Wiesbaden
inditec Display & Messegestaltung GmbH, Bad Camberg
Frankfurter Buchmesse, Frankfurt am Main

Freunde
Friends

ARCHITEKTUR ERLEBEN, FÖRDERN UND UNTERSTÜTZEN
EXPERIENCING ARCHITECTURE, BE A PATRON OF ARCHITECTURE AND SUPPORT IT

Nehmen Sie an den Aktivitäten der Freunde und des Deutschen Architekturmuseums teil, das auf nationaler und internationaler Ebene der wichtige Treffpunkt ist, wo Fragen und Anliegen der Architektur vermittelt, erläutert und diskutiert werden.
Werden Sie Teil eines Netzwerks, das diese Bemühungen unterstützt.

Nutzen Sie Ihre exklusiven Vorteile als Freund/in!
Wir würden uns freuen, Sie schon bald als Mitglied begrüßen zu dürfen.

JAHRESMITGLIEDSBEITRÄGE:
STUDENTEN und RUHESTÄNDLER € 50 \ EINZELMITGLIEDSCHAFT € 95
JUR. PERSONEN, PERSONENVEREINIGUNGEN € 920

Take part in the activities of the Friends and Deutsches Architekturmuseum, the key national and international meeting place where architectural issues and needs are outlined, presented, and discussed. Become part of a network supporting the museum's efforts.

Use your exlusive benefits as a friend! We would be delighted to welcome you soon as one of our members.

ANNUAL MEMBERSHIP FEES:
STUDENTS and RETIREES € 50 \ INDIVIDUAL MEMBERSHIP € 95
CORPORATIONS, ORGANISATIONS € 920

Weitere Informationen unter
Further information at
Telefon +49 (0) 69 – 97 20 33 66
Mobil +49 (0) 178 – 44 75 363
E-Mail freunde.dam@communetwork.net
www.dam-online.de/freunde
facebook.com/groups/@freundedesdam

Förderer der/ Patrons of the **Gesellschaft der Freunde des Deutschen Architekturmuseums**

1100 Architekten Riehm + Piscuskas BDA, Frankfurt am Main, New York, USA
allmannwappner GmbH, München
Architekten und Stadtplanerkammer Hessen, Wiesbaden
A R C TEC GmbH, Michael F. & Caroline Arnold Architekten, Frankfurt am Main
Artemide Deutschland GmbH & Co. KG, Fröndenberg
AS + P Albert Speer + Partner GmbH, Frankfurt am Main
Bauverlag BV GmbH, Gütersloh
Bund Deutscher Architektinnen und Architekten BDA Hessen e. V., Frankfurt am Main
Bund Deutscher Baumeister, Architekten & Ingenieure e. V., Berlin
Bund Deutscher Baumeister, Architekten und Ingenieure Hessen Frankfurt e. V., Frankfurt am Main
Bund Deutscher Baumeister Landesverband Hessen, Darmstadt
B+G Ingenieure Bollinger + Grohmann GmbH, Frankfurt am Main
BIG Bjarke Ingels Group, Kopenhagen, Dänemark
Claus Wisser Verwaltungs und Beteiligungs GmbH & Co. KG, Frankfurt am Main
Coop Himmelb(l)au, Wolf D. Prix & Partner ZT GmbH, Wien, Österreich
cornelsen + seelinger Architekten BDA, Darmstadt
David Chipperfield Architects, Berlin
Deutsche Werkstätten Hellerau GmbH, Dresden
Dornbracht Deutschland GmbH & Co. KG, Iserlohn
ernst-may-gesellschaft e. v., Frankfurt am Main
Euroboden GmbH, Grünwald
Frankfurter Allgemeine Zeitung, Frankfurt am Main
Haworth GmbH, Bad Münder
HPP Architekten GmbH, Düsseldorf
InformationsZentrum Beton GmbH, Erkrath
ingenhoven architects, Düsseldorf
Ingenieursozietät Prof. Dr.-Ing. Katzenbach GmbH, Frankfurt am Main
Just/Burgeff Architekten, Frankfurt am Main
Landes & Partner, Frankfurt am Main
Marte.Marte Architekten, Feldkirch, Österreich
Meixner Schlüter Wendt Architekten, Frankfurt am Main
MIG Material Innovative Gesellschaft mbH, Salzkotten
Nassauische Heimstätte Wohnungs- und Entwicklungs GmbH, Frankfurt am Main
netzwerkarchitekten GmbH, Darmstadt
Payel Rahman Architekten GmbH, Frankfurt am Main
Raumwerk Gesellschaft für Architektur und Stadtplanung mbH, Frankfurt am Main
s.boehme & co. KGaA, Frankfurt am Main/New York, USA
Schmidt Plöcker Architekten PartG mbB, Frankfurt am Main
schneider + schumacher Verwaltungsgesellschaft mbH, Frankfurt am Main, Wien, Österreich, Tjianjin, Shenzhen, China
SCHÜCO International KG, Bielefeld
+Seelinger Architekten + Ingenieure, Darmstadt
Stefan Forster Architekten, Frankfurt am Main
Wenzel + Wenzel GmbH, Frankfurt am Main/Karlsruhe
Werner Sobek Frankfurt GmbH & Co. KG, Frankfurt am Main
wörner traxler richter planungsgesellschaft mbh, Frankfurt am Main
WPV Baubetreuung GmbH, Frankfurt am Main
Zumtobel Group, Frankfurt am Main

Abbildungsnachweis
Illustration Credits

Sämtliche hier nicht aufgeführte Abbildungen wurden uns freundlicherweise von den Architekten für die Publikation ihrer Projekte in diesem Buch zur Verfügung gestellt. Sollten unabsichtlich Referenzen nicht erfolgt sein, bitten wir um Entschuldigung und eine entsprechende Mitteilung an das DAM.
All photographs not listed here were kindly made available to us by the architects for the publication of their projects in this book. Any omissions are entirely unintentional. We apologise to anyone not acknowledged and would request that details are addressed to DAM.

Umschlag / Cover
Boris Storz, München

7–19 Aldo Amoretti, Sanremo

12 KimonBerlin CC BY-SA 2.0

23–28 Brigida González, Stuttgart

30 Element • A Architekten

31–36 PK Odessa, Lanz und Schels, München

39–45 Studio Bowie, Berlin

47–53 Roland Halbe, Stuttgart

57, 58 mittig und unten / centre and bottom, 60 Boris Storz, München

58 oben / top Jasmin Schuller, Berlin

59 Chiara Bellamoli, Karlsruhe

65 oben / top Peter Cachola Schmal, Frankfurt am Main

65 unten / bottom Jutta Dambach-Stierle, Karlsruhe

70 Philippe Ruault, Nantes

72 oben / top Andreas Friedel, Berlin,

72 mittig / centre Olaf Mahlstedt, Hannover

72 unten / bottom Martin Zeller (c) baubüro in situ ag, Basel/Zürich

75 Nicolas Felder, Wiggensbach

76 oben / top Ossip van Duivenbode, Rotterdam,

76 unten / bottom Chiara Bellamoli, Karlsruhe

79 oben / top Frank Aussieker, Hannover

79 unten / bottom Sven Paustian, Pirmasens

81 Peter Wilson / BOLLES+WILSON, Münster

85–89 Rasmus Norlander, Zürich

91–95 Zara Pfeifer, Wien / Berlin

96 Archiv Neue Nationalgalerie, Nationalgalerie, Staatliche Museen zu Berlin, Reinhard Friedrich

97, 99 oben / top Simon Menges, Berlin,

98 mittig / centre Ute Zscharnt für David Chipperfield Architects, Berlin,

98 unten / bottom Christian Martin für David Chipperfield Architects, Berlin

99 unten / bottom, 100 Simon Menges / VG Bildkunst, Bonn

102 Archiv des Staatlichen Bauamts Aschaffenburg

103–107 Alexander Fthenakis, München

109–113 HGEsch Photography, Hennef

114 Wilmina, Berlin

115, 117 unten / bottom, 119 oben links und rechts/top left and right Patricia Parinejad, Berlin

117 oben rechts / top right Grüntuch Ernst Architekten, Berlin

117 oben links/top left, 119 unten / bottom Robert Rieger, Berlin

121, 123 unten / bottom, 125 Andrew Alberts, Berlin,

123 oben / top Xaver von Beckerath, Berlin

126 Heim Balp Architekten

127, 129 oben links und rechts / top left and right, 131 oben rechts und unten / top right and bottom Francesca Ióvene, Berlin / Mailand

129 unten / bottom, 131 oben links und mittig / top left and centre Nick Ash, Berlin

133–137 MKM Duisburg / Herzog & de Meuron / Fotos: Simon Menges, Berlin

139–143 Michael Heinrich, München

145, 147 unten / bottom, 148 Stefan Melchior, Berlin

147 oben und mittig / top and centre, 149 Thomas Spier, apollovision, Berlin

151–155 Sebastian Schels, München

157 IBA Thüringen, Thomas Müller, Weimar

160 mittig und unten / centre and bottom Thomas Müller, Weimar

158, 160 oben / top Gregor Schmidt, Berlin

163–167 Yohan Zerdoun, Freiburg

169–172 Jan Bitter, Berlin

175–178 Philip Heckhausen, Zürich

181–185 Achim Birnbaum, Stuttgart

187–191 Brigida González, Stuttgart

195, 196 oben und mittig / top and centre, 201 oben / top, 203 Yorck Förster, Frankfurt am Main

196 unten / bottom Leon Mathieu

199 oben / top Sascha Erdmann

199 unten / bottom Norbert Miguletz, Oberursel

201 unten / bottom Freilichtmuseum Hessenpark, Neu Anspach

207–211 Yu Bai, Shenzhen

213–216 James Brittain, Montréal / London

219–221, 222 unten / bottom Kurt Hoerbst, Wien / Reinbach

222 oben / top Stefano Mori, Salzburg

218, 223 Günter König, Dornbirn

227 oben und mittig / top and centre, 231 Moritz Bernoully, Frankfurt am Main

227 unten / bottom Brita Köhler, Frankfurt am Main

Autoren
Authors

Olaf Bartels
***1959 in Essen.**
Dipl.-Ing. Architektur, Autor, Redakteur, Kurator, Moderator. Studium Architektur und Städtebau an der Hochschule für bildende Künste, Hamburg (Diplom 1987). Zahlreiche Buch- und Zeitschriftenveröffentlichungen, Forschungen zur zeitgenössischen und zur historischen Architektur und Stadtentwicklung in Deutschland und in der Türkei. War Hochschullehrer in Berlin, Braunschweig, Hamburg, Istanbul und Ankara. Derzeit Lehrbeauftragter an der HafenCity Universität (HCU) Hamburg. Mitglied der Deutschen Akademie für Städtebau und Landesplanung (DASL). Lebt in Hamburg.
*1959 in Essen.
Architecture graduate, author, editor, curator, and moderator. Studied architecture and urban planning at Hochschule für bildende Künste Hamburg (Diplom degree in 1987). Numerous book and magazine publications, research on contemporary and historical architecture and urban development in Germany and Turkey. Professor in Berlin, Braunschweig, Hamburg, Istanbul, and Ankara. Currently lecturer at the HafenCity University Hamburg. Member of the German Academy for Urban Development and Regional Planning (DASL). Lives in Hamburg.

Harald Bodenschatz
***1946 in München.**
Sozialwissenschaftler und Stadtplaner. Studium an der LMU München und der FU Berlin 1967–1972, Promotion 1978 an der Universität Oldenburg, Habilitation 1986 an der TU Berlin. Lehre seit 1972 an der RWTH Aachen und der TU Berlin. 1995–2011 Universitätsprofessor für Planungs- und Architektursoziologie an der TU Berlin, jetzt assoziierter Professor des CMS der TU Berlin. Forschungen und Publikationen zu historischen und aktuellen Fragen des Städtebaus, auch zu Groß-Berlin. Kurator der Ausstellung »Unvollendete Metropole. 100 Jahre Städtebau für Groß-Berlin« (2020–2022). Mitgliedschaft seit 1985 in der Stadtplanerliste der Architektenkammer Berlin, zudem Mitglied AIV, BDA, C.E.U.D., DASL, DWB, GSU, HHS, IPHS, SRL.
*1946 in Munich.
Social scientist and urban planner. Studied at the LMU Munich and the FU Berlin between 1967 and 1972, obtained his doctorate in 1978 at the University of Oldenburg and his postdoctoral lecture qualification in 1986 at the TU Berlin. He has taught at the RWTH Aachen and the TU Berlin since 1972. 1995–2011: university professor for planning and architectural sociology at the TU Berlin, now associate professor of the CMS of the TU Berlin. Research and publications on historical and current issues of urban planning, including Greater Berlin. Curator of the exhibition 'Unvollendete Metropole. 100 Jahre Städtebau für Groß-Berlin' (2020–2022). Included in the list of urban planners of the Berlin Chamber of Architects since 1985, also a member of AIV, BDA, C.E.U.D., DASL, DWB, GSU, HHS, IPHS, and SRL.

Christian Brensing
***1960 in Bad Ems.**
1982–1989 Studium der englischen Literatur und Kunstgeschichte in England; Abschluss M. A. Royal College of Art (RCA), London. 1989–1990 wissenschaftlicher Assistent am RCA. 1990–1992 Zaha Hadid Architects, London. 1993–2004 Ove Arup & Partners Consulting Engineers, London und Berlin. 2004–2005 CBP Consulting Engineers, München. Seit 2006 freischaffender Berater, Autor und Kurator, gründete 2012 die Christian Brensing Enterprises Ltd. mit Sitz in London und Berlin.
*1960 in Bad Ems.
1982–1989: studied English literature and art history in England. Received MA from the Royal College of Art (RCA), London. 1989–1990: research assistant at RCA. 1990–1992: Zaha Hadid Architects, London. 1993–2004: Ove Arup & Partners Consulting Engineers, London and Berlin. 2004–2005: CBP Consulting Engineers, Munich. Since 2006: freelance consultant, author, and curator. In 2012: founded Christian Brensing Enterprises Ltd., headquartered in London and Berlin.

Uwe Bresan
***1980 bei Dresden.**
2000–2008 Architekturstudium an der Bauhaus Universität Weimar. 2005–2006 freier Mitarbeiter am Deutschen Architekturmuseum DAM. 2008–2020 Redakteur und stellvertretender Chefredakteur der Zeitschrift *AIT*. 2015 Promotion in Architekturgeschichte und Denkmalpflege. Seit 2021 JUNG Architekturkommunikation.
*1980 near Dresden.
2000–2008: studied architecture at the Bauhaus Universität Weimar. 2005–2006: freelance employee at the German Architecture Museum (DAM). 2008–2020: editor and deputy editor in chief at *AIT* magazine. 2015: doctorate in architectural history and monument preservation. Since 2021: architecture media manager at JUNG.

Yannick Fiedler
***1971 in Wiesbaden.**
Studium der Romanistik, Buchwissenschaft und Geschichte in Mainz und Paris. Volontariat bei einer touristischen Fachzeitschrift. Redakteurin bei Travel One. Seit 2018 freie Autorin, regelmäßige Veröffentlichungen in verschiedenen Fachmedien und Publikumszeitschriften.
*1971 in Wiesbaden.
Studied Romance languages, book science, and history in Mainz and Paris. Traineeship at a tourist trade journal. Editor at *Travel One*. Freelance author since 2018, with regular publications in various specialist media and popular magazines.

Yorck Förster
***1964 in Hannover.**
Kurator und Publizist. Studium der Philosophie, Soziologie und Kunstpädagogik an der Universität Frankfurt am Main. Zahlreiche Vorträge, Publikationen und Ausstellungen, u. a. »COOP HIMMELB(L)AU« (2015), »Between the Sun and the Moon. Studio Mumbai« (2016), »Große Oper – Viel Theater? Bühnenbauten im europäischen Vergleich« (2018) und »Antonio de Campos. Konzepte für Zaha Hadid« (2022). Partner der kuratorenwerkstatt Förster Gräwe Winkelmann.

*1964 in Hanover.
Curator and journalist. Studied philosophy, sociology, and art pedagogy at the Goethe University Frankfurt. Numerous lectures, publications, and exhibitions, including 'COOP HIMMELB(L)AU' (2015), 'Between the Sun and the Moon: Studio Mumbai' (2016), 'Große Oper – Viel Theater? Bühnenbauten im europäischen Vergleich' (2018), and 'Antonio de Campos. Concepts for Zaha Hadid' (2022). Partner of kuratorenwerkstatt Förster Gräwe Winkelmann.

Niklaus Graber
***1968 in Luzern, Schweiz.**
Architekturstudium an der ETH Zürich und an der Columbia University in New York. Führt in Luzern das Büro Graber & Steiger Architekten ETH / BSA / SIA. Seit 2012 regelmäßige Aufenthalte im Rahmen von Forschung, Lehre und Vermittlung in Bangladesch, seit 2016 Gastdozent am Bengal Institute for Architecture, Landscapes and Settlements in Dhaka. Hauptverantwortlicher Kurator der Ausstellung »Bengal Stream – Die vibrierende Architekturszene von Bangladesch« (2017–2019). Verfasser zahlreicher Artikel zu Architektur und Siedlungsentwicklung in Bangladesch.
*1968 in Lucerne, Schwitzerland.
Niklaus Graber studied architecture at ETH Zurich and Columbia University in New York and runs the Graber & Steiger Architekten ETH / BSA / SIA office in Lucerne. Since 2012 he has visited Bangladesh regularly for research, teaching, and mediation. He has been a guest lecturer at the Bengal Institute for Architecture, Landscapes, and Settlements in Dhaka since 2016. He is the main curator of the 'Bengal Stream – The Vibrant Architectural Scene of Bangladesh' exhibition (2017–2019). Graber has written numerous articles on architecture and settlement development in Bangladesh.

Christina Gräwe
***1965 in Idar-Oberstein.**
Krankenschwester, Architekturstudium in Berlin. Ab 2003 Volontärin, dann Kuratorin am DAM. Dort zahlreiche Ausstellungen, u. a. »Martin Elsaesser und das Neue Frankfurt« (2009). Seit 2007 freie Kuratorin und Publizistin. Lehrauftrag am Institut für Baugeschichte, TU Berlin. Publikationen und Ausstellungen u. a.: »STADTVISIONEN 1910|2010« (Architekturmuseum TU Berlin, 2010), »Unvollendete Metropole« (mit H. Bodenschatz, B. Goebel, 2020). 2012–2014 Redakteurin *BauNetz*, 2014–2017 Magazin *competition*, 2018/19 *dab*. Vorsitzende des architekturbild e. v. Partnerin der kuratorenwerkstatt Förster Gräwe Winkelmann.
*1965 in Idar-Oberstein.
Trained as nurse. Studied architecture in Berlin. From 2003: trainee and curator at DAM, where she curated numerous exhibitions, including 'Martin Elsaesser und das Neue Frankfurt' (2009). Since 2007: freelance curator and journalist. Teaching position at the Institut für Baugeschichte (Institute for Architectural History), Technical University of Berlin. Further exhibitions include: 'Stadtvisionen 1910|2010' (Architectural Museum of the Technical University of Berlin, 2010) and 'Unvollendete Metropole' (with H. Bodenschatz, B. Goebel, 2020). 2012–2014: editor at *BauNetz*. 2014–2017: editor at *competition*. 2018 / 2019: editor at *dab*. Chairwoman of architekturbild e. v. Partner of kuratorenwerkstatt Förster Gräwe Winkelmann.

Juliane Greb
***1985 in Düsseldorf.**
Studierte Architektur an der RWTH Aachen und der Arkitektur- og designhøgskolen i Oslo. Nach Studienabschluss 2011 Mitarbeit bei architecten de vylder vinck taillieu in Gent, wo sie 2015 das Büro Juliane Greb gründete und seit 2017 zusammen mit Petter Krag als Partner betreibt. Lehrt an der Universität Antwerpen und an der TU Delft.
*1985 in Düsseldorf.
Studied architecture at the RWTH Aachen and the Arkitektur- og designhøgskolen in Oslo. After completing her studies in 2011, she worked for architecten de vylder vinck taillieu in Ghent, where she founded her Büro Juliane Greb firm in 2015. She has been running it as a partner with Petter Krag since 2017. She teaches at the University of Antwerp and at the TU Delft.

Oliver G. Hamm
***1963 in Limburg an der Lahn.**
Dipl.-Ing. (FH Darmstadt) Architektur. Freier Autor, Redakteur und Kurator. Frühere Stationen: 1989–1992 Redakteur *db deutsche bauzeitung*, Stuttgart, 1992–1998 Redakteur *Bauwelt*, Berlin, 2000–2007 Chefredakteur *Deutsches Architektenblatt*, Berlin, 2017–2018 Chefredakteur *domus*, Berlin, 2019–2020 Projektmanager beim Aedes Architekturforum, Berlin. Auszeichnung: 2003 Deutscher Preis für Denkmalschutz (Journalistenpreis). Lebt in Berlin.
*1963 in Limburg an der Lahn.
Studied architecture at FH Darmstadt. Freelance author, editor, and curator. 1989–1992: editor at *db deutsche bauzeitung*, Stuttgart. 1992–1998: editor at *Bauwelt*, Berlin. 2000–2007: editor-in-chief at *Deutsches Architektenblatt*, Berlin. 2017–2018: editor-in-chief at German *domus*, Berlin. 2019–2020: project manager at Aedes Architekturforum, Berlin. Winner of 2003 German Preservation and Conservation Award (journalism award). Lives in Berlin.

Christian Holl
Zunächst Kunststudium in Stuttgart und Münster/Westfalen, dann Architekturstudium an der RWTH Aachen, in Florenz und an der Universität Stuttgart. 1997–2004 Redakteur *db deutsche bauzeitung*. Mitbegründer von frei04 publizistik. Freier Autor, Lehraufträge. 2005–2010 akademischer Mitarbeiter am Städtebau-Institut der Uni Stuttgart. Mitglied im Ausstellungsausschuss und Kurator der architekturgalerie am weißenhof Stuttgart. Seit 2010 Landessekretär des BDA Hessen. Mit Ursula Baus und Claudia Siegele seit 2017 Herausgeber des eMagazins *Marlowes*.
Holl initially studied art in Stuttgart and Münster/Westphalia, and later completed architecture studies at the RWTH Aachen, in Florence, and at the University of Stuttgart. 1997–2004: editor of *db deutsche bauzeitung*. Co-founder of frei04 publizistik. Freelance author, teaching assignments. 2005–2010: academic assistant at the Urban Development Institute of the University of Stuttgart. Member of the exhibition committee and curator of the architekturgalerie am

weißenhof Stuttgart. State secretary of the BDA Hessen since 2010. Editor of the *Marlowes* e-magazine with Ursula Baus and Claudia Siegele since 2017.

Andrea Jürges
Architekturstudium an der Technischen Universität Darmstadt. Anschließend in verschiedenen Architekturbüros planend tätig. Ab 2001 Redakteurin bei *BauNetz* und 2003–2015 Pressesprecherin für den Neubau der Europäischen Zentralbank in Frankfurt. Seit 2017 stellvertretende Direktorin des DAM.
Architectural studies at the Technical University of Darmstadt. Subsequently active in planning in various architectural firms. Editor at BauNetz from 2001 and press officer for the new building of the European Central Bank in Frankfurt from 2003 to 2015. Deputy Director of the DAM since 2017.

Jutta Kehrer
***1963 in Heidelberg.**
Landschaftsarchitektin, Studium an der Leibniz Universität Hannover. Ab 2008 in China tätig. Seit 2021 Director bei SPI Group, Guangzhou. Zuvor Principal bei HASSELL, Hongkong, und Design Director bei AECOM, Peking. Lehrtätigkeit in Europa, Asien und Australien. Seit 2017 Adjunct Associate Professor an der University of Hong Kong (HKU). Herausgeberin *New Horizons – Eight Perspectives on Chinese Landscape Architecture Today*, Birkhäuser, Basel (2020).
*1963 in Heidelberg.
Landscape architect, studied at the Leibniz University in Hanover. Working in China since 2008. Director at SPI Group, Guangzhou, since 2021. Previously Principal at HASSELL, Hong Kong, and Design Director at AECOM, Beijing. Teaching activities in Europe, Asia, and Australia. Adjunct Associate Professor at the University of Hong Kong (HKU) since 2017. Editor of *New Horizons – Eight Perspectives on Chinese Landscape Architecture Today* (Basel: Birkhäuser, 2020).

Brita Köhler
***1976 in Gießen.**
Architekturstudium an der Hochschule Darmstadt, 2002 Diplom. Anschließend freie Mitarbeit *db deutsche bauzeitung* und architekturbild e. v., Stuttgart. Presse- und Öffentlichkeitsarbeit für Auer+Weber, Stuttgart (2003–2007) und Planquadrat Elfers Geskes Krämer, Darmstadt (2007–2010). Seit 2010 Leiterin der Presse- und Öffentlichkeitsarbeit im Deutschen Architekturmuseum (DAM). Außerdem freie Architekturpublizistin; lebt in Frankfurt am Main.
*1976 in Gießen.
Until 2002: studied architecture at Darmstadt University of Applied Sciences. Subsequently freelance work for *db deutsche bauzeitung* and *architekturbild e. v.*, Stuttgart. 2003–2007: PR for Auer+Weber, Stuttgart. 2007–2010: PR for Planquadrat Elfers Geskes Krämer, Darmstadt. Since 2010: head of PR at the German Architecture Museum (DAM). Also freelance architecture journalist; lives in Frankfurt.

Nikolaus Kuhnert
***1939 in Potsdam.**
Architekt und langjähriger Mitherausgeber der Zeitschrift *ARCH+*. Er studierte 1958–1962 Architektur an der TU Berlin, außerdem Malerei an der HdK (heute UdK) Berlin. Mitarbeit im Büro von Hans Scharoun; 1978 Promotion zum Thema »Soziale Elemente der Architektur: Typus und Typusbegriff im Kontext der Rationalen Architektur«. 1992–1983 Assistent für Planungstheorie an der RWTH Aachen. Leitete 1989–2016 die *ARCH+*-Redaktionsgruppe Berlin. 1996 Schelling-Architekturpreis, 2021 BDA-Preis für Architekturkritik.
*1939 in Potsdam.
Architect and long-time co-editor of the magazine *ARCH+*. He studied architecture at the Technical University of Berlin from 1958 to 1962, as well as painting at the HdK (now the UdK) Berlin. Worked in Hans Scharoun's firm; 1978 doctorate on the topic 'Social Elements of Architecture: Type and Type Concept in the Context of Rational Architecture'. 1992–1983: assistant for planning theory at the RWTH Aachen. Headed the ARCH+ editorial group in Berlin from 1989 to 2016. 1996 Schelling Architecture Prize, 2021 BDA Prize for Architectural Criticism.

Jonas Malzahn
***1986 in Ostercappeln.**
Architekturstudium an der Bauhaus-Universität in Weimar sowie am Washington-Alexandria Architecture Center der Virginia Tech, USA. Tätigkeit in verschiedenen Architekturbüros in Dänemark, Österreich und Deutschland. Mitbegründer des Lucia Verlags in Weimar und von *Horizonte – Zeitschrift für Architekturdiskurs*, deren Redakteur er war. Er war wissenschaftlicher Volontär am DAM und ist Geschäftsführer des Architekturschaufenster e. V. in Karlsruhe. Freier Kurator und akademischer Mitarbeiter am Lehrstuhl für Stadtplanung und Entwerfen an der Universität Stuttgart.
*1986 in Ostercappeln.
Completed architecture studies at the Bauhaus University in Weimar and the Washington-Alexandria Architecture Center at Virginia Tech, USA. Worked at various architectural firms in Denmark, Austria, and Germany. Co-founder of Lucia Verlag in Weimar as well as the HORIZONTE – Journal for Architectural Discourse, of which he was the editor. He was a scientific trainee at the DAM and is the managing director of the Architekturschaufenster e.V. in Karlsruhe. Freelance curator and academic assistant at the chair for urban planning and design at the University of Stuttgart.

Gerhard Matzig
***1963 in Deggendorf.**
Studium der Medizin (nicht abgeschlossen), der Politischen Wissenschaften (nicht abgeschlossen), der Rechtswissenschaft (nicht abgeschlossen), der Germanistik (nicht abgeschlossen), der Philosophie (nicht abgeschlossen) und der Architektur (abgeschlossen): Dipl. Ing. univ. Volontariat, Stipendien. Freie Tätigkeit als Journalist und Buchautor. Chefredakteur des *Deutschen Architektenblatts*. Seit 1994 tätig im Feuilleton der *Süddeutschen Zeitung*. Seit 2001 Leitender Redakteur der *SZ*. Honorarprofessur in Wien, Gastprofessur in Lübeck. Bücher, Preise. Lebt in München.
*1963 in Deggendorf.
Studied medicine (not completed), political science (not completed), law (not completed), German studies (not completed),

philosophy (not completed), and architecture (completed). Doctorate in engineering. University traineeship and scholarships. Freelance journalist and book author. Editor-in-chief of the *Deutsches Architektenblatt*. Since 1994: writes features for the *Süddeutsche Zeitung*. Since 2001: chief editor of the *SZ*. Honorary professorship in Vienna and visiting professorship in Lübeck. Books, prizes. Lives in Munich. University of Applied Sciences, with teaching assignments at the University of Kassel and the Hochschule Konstanz.

Katharina Matzig
***1968 in Kleve.**
Hat in Braunschweig Architektur studiert und wurde mit dem Laves-Preis des Landes Niedersachsen ausgezeichnet. Nach einem Praktikum bei der *Bauwelt* in Berlin arbeitete sie als Online-Redakteurin für *BauNetz*. Seit 1997 Referentin für Öffentlichkeitsarbeit bei der Bayerischen Architektenkammer in München, dort vor allem in der Architekturvermittlung tätig. Fachjournalistin und Buchautorin. Lebt mit Mann und drei Kindern in München.
*1968 in Kleve.
Studied architecture in Braunschweig and received the Lavespreis from the state of Niedersachsen. After an internship at *Bauwelt* in Berlin, she worked as an online editor for *BauNetz*. She has been a PR consultant for the Bavarian Chamber of Architects in Munich since 1997 with a particular focus on architectural outreach. She works as a journalist and author and lives with her husband and three children in Munich.

Anna-Maria Mayerhofer
***1995 in München.**
Architekturstudium in München, Lausanne und Paris. Ab 2018 am Architekturmuseum der TUM, Öffentlichkeitsarbeit und Ausstellungsvorbereitung von »Who's Next? Obdachlosigkeit, Architektur und die Stadt« (2021). Im Frühjahr 2021 Masterthesis »Beiläufige Komplexitäten. Neun Projekte junger Münchner Architekturbüros« an der Technischen Universität München. *ARCH+*-Stipendiatin der Sto-Stiftung, Mitarbeit bei *ARCH+* 246: »Zeitgenössische feministische Raumpraxis« (2022). Seit 2022 kuratorische Assistentin am Deutschen Architekturmuseum im Ausstellungsprojekt »Protest / Architektur«.
*1995 in Munich.
Architecture studies in Munich, Lausanne, and Paris. From 2018: at the Architecture Museum of the TUM, public relations and exhibition preparation of 'Who's Next? Homelessness, Architecture, and the City' (2021). Spring 2021: Master's thesis on 'Casual Complexities. Nine Projects by Young Munich Architects' at the Technical University of Munich. ARCH+ scholarship holder of the Sto Foundation, collaboration on 'ARCH+ 246. Contemporary Feminist Spatial Practice' (2022). Since 2022 curatorial assistant at the German Architecture Museum in the 'Protest/Architecture' exhibition project.

Elina Potratz
***1989 in Duisburg.**
Studium der Kunst- und Bildgeschichte mit Schwerpunkt Architektur und Denkmalpflege in Leipzig und Berlin. Seit 2016 tätig in der Redaktion von *Die Architekt* (vormals *der architekt*), seit 2021 gemeinsam mit Maximilian Liesner in der Chefredaktion. Konzeption und inhaltliche Mitwirkung an Projekten des BDA, u. a. Architekturpodcast BDA Denklabor und Seminar SELBSTSTÄNDIG für Studentinnen der Architektur.
*1989 in Duisburg.
Studied art and visual history with a focus on architecture and monument preservation in Leipzig and Berlin. Active in the editorial department of *Die Architekt* (formerly *der architekt*) since 2016 and the editor-in-chief together with Maximilian Liesner since 2021. Conception and content-related participation in projects of the BDA, e.g., BDA think tank architecture podcast and INDEPENDENT seminar for female architecture students.

Ulrike Rose
***1965 in Lippstadt.**
Kulturmanagerin und Diplomkauffrau. 2001–2005 Geschäftsführerin des Fördervereins der Bundesstiftung Baukultur unter dem Vorsitz von Karl Ganser. Koordinierte u. a. mit Silja Schade-Bünsow 2003 den Konvent der Baukultur im ehemaligen Bundestag Bonn mit Bundespräsident a. D. Johannes Rau, Bundesbauminister a. D. Manfred Stolpe, Kulturstaatsministerin a. D. Christina Weiss. Gründung des Büros kulturräume gestalten 2015. Mit dem gemeinnützigen Verein Zukunft Kulturraum Kloster widmet sie sich verstärkt der Transformation von Klöstern.
*1965 in Lippstadt.
Cultural manager and business graduate. From 2001–2005, she was managing director of the Friends of the Federal Foundation for Building Culture, chaired by Karl Ganser. Among other things, she worked with Silja Schade-Bünsow to coordinate the 2003 building culture convention in the former Bundestag building in Bonn with former president of Germany Johannes Rau, former Federal Minister of Building Manfred Stolpe, and former Minister of State for Culture Christina Weiss. Founded the firm kulturräume gestalten in 2015. Together with the non-profit association Zukunft Kulturraum Kloster, she is increasingly dedicated to the transformation of monasteries.

Andreas Ruby
***1966 in Dresden.**
Studierte Kunstgeschichte, Philosophie und Medienwissenschaften in Berlin, Trier, Bonn, Düsseldorf und Köln. Redakteur der Architekturzeitschrift *Daidalos*, 2001 zusammen mit Ilka Ruby Gründung der Agentur Textbild und 2008 des Verlags Ruby Press. Unterrichtete an der Universität Kassel, der Cornell Universität, Ithaca, New York, der École Polytechnique Fédérale de Lausanne und der Universitat Politècnica de Catalunya, Barcelona. Seit 2016 Direktor des S AM in Basel.
*1966 in Dresden.
Studied art history, philosophy, and media studies in Berlin, Trier, Bonn, Düsseldorf, and Cologne. Editor of the architecture magazine *Daidalos*, founded the Textbild agency together with Ilka Ruby in 2001, and the Ruby Press publishing house in 2008. Taught at the University of Kassel, Cornell University, Ithaca, New York, the EPFL, and the Technical University of Catalonia, Barcelona. Director of the S AM in Basel since 2016.

Jens Scheller
***1965 in Bad Homburg.**
Gelernter Bankkaufmann, 1997–1998 und 2008–2009 freiberufliche Tätigkeit als Diplom-Geograf; 1998–2002 Wiss. Mitarbeiter am Institut für Kulturgeografie, Stadt- und Regionalforschung, Frankfurt am Main; 2002–2008 Dezernent für Regionale Flächennutzungsplanung im Regionalverband Frankfurt / Rhein-Main; seit 2009 Museumsleiter im Freilichtmuseum Hessenpark. Mitglied der DASL, des Landesdenkmalrats Hessen und des Sprecherkreises der Fachgruppe Freilichtmuseen im DMB.
*1965 in Bad Homburg.
Trained bank clerk, freelance work as a qualified geographer from 1997–1998 and from 2008–2009. From 1998–2002 research assistant at the Institute for Cultural Geography, Urban and Regional Research, Frankfurt am Main. From 2002–2008 head of department for regional land use planning in the Frankfurt/Rhine-Main regional association. Museum director at the Hessenpark Open Air Museum since 2009. Member of DASL, the Hesse state monument council and the spokespersons' group for the open-air museum's section of the DMB.

Peter Cachola Schmal
***1960 in Altötting.**
Aufenthalte in Multan / Pakistan, Mühlheim / Ruhr, Jakarta / Indonesien, Holzminden und Baden-Baden. Architekturstudium an der TU Darmstadt; 1989 Diplom. 1989 Mitarbeit bei Behnisch+Partner in Stuttgart, 1990–1993 bei Eisenbach + Partner in Zeppelinheim. 1992–1997 Wissenschaftlicher Mitarbeiter an der TU Darmstadt. 1997–2000 Lehrauftrag für Entwerfen an der FH Frankfurt. Ab 2000 Kurator, seit 2006 Direktor des DAM. 2007 Deutscher Generalkommissar VII. Internationale Architekturbiennale São Paulo. Generalkommissar des Deutschen Pavillons der 15. Internationalen Architekturausstellung Venedig 2016.
*1960 in Altötting.
Lived in Multan / Pakistan, Mühlheim / Ruhr, Jakarta / Indonesia, Holzminden, and Baden-Baden. Studied architecture at the TU Darmstadt, where he obtained his Diplom degree in 1989. Worked with Behnisch + Partner in Stuttgart (1989) and Eisenbach + Partner (1990–1993) in Zeppelinheim. Research assistant at the TU Darmstadt (1992–1997). Teaching post for design at the FH Frankfurt (1997–2000). Curator at DAM since 2000, and director of DAM since 2006. Commissioner General, VII. International Architecture Biennale in São Paulo (2007). Commissioner General of the German Pavilion at the 15th International Architecture Exhibition in Venice, 2016.

Adeline Seidel
***1980 in Erlabrunn.**
Studium der Architektur in Wuppertal. 2006–2011 Wissenschaftliche Mitarbeiterin an der TU Darmstadt und am Weißenhof-Institut in Stuttgart. 2011–2013 Researcher und Autorin am Zukunftsinstitut. 2013–2018 Chefredakteurin *Stylepark*. 2018–2020 Projektentwicklerin bei *BauNetz*. Schreibt seit mehr als zehn Jahren als freie Journalistin über Architektur, Stadtentwicklung und Design.
*1980 in Erlabrunn.
Studied architecture in Wuppertal. Worked as a research assistant at the TU Darmstadt and at the Weißenhof Institute in Stuttgart from 2006 to 2011 and as a researcher and author at the Zukunftsinstitut from 2011 to 2013. Editor-in-chief at Stylepark from 2013 to 2018. Project developer at *BauNetz* from 2018 to 2020. Has been a freelance journalist covering architecture, urban development, and design for over 10 years.

Philipp Sturm
***1976 in Suhl.**
Politikwissenschaftler. Seit 2008 freier Kurator am DAM. Ausstellungen u. a.: »Hochhausstadt Frankfurt« (2014), »Die immer neue Altstadt« (2018), »Paulskirche – Ein Denkmal unter Druck« (2019) und »Paulskirche – Demokratie, Debatte, Denkmal« (2021). Seit 2018 Geschäftsführer der ernst-may-gesellschaft.
*1976 in Suhl.
Political scientist. Freelance curator at the DAM since 2008. Exhibitions include: 'High-Rise City Frankfurt' (2014), 'The New Old Town' (2018), 'Paulskirche – A Monument Under Pressure' (2019), and 'Paulskirche – Democracy, Debate, Monument' (2021). Managing Director of the Ernst May Society since 2018.

Florian Summa
***1982 in Köln.**
Studierte Architektur an der RWTH Aachen und ETH Zürich. Zunächst Mitarbeit bei Caruso St John, Zürich; 2015 Gründung von SUMMACUMFEMMER in Leipzig zusammen mit Anne Femmer. Gastprofessur an der TU München 2020, 2020–2022 Professur TU Graz, seit 2022 Gastprofessur an der UdK Berlin.
*1982 in Cologne.
Studied architecture at the RWTH Aachen and ETH Zurich. First worked at Caruso St John, Zurich, founded SUMMACUMFEMMER in Leipzig together with Anne Femmer in 2015. Guest professorship at the TU Munich in 2020. 2020–2022: Professorship at the TU Graz. Since 2022, guest professorship at UdK Berlin.

Jürgen Tietz
***1964 in Berlin.**
Nach Ausbildung zum Buchhändler Studium der Kunstgeschichte, Klassischen Archäologie, Früh- und Urgeschichte in Berlin, Promotion. Lebt als Schriftsteller in Berlin. In seinen journalistischen Texten befasst er sich mit Stadt, Architektur und Denkmalpflege. Zuletzt erschienen: *Drei Monde der Moderne oder wie die Moderne klassisch wurde* (2019) und der Kriminalroman *Berliner Monster* (2022).
*1964 in Berlin.
After training as a bookseller, he studied art history, classical archaeology, and early and prehistory in Berlin and earned his doctorate. He works as a writer in Berlin. His journalistic texts deals with the city, architecture, and monument preservation. Most recently, his books *Drei Monde der Moderne oder wie die Moderne klassisch wurde* (2019) and the detective novel *Berliner Monster* (2022) were published.

Deniz Turgut
***1970 in Ankara.**
2000–2008 Key Account Manager, JUNG, 2006–2009 Leiter Key Account Manager JUNG, 2009–2011 Leiter Objektmanagement JUNG, 2011–2015 Leiter Marketing JUNG, seit 2015 Head of Global Marketing, JUNG.

*1970 in Ankara.
2000–2008: Key Account Manager, JUNG. 2006–2009: Head Key Account Manager, JUNG. 2009–2011: Head of Object Management, JUNG. 2011–2015: Head of Marketing, JUNG. Since 2015: Head of Global Marketing, JUNG.

Lena Unger
***1986 bei München.**
Architekturstudium, Abschluss 2012 an der ETH Zürich. 2016 Gründung von Meier Unger Architekten in Leipzig zusammen mit Jan Meier. 2021/22 Vertretungsprofessur Stadtbaukunst und Entwerfen an der TU Kaiserslautern. Mit Haus Erler in Fockendorf auf der Shortlist zum DAM Preis 2022.
*1986 near Munich.
Studied architecture, graduating in 2012 at ETH Zurich. Founded Meier Unger Architekten in Leipzig together with Jan Meier in 2016. Substitute professorship for urban architecture and design at the Technical University of Kaiserslautern in 2021/2022. Included in the shortlist for the DAM Preis 2022 with Haus Erler in Fockendorf.

Olivier Vallerand
***1981 in Québec City, Kanada.**
Community-Aktivist, Architekt, Historiker und Assistenzprofessor an der School of Design der Université de Montréal. Forschungsschwerpunkte: Überschneidung von Identität mit der Nutzung und Gestaltung der gebauten Umwelt, queere und feministische Ansätze in der Designausbildung, alternative Gestaltungspraxis. Sein Buch *Unplanned Visitors: Queering the Ethics and Aesthetics of Domestic Space* erhielt 2021 den IDEC Book Award und 2022 den ASID Joel Polsky Prize.
*1981 in Québec City, Canada.
Olivier Vallerand is a community activist, architect, historian, and assistant professor at Université de Montréal's School of Design. His research focuses on how identity intersects with the use and design of the built environment, on queer and feminist approaches to design education, and on alternative design practices. His book *Unplanned Visitors: Queering the Ethics and Aesthetics of Domestic Space* won the 2021 IDEC Book Award and 2022 ASID Joel Polsky Prize.

Jörn Walter
***1957 in Bremen.**
Studierte Raumplanung an der Universität Dortmund. Leitete das Stadtplanungsamt Dresden, 1999–2017 Oberbaudirektor in Hamburg. Gastprofessur in Wien, seit 2014 Gastprofessur an der HafenCity Universität Hamburg. 1994 Berufung in die Deutsche Akademie für Städtebau und Landesplanung (DASL), seit 1999 Mitglied im Bauausschuss beim Deutschen Städtetag, seit 2000 zudem Mitglied der Akademie der Künste Berlin-Brandenburg sowie seit 2012 im Beirat der Bundesstiftung Baukultur.
*1957 in Bremen.
Studied spatial planning at the University of Dortmund. Head of the urban planning office in Dresden. Chief building director in Hamburg from 1999 to 2017. Visiting professorship in Vienna. Visiting professorship at HafenCity University Hamburg since 2014. Appointment to the German Academy for Urban and Regional Planning in 1994. Member of the building committee of the German Association of Cities since 1999 and a member of the Berlin-Brandenburg Academy of Arts since 2000. On the advisory board of the Federal Foundation of Building Culture since 2012.

Uta Winterhager
***1972 in Bonn.**
Studierte Architektur an der RWTH Aachen und UCL London. Seit 2000 freie Autorin und Architekturkritikerin (winterhagerbuero) für Fachzeitschriften und -bücher, u. a. seit 2012 Redakteurin bei koelnarchitekur.de und seit 2014 Autorin für das Ungers Archiv für Architekturwissenschaft, Köln. Seit 2022 Redaktionsleitung für das Magazin *Transurban Residency*.
*1972 in Bonn.
Studied architecture at RWTH Aachen University and UCL London. Has worked since 2000 as a freelance author and architecture critic (winterhagerbuero) for specialist journals and books, e.g., since 2012 editor at koelnarchitekur.de and since 2014 author for the Ungers Archive for Architectural Sciences, Cologne. Editorial manager for *Transurban Residency* magazine since 2022.

Nachrufe
In Memoriam

Bernd Albers
(20. Juli 1957 bis 19. April 2022)

Am 19. April 2022 ist Bernd Albers – Architekt, Städtebauer, Hochschullehrer – seiner schweren Krankheit erlegen. Ein großer Verlust für seine Nächsten, für die Fachwelt, für Berlin, auch für den Architekten- und Ingenieurverein (AIV) zu Berlin-Brandenburg und den Werkbund Berlin, deren aktives Mitglied er war. Bernd Albers studierte 1980 bis 1987 in Berlin, an der Technischen Universität wie an der Hochschule der Künste. In Zürich gründete er 1988 sein Büro, das er 1993 in Berlin verankerte und jetzt von Silvia Malcovati und Stephan Lotz weitergeführt wird. Neben seiner praktischen Arbeit war er auch als Hochschullehrer tätig, in Zürich, in Italien und, seit 1996, an der Fachhochschule Potsdam.

Bernd Albers hat die Debatten über die städtebauliche Entwicklung Deutschlands und vor allem Berlins durch eigene, auch umstrittene Beiträge mitgeprägt. Seine vielen, immer in Zusammenarbeit mit Kollegen und Kolleginnen entwickelten Projekte waren programmatische, auf einen konkreten Ort bezogene Statements, Ausdruck einer Haltung und ein Plädoyer für die »europäische Stadt«, die gute und schöne Stadt. Etwa in Frankfurt am Main der Beitrag zum Wiederaufbau des Dom-Römer-Bereichs mit den Häusern Braubachstraße 29 und 23a / 25b (2011–2018). In Berlin waren es die Anregungen für die kritische Rekonstruktion des Berliner Stadtkerns, vor allem als Mitverfasser des Planwerks Innenstadt Berlin (1996–1999), später der Beitrag zur Bebauung am Molkenmarkt (2021) und schließlich für Dresden sein Vorschlag zur Entwicklung des Königsufers (2018–2019). Erwähnt werden muss auch der vieldiskutierte und 2020 mit dem ersten Preis gekrönte Beitrag zum Internationalen Städtebaulichen Ideenwettbewerb Berlin-Brandenburg 2070 des AIV.

Das gezeichnete oder gebaute Raumbild war Bernd Albers' wichtigste Botschaft, und seine begleitenden Worte waren streitbar, der Sache verpflichtet, konstruktiv, dabei nie persönlich verletzend. Ein Beispiel für eine Streitkultur, die heute gefährdet ist. Wir werden Bernd Albers sehr vermissen.

Harald Bodenschatz

Bernd Albers
(20 July 1957 to 19 April 2022)

Bernd Albers – architect, urban planner, university teacher – succumbed to his serious illness on 19 April 2022. It is a great loss for those closest to him as well as his profession, the city of Berlin, the Architects and Engineers Association (AIV) in Berlin-Brandenburg, and the Werkbund Berlin, of which he was an active member. Bernd Albers studied at Berlin's Technical University and at the University of the Arts from 1980 to 1987. He founded his firm in Zurich in 1988 and later established it in Berlin in 1993. It will continue to operate under Silvia Malcovati and Stephan Lotz. In addition to his practical work, he also worked as a university lecturer in Zurich, in Italy and, since 1996, at the Potsdam University of Applied Sciences.

Bernd Albers helped shape the debates on urban development in Germany and especially in Berlin with his own, sometimes controversial contributions. His many projects were always developed in collaboration with colleagues. They were programmatic statements related to a specific location – the expression of an attitude and a plea for the 'European city', the good and beautiful city. An example is in Frankfurt am Main, with his contribution to the reconstruction of the Dom-Römer area with the buildings at Braubachstrasse 29 and 23a / 25b (2011–2018). In Berlin, it was his suggestions for the critical reconstruction of the city centre, above all as a co-author of the Berlin City Centre Plan (1996–1999) and later his contribution to the development of the Molkenmarkt (2021) and finally his proposal for the development of the Königsufer for Dresden (2018–2019). His much-discussed contribution to the AIV International Urban Design Ideas Competition Berlin-Brandenburg 2070, which was awarded first prize in 2020, must also be mentioned.

The drawn or built spatial image was Bernd Albers' most important message, and his accompanying words were argumentative, committed to the cause, and constructive, but never harmful to any individuals. He is an example of a culture of debate that is under threat today. We will miss Bernd Albers very much.

Harald Bodenschatz

Peter Baumbach
(8. März 1940 bis 15. Februar 2022)

Peter Baumbach stammte aus dem thüringischen Wenigensömmern. Er studierte ab 1958 an der TU Dresden Architektur. Nach dem Studium folgte er seiner damaligen Kommilitonin und späteren Ehefrau Ute nach Rostock, die dort eine Anstellung als Architektin annahm. Er selbst schlug dafür das Angebot aus, weiter an der TU Dresden zu arbeiten, und fing als Technologe beim Wohnungsbaukombinat (WBK) Rostock an. Es gelang ihm recht bald, seinen Verantwortungsbereich zu erweitern; er wurde Projektleiter, später Hauptarchitekt. Die Wohnungsneubaugebiete Rostock-Evershagen und später auch der Stadtteil Rostock-Schmarl entstanden weitgehend in seiner städtebaulichen und architektonischen Verantwortung.

Baumbach strebte mit seiner Arbeit danach, dem systemischen und vorfabrizierten Bauen in der DDR einen lokalen architektonischen Bezug und der Bewohnerschaft damit auch Möglichkeiten zur persönlichen Identifikation zu geben. Durch eine intensive interdisziplinäre Zusammenarbeit im Kollektiv gelang es ihm, dem Wohnungsbau durch die Einbindung lokaler bildender Künstler in die Gestaltung der Fassaden und nicht zuletzt durch die Verwendung von Klinker eine besondere Note zu verleihen. Sein eigenes Credo beschrieb er dabei eher zurückhaltend: »Als Architekt sah ich meine Aufgabe immer darin, Orte und ihren Geist zu entdecken, mit meinen Bauten Maß zu halten und vor allem mit meiner Arbeit zu dienen.«

Ein Höhepunkt des von ihm damals in Rostock für den Wohnungsbau maßgeblich eingeschlagenen Weges war das Fünfgiebelhaus, das 1984–1987 im Verlauf der Fußgängerzone Kröpeliner Straße am Universitätsplatz in der Rostocker Innenstadt gebaut wurde.

Architektur – insbesondere der Wohnungsbau – blieb ein wichtiges Betätigungsfeld für Peter Baumbach, in dem er mit großem Engagement bis ins hohe Alter wirkte und als Professor an der Kunsthochschule in Berlin-Weißensee lehrte. Unermüdlich brachte sich Peter Baumbach in die alltäglichen baukulturellen Debatten ein. Seine Stimme wird fehlen. Er starb am 15. Februar 2022 im Alter von 81 Jahren.

Olaf Bartels

Der Text wurde in seinen Grundzügen zuerst am 28. Februar 2022 auf baunetz.de veröffentlicht.

Peter Baumbach
(8 March 1940 to 15 February 2022)

Peter Baumbach was from Wenigensömmern in Thuringia. He studied architecture at the TU Dresden from 1958. After completing his studies, he followed his fellow student at the time and later his wife Ute to Rostock, where she took up a position as an architect. Peter turned down an offer to continue working at the TU Dresden and instead started working as a technologist at the housing collective in Rostock. He soon succeeded in expanding his area of responsibility, first becoming a project manager and later chief architect. He was largely responsible for the urban planning and architecture of the new housing development areas of Rostock-Evershagen and later the district of Rostock-Schmarl.

In his work, Baumbach strived to give the systemic and prefabricated buildings in the GDR a local architectural reference and thereby give the residents opportunities for personal identification. Through intensive interdisciplinary cooperation in the collective, he succeeded in giving housing construction a special touch by involving local artists in the design of the façades and indeed using clinker brick. He described his credo rather cautiously: 'As an architect, I always saw my task being to discover places and their spirit, to keep my buildings moderate, and, above all, to serve with my work.'

A highlight of the path he had taken in Rostock for housing construction at the time was the Five Gables House, which was built between 1984 and 1987 at the Kröpeliner Strasse pedestrian zone at Universitätsplatz in Rostock's city centre.

Architecture – and especially residential construction – remained an important field of activity for Peter Baumbach, in which he worked with great commitment into old age and taught as a professor at the Weißensee Academy of Art Berlin. He was tirelessly involved in the everyday architectural and building debates. His voice will be missed. He died on 15 February 2022 at the age of 81.

Olaf Bartels

Part of this obituary was first published on baunetz.de on 28 February 2022.

Karl Ganser
(15. September 1937 bis 21. April 2022)

Als Mr. IBA Emscher Park geht Karl Ganser in die Geschichte ein. Und als Initiator und »Geburtshelfer« der Bundesstiftung Baukultur hat er mit seinem unermüdlichen Engagement für die Baukultur und die Natur Deutschland lebenswerter gemacht. Er starb am 21. April 2022 mit 84 Jahren. Viel zu früh – er hatte 100 Jahre alt werden wollen.

Karl Ganser hat dem Ruhrgebiet zu enormem Stolz verholfen: Als Leiter der IBA Emscher Park (1989–1999) sorgte er mit seinen klugen Direktoren dafür, dass der eindrucksvolle Gasometer in Oberhausen oder das Welterbe Zeche Zollverein in Essen nicht abgerissen wurden, sondern sich zu international bedeutenden Standorten der Industriekultur entwickelten. Er holte die besten Architekten, Landschaftsarchitekten und Ingenieure in die Region, die diese Denkmäler der Industriegeschichte zu einer neuen Qualität entwickelten, was weltweit Nachahmer fand.

Nach dem Ende der IBA hob Karl Ganser im DAZ die Idee für eine (Bundes-)Stiftung Baukultur aus der Taufe, die der »Un-Baukultur« der Nachkriegsjahre etwas entgegensetzen sollte.

In seiner Heimat, dem bayerischen Schwaben, engagierte sich Ganser zeit seines Lebens für den ländlichen Raum. Zahlreiche Bürger-Demonstrationen stiftete er an, verfasste unzählige Streitschriften und mischte sich zum Wohle der Umwelt ein. Die Wildnis in der Stadt propagierte er lange vor den Urban-Gardening-Projekten. Er forderte ein Moratorium für den Palast der Republik in Berlin, setzte sich gegen den Bau der Waldschlößchenbrücke in Dresden ein und verweigerte den renommierten Kulturgroschen des Deutschen Kulturrates, um gegen den Abriss der landschaftsprägenden Schornsteine des ehemaligen Braunkohlekraftwerks Vockerode zu protestieren. Weniger bekannt ist der studierte Geograf für seine große Liebe zur Kunst und zur Schönheit – sei es die der Natur, der Malerei, der Musik.

»Ich habe nie wieder mit so einem klugen Menschen zusammengearbeitet. Die Kombination aus großer Vision und hohem Pragmatismus war einzigartig«, sagte Thomas Sieverts, als er vom überraschenden Tod seines Freundes erfuhr.

Halten wir sein Erbe streitbar lebendig!

Ulrike Rose

Karl Ganser
(15 September 1937 to 21 April 2022)

Karl Ganser will go down in history as Mr. IBA Emscher Park. As the initiator of the Federal Building Culture Foundation, he made Germany a better place to live with his tireless commitment to building culture and nature. Karl Ganser died on 21 April 2022 at the age of 84. He had hoped to reach the age of 100.

Karl Ganser made the Ruhr region extremely proud. As the head of IBA Emscher Park (1989–1999), he and his clever directors made sure that the impressive Gasometer Oberhausen gas holder and the UNESCO World Heritage Zollverein industrial complex in Essen were not demolished, but rather became internationally important sites of industrial culture. He brought the best architects, landscape architects, and engineers to the region, who developed these monuments of industrial history to a new quality that found imitators around the world.

After the end of the IBA, Karl Ganser launched the idea for a (federal) foundation for building culture in the DAZ, which was intended to counteract the 'un-building culture' of the post-war years.

At home in Bavarian Swabia, Ganser was committed to rural areas throughout his life. He instigated numerous citizen demonstrations, wrote countless pamphlets, and got involved in environmental protection. He propagated wilderness in the city long before urban gardening projects. He called for a moratorium on the Palace of the Republic in Berlin, campaigned against the construction of the Waldschlösschen Bridge in Dresden, and refused the prestigious *Kulturgroschen* ('cultural money') from the German Cultural Council in order to protest against the demolition of the chimneys that shaped the landscape at the former Vockerode lignite power plant. The qualified geographer is less known for his great love of art and beauty – be it nature, painting, or music.

'I have never worked with such an intelligent person. The combination of great vision and high pragmatism was unique,' said Thomas Sieverts when he found out about the unexpected death of his friend.

Let's keep his legacy alive.

Ulrike Rose

Dieter Leistner
(2. November 1952 – 24. September 2022)

Im Alter von 16 Jahren begann Dieter Leistner eine Tischlerausbildung. Er verbrachte seine jungen Jahre im Handwerk, und der Vater hätte gern gesehen, wenn er die elterliche Tischlerei übernommen hätte. Ein Handwerker mit dem Gespür für Material und dem Draht zu Handwerkskollegen blieb er sein Leben lang. Leistners ursprünglicher Traum aber war die Fotografie. Diesem konnte er ab 1978 nachgehen; er hatte sich für das Abitur auf dem zweiten Bildungsweg und eine akademische Laufbahn entschieden und begann ein Studium als Fotoingenieur in Köln. Da sein Interesse mehr dem Bildergebnis als der Technik galt, wechselte er 1979 nach Essen an die Folkwangschule, wo er bei Reinhart Wolf, Erich vom Endt und Robert Lebeck studierte. Den Weg in die Architekturfotografie fand Leistner bereits 1982 mit seiner Examensarbeit, er fotografierte westdeutsche Hallenbäder der Gründerzeit und des Jugendstils. Seine »Badetempel« erschienen noch im selben Jahr im von Willy Fleckhaus verantworteten Magazin der FAZ. Bei Fleckhaus an der Bergischen Universität Wuppertal absolvierte Leistner auch bis 1984 ein Aufbaustudium in Kommunikationsdesign. Nach seinem Diplom war er viele Jahre als Lehrbeauftragter und Dozent tätig, bis er 1999 zum Professor für Fotografie im Fachbereich Gestaltung der Fachhochschule Würzburg-Schweinfurt berufen wurde.

Die Hallenbäder und die Haltestellen, eine noch frühere Serie, die sich mit dem Warten auseinandersetzte, sorgten für Aufmerksamkeit in der Architekturszene. Schnell wurde Dieter Leistner zu einem gefragten Architekturinterpreten und von Gottfried Böhm, Gustav Peichl, Thomas Herzog, Heinz Bienefeld und Oswald Mathias Ungers gebucht. In Farbe und Schwarzweiß fotografierte er die Architektur der Postmoderne. Dächer und Dachkonstruktionen zeigte er als »Aufblicke« mit der Kamera senkrecht nach oben. So entstanden Ornamente und Abstraktionen, die der Betrachter nicht sofort mit dem Gebäude verknüpfen kann.

Immer wieder besuchte Leistner Frankfurt am Main. Er fotografierte die Siedlungen des Neuen Frankfurt der Zwanzigerjahre sowie die Banken und das Museumsufer der Postmoderne. Dabei entstanden 1985 beeindruckende Schwarzweißaufnahmen des Deutschen Architekturmuseums. Neugierig und immer offen für Neues, zog es Dieter Leistner häufig in die Ferne; er fand seine Motive in Mauretanien, in Neuseeland oder auf den Seychellen. 2006 durfte ich ihn in das nordkoreanische Pjöngjang begleiten. Hier fotografierte er Architektur, Denkmäler und den öffentlichen Raum. Seine Stärke war es, in den Bildern die Irritationen, die in totalitären Situationen stecken, zu erkennen und festzuhalten.

Philipp Sturm

Dieter Leistner
(2 November 1952 – 24 September 2022)

Dieter Leistner began training to become a carpenter at the age of 16. He spent his early years working in the trade and his father would have liked to see him take over his family's carpentry business. Throughout his life he remained a craftsman with a feeling for materials and a connection to fellow craftsmen. Leistner's original dream was to be a photographer. He was able to pursue this dream from 1978. He decided to complete his Abitur exams through evening classes and then pursue an academic career. He began studying photography in Cologne. He was more interested in the final image than in the technique, so he moved to the Folkwangschule University in Essen in 1979, where he studied with Reinhart Wolf, Erich vom Endt, and Robert Lebeck. Leistner found his way into architectural photography back in 1982 with his dissertation, for which he photographed West German public baths from the *Gründerzeit* (Wilhelminian) and art nouveau eras. In the same year, his 'Water Temple' series appeared in the *Frankfurter Allgemeine Zeitung* newspaper magazine section, for which Willy Fleckhaus was responsible. Leistner also completed postgraduate studies in communication design under Fleckhaus at the University of Wuppertal in 1984. After graduating, he worked for many years as a lecturer and academic until he was appointed professor of photography in the design department of the University of Applied Sciences Würzburg-Schweinfurt in 1999.

His 'Water Temples' series and 'Waiting', an even earlier series dealing with waiting, attracted attention on the architectural scene. Dieter Leistner quickly became a sought-after architectural interpreter and he was booked by Gottfried Böhm, Gustav Peichl, Thomas Herzog, Heinz Bienefeld, and Oswald Mathias Ungers. He photographed postmodern architecture in colour and black and white. He showed roofs and roof constructions as 'views up' with the camera pointing straight up. This is how ornaments and abstractions were created that the viewer cannot immediately associate with the building.

Leistner visited Frankfurt am Main frequently. He photographed the housing estates of the New Frankfurt of the 1920s as well as the post-modern banks and the museum embankment. He also took impressive black and white photos of the German Architecture Museum in 1985. Curious and always open to new things, Dieter Leistner was often drawn to faraway places; he found his subjects in Mauritania, New Zealand, and the Seychelles. I was permitted to accompany him to Pyongyang in North Korea in 2006. He photographed architecture, monuments, and public spaces. His strength was in recognising and capturing in the images the irritations inherent in totalitarian situations.

Philipp Sturm

Ursulina Schüler-Witte
(2. Februar 1933 bis Mai 2022)

Es gibt ein Foto von Ursulina Schüler-Witte: Sie sitzt vor einer gut sortierten Bücherwand und guckt den Fotografen an, wie sie oft in die Welt geguckt hat: herausfordernd. Auf dem Tisch liegt ein weißes Blatt Papier. Bereit, um die Vorstellung von etwas Zukünftigem aufzunehmen. Dahinter ist ein Modell der legendären Do X von Claude Dornier zu sehen. Das Flugboot, aufgrund mangelnder Militärtauglichkeit und erwiesener Unwirtschaftlichkeit von den Nazis aussortiert, war eine Art Bauhaus mit Flügeln, das auch schwimmen kann. Ein Fliewatüüt. Etwas Utopisches. Die Vorstellung ist tröstlich, dass die im Alter von 89 Jahren gestorbene Architektin einfach nur unterwegs sein könnte. Unterwegs zu neuen Horizonten.

Und auch weg von der so ermüdend ergebnislosen Diskussion um ihr Hauptwerk. Das ist das Internationale Congress Centrum, ICC, das sie mit ihrem Mann Ralf Schüler in den späten Siebzigerjahren entworfen hat. Der Bau gehört zu den Sehenswürdigkeiten und raumbildend identifikatorischen Architektur-Sensationen Berlins. Früher, als man sich der Hauptstadt noch auf eine heute schamhaft verbotene Weise nähern durfte, also im Auto aus dem deutschen Westen heransausend, erblickte man gleich hinter der Avus-Tribüne den 313 Meter langen, 89 Meter breiten und 40 Meter hohen Kolossalbau. In seinem silbergrauen Aluminium-Kleid ist das ICC ein Hauptwerk der technoiden Architektur. Es zeigte seine Zukunftslust immer mit exhibitionistischem Selbstverständnis nach außen, war und ist im Inneren aber von hervorragend durchdachter Funktionalität. Schon deshalb ist die Idee, den Bau wegen der inzwischen natürlich hohen Sanierungsbedürftigkeit abzureißen, absurd. Nichts hat Ursulina Schüler-Witte in den letzten Jahren mehr in Rage versetzt. Im Ringen um den Fortbestand ihres Hauptwerks hat sich die Architektin als wahrhaft fortschrittlich gezeigt: Es ist ihr nie nur um die architektonische Eitelkeit des Schöpfertums und um das Urheberrecht gegangen, sondern immer auch um die Notwendigkeit, Gebautes neu zu nutzen. Das ist das architektonische Denken der Stunde. Übrigens stammen vom Planer-Paar Schüler-Witte rund 250 Projekte und Gebäude. Die Skizzen, Pläne und Modelle, die das für Berlin enorm zeichenhafte Schaffen dokumentieren – Pop-Ikonen wie der U-Bahnhof in Steglitz gehören dazu oder das Turmrestaurant dort (der »Bierpinsel«) –, wurden 2010 der Berlinischen Galerie anvertraut.

Gerhard Matzig

Bei dem Text handelt es sich um eine mit dem Einverständnis des Autors gekürzte Fassung des Nachrufs in der *Süddeutschen Zeitung* vom 12. Juli 2022.

Ursulina Schüler-Witte
(2 February 1933 to May 2022)

There is a photo of Ursulina Schüler-Witte sitting in front of well-organised bookshelves and looking at the photographer in the way she often looked at the world: confrontationally. There is a white sheet of paper on the table, ready to be used for a vision of something for the future. We can see a model of Claude Dornier's legendary Do X behind her. The flying boat was a kind of Bauhaus with wings that can also swim. It was discarded by the Nazis due to its lack of military suitability and proven inefficiency. It was an all-in-one vehicle, like the one described in the popular German book for children, *Robbi, Tobbi und das Fliewatüüt*. There is a utopian feel to it. It is comforting to think that the architect, who died at the age of 89, could just be out and about – on her way to conquering new frontiers.

She is also on her way away from the tiringly inconclusive discussions about her main work: the International Congress Centre, ICC, which she designed with her husband Ralf Schüler in the late 1970s. The building is one of Berlin's sights and space-forming architectural sensations. In the past, when you were still allowed to approach the capital in a way that is shamefully forbidden today, i.e., speeding in a car from West Germany, you could see the 313-metre-long, 89-metre-wide, and 40-metre-high colossal building right behind the Avus grandstand. With its silver-grey aluminium cladding, the ICC is a masterpiece of technoid architecture. It always showed its desire for the future with an exhibitionist self-image on the outside, but on the inside, it features well thought-out functionality. For this reason alone, the idea of demolishing the almost half-century-old building because of the acute need for refurbishment is absurd. Nothing enraged Ursulina Schüler-Witte more in recent years. In her struggle to ensure the survival of her main work, the architect showed herself to be truly progressive. She was never only concerned with the architectural vanity of creativity and copyright, but always with the need to use what was built in a new way. This exemplifies modern architectural thinking. Incidentally, around 250 projects and buildings originated from the Schüler-Witte planning couple. The sketches, plans, and models that document their enormously emblematic work for Berlin were entrusted to the Berlinische Galerie museum of modern art in 2010. The collection includes pop icons such as the underground station in Steglitz and the Bierpinsel ('beer brush') tower restaurant, also in Steglitz.

Gerhard Matzig

With the permission of the author, this is an abridged version of the obituary that appeared in the *Süddeutsche Zeitung* on 12 July 2022.

Günther Uhlig
(11. Juli 1937 bis 19. November 2021)

Günther Uhlig habe ich Ende der Sechzigerjahre beim Diplom an der TU Berlin kennengelernt. Danach wurden wir an die RWTH Aachen an den Assistentenpool berufen. Das war eine lehrstuhlunabhängige, interdisziplinär zusammengesetzte Lehreinheit, deren Aufgabe es sein sollte, das Grundstudium in Vorwegnahme des anvisierten Projektstudiums zu reformieren.

An die Stelle des Assistentenpools trat später der Lehrstuhl für Planungstheorie. Damit begann für uns eine Zeit der Professionalisierung, die bei Günther zur Entscheidung führte, sich mit der Geschichte der Moderne in politischer Absicht zu beschäftigen. Der Lebensweg des Theoretikers war damit eingeschlagen.

1972 lud mich die damalige Stuttgarter Redaktion der ARCH+ ein, bei der Neukonstituierung der Zeitschrift mitzuwirken. Ich bemühte mich, meine Position dadurch zu stärken, dass ich Gleichgesinnte in die Redaktion holte, darunter Günther Uhlig. Beispielhaft für die Neuausrichtung sei hier die Ausgabe erwähnt, die Günther Uhlig 1979 verantwortete: ARCH+ 45 »Vergessene Reformstrategie zur Wohnungsfrage«, die sich mit dem sozialutopischen Potenzial der Moderne befasste.

Mit der Frage der »Sozialisierung von unten« hatte sich Günther auch in seiner Dissertation mit dem Titel »Kollektivmodell Einküchenhaus. Wohnreform und Architekturdebatte zwischen Frauenbewegung und Funktionalismus« auseinandergesetzt. Martin Wagner und die Rationalisierungsstrategien in Berlin war eines seiner weiteren Lebensthemen.

Günther Uhlig, der am 19. November 2021 im Alter von 84 Jahren gestorben ist, hat ein Werk hinterlassen, dessen Studium – angesichts der heutigen Wohnungskrise – zeitgemäßer nicht sein kann, gerade weil er die Geschichte der Moderne auf ihre Potenziale der Rationalisierung von oben und der Sozialisierung von unten befragte.

Nikolaus Kuhnert

Bei dem Text handelt es sich um eine mit Einverständnis des Autors gekürzte Fassung des Nachrufs auf archplus.net.

Günther Uhlig
(11 July 1937 to 19 November 2021)

I met Günther Uhlig in the late 1960s when I was doing my diploma at the Technical University of Berlin. After that we were appointed to the assistant pool at RWTH Aachen University. It was an interdisciplinary teaching unit independent of any professorship, with the task of reforming the basic course in anticipation of the planned project studies.

The Chair of Planning Theory later took the place of the pool of assistants. This was the beginning of a period of professionalisation for us, which led to Günther's decision to deal with the history of modernity from a political angle. The life path of the theoretician was thereby decided.

In 1972, the then Stuttgart editorial team of ARCH+ invited me to help with the reconstitution of the magazine. I tried to strengthen my position by bringing like-minded people to the editorial board, including Günther Uhlig. An example of the new direction was the issue Günther Uhlig was responsible for in 1979: ARCH+ 45 'Forgotten Reform Strategy on the Housing Question', which dealt with the social-utopian potential of modernity.

Günther also dealt with the question of 'socialisation from below' in his thesis 'Central-Kitchen House Collective Model. Housing Reform and the Architectural Debate Between the Women's Movement and Functionalism'. Martin Wagner and the rationalisation strategies in Berlin were another theme in his life.

Günther Uhlig died on 19 November 2021 at the age of 84. He leaves behind a body of work that – given the current housing crisis – could not be more contemporary precisely because he examined the history of modernity in terms of its potential for rationalisation from above and of socialisation from below.

Nikolaus Kuhnert

With the permission of the author, this is an abridged version of the obituary that is available on archplus.net.

Architektenregister der Jahrbücher 1980 bis 2023

Index of Architects in the Annuals 1980–2023

Kursiv gesetzte Jahreszahlen verweisen auf die Erwähnung in Essays oder Nachrufen.
The dates in italic refer to essays or obituaries.

Impressum

Die *Deutsche Nationalbibliothek* verzeichnet diese Publikation in der *Deutschen Nationalbibliografie*; detaillierte bibliografische Daten sind im Internet über *http://dnb.d-nb.de* abrufbar.

ISBN 978-3-86922-865-5

Herausgeber
Peter Cachola Schmal, Yorck Förster und Christina Gräwe im Auftrag des Dezernats für Kultur und Wissenschaft, Kulturamt der Stadt Frankfurt am Main

Koordination und Redaktion DAM
Yorck Förster und Christina Gräwe

Übersetzung
Sandie Kestell

Lektorat
Uta Keil (deutsch)
Sandie Kestell (englisch)

Grafische Gestaltung
Nicole Wolf

Lagepläne
Martina Filippi

Druck
Bilnet Matbaacılık ve Yayıncılık A. Ş., Istanbul
www.bilnet.net.tr

Imprint

The *Deutsche Nationalbibliothek* lists this publication in the *Deutsche Nationalbibliografie*; detailed bibliographic data are available at *http://dnb.d-nb.de.*

ISBN 978-3-86922-865-5

Editors
Peter Cachola Schmal, Yorck Förster, and Christina Gräwe on behalf of Dezernat für Kultur und Wissenschaft, Kulturamt der Stadt Frankfurt am Main

Editorial direction and coordination DAM
Yorck Förster and Christina Gräwe

Translation
Sandie Kestell

Proofreading
Uta Keil (German)
Sandie Kestell (English)

Graphic design
Nicole Wolf

Site plans
Martina Filippi

Printing
Bilnet Matbaacılık ve Yayıncılık A. Ş., Istanbul
www.bilnet.net.tr

Der Verlag bemüht sich bei der Bearbeitung von Texten, in Anlehnung an das Merkblatt M19 des Bundesverwaltungsamts (Bundesstelle für Büroorganisation und Bürotechnik), für eine sprachliche Gleichbehandlung von Frauen und Männern zu sorgen. Dabei beruft sich der Verlag aber auch auf den dort formulierten Grundsatz, dass eine sprachliche Gleichbehandlung nicht zu Lasten der Verständlichkeit und Lesbarkeit von Texten gehen darf. Sofern sich keine geschlechtsneutralen Personenbezeichnungen finden lassen, greifen wir auf die Form des maskulinen Substantivs zur verallgemeinernden Bezeichnung von Frauen und Männern zurück, um die Lesbarkeit der Texte zu wahren.

JUNG DAM PREIS 2023

DOM publishers

DAM DEUTSCHES ARCHITEKTURMUSEUM

JUNG